HUNANSHENG SHEKELEI SHEHUI ZUZHI 2014NIAN YOUXIU KETI CHENGGUO HUICUI

湖南省社科类社会组织

2014年
优秀课题成果荟萃

主编 周发源 郑 升
副主编 楚 玲 邱素峰

湘潭大学出版社

前　言

省社科联党组成员、副主席　郑　升

智力资源是一个国家、一个民族最宝贵的资源。中央非常重视智力资源建设，出台了《关于加强中国特色新型智库建设的意见》。湖南省委、省政府积极响应，出台相应文件大力加强智库建设。省社科联是全省省级社科类社会组织的业务主管部门，为充分发挥省级社科类社会组织智力成果对改革开放和湖南经济社会发展的思想引领、理论支持作用，2014 年，省社科联编辑出版了《湖南省社科类社会组织 2011—2013 年优秀课题成果荟萃》一书。书中内容紧紧围绕省委、省政府中心工作，围绕全省改革过程中的重大理论问题与实践难题，出思路、想办法、提建议，为服务全省改革开放和现代化建设作出了积极贡献，得到了各级党委、政府，以及有关部门的好评，也充分展现了社会组织在发挥“社会智库”方面的重要作用。

为继续做好这一工作，省社科联于 2015 年专门组织力量征集了省级社科类社会组织 2014 年度优秀课题成果。经过遴选，现择优收录 20 篇文章，其内容涉及经济、政治、文化、教育等方面，理论和实践性都很强，部分文章得到了省领导的批示肯定。总体来说，这些成果较好地展现了一年来我省省级社科类社会组织在开展课题研究、学术交流和实践应用等方面的最新成果，相信这些研究成果的编辑出版能为各级党委和政府科学决策和政策制定提供有益启示与参考。

值此本书出版之际，衷心感谢全省社科类社会组织和湘潭大学出版社的大力支持。当然，由于时间仓促，书中难免会有疏漏和不足，恳请批评指正。

2016 年 1 月 15 日于德雅村

目　　录

加快商标专用权质押融资工作开展，大力促进企业健康发展

——关于湖南省实施商标质押融资的调研报告

湖南省工商行政管理学会　　北京大成(长沙)律师事务所

摘　要：近年来，我国中小企业发展迅猛，其比例已占中国企业数量的98%以上，贡献国内生产总值比例达60%，缴纳的税收占全国税收总额的50%，对我国的就业、创新及经济发展都有非常重要的促进作用。但是，与中小企业迅速发展不成比例的是中小企业所获得的金融融资途径还非常单一。2009年，国家工商总局在国家商标战略中提出“积极开展商标专用权质权登记，帮助企业拓宽融资渠道”后，各地工商行政管理机关做了很多工作，在帮助企业实现商标无形资产的资本化运作中起到了很大的作用。商标质押融资是权利人将其合法拥有且目前仍有效的注册商标权出质，从银行等金融机构取得资金，并按期偿还本息的一种融资方式。商标作为企业最为常见的知识产权，是企业的重要资产，如能充分发挥商标专用权的价值，可以克服企业缺少有形财产担保品的困难，为解决中小企业“融资难”问题提供一条很好的途径。但从目前我国商标专用权质押融资操作及规模来看，还面临着诸多问题，也亟需有关部门与社会各界一起来协同解决。

关键词：商标专用权；质押；融资

近几年来，全国工商系统围绕“实施创新驱动发展战略”的重要部署，贯彻落实《国家知识产权战略纲要》，积极推进商标战略实施重心向商标有效运用和依法保护转变，我国的商标注册、运用、保护和管理能力进一步提升。根据《中国商标战略年度发展报告(2013)》的统计数据，2013年我国商标申请量已经达到了188.15万件，有效注册商标达723.8万件，商标申请及有效商标数量已经多年位居世界第一。与此对应的，是我国企业的快速增长和发展。根据中国工商报刊发的《二〇一三年全国市场主体发展分析》，以及国家工商总局发布的《全国小型微型企业发展情况报告》公布的数据，截至2013年12月底，全国实有各类市场主体已达6062.38万户，其中小型微型企业和个体工商户的数量达到5606.16万户，占到全部市场主体的92.47%以上。中小微企业成为社会就

业的主要承担者。但其贷款总量占比却不到 20%，所获得的金融资源与其为社会创造的价值明显不匹配。一方面，是中小微企业通常只能采取土地、固定资产等实物抵押的方式从金融机构获得金融资源；另一方面，是众多有效商标资产闲置，无法为权利人发挥无形资产的价值作用。在这种情况下，2013 年 1 月，湖南省工商行政管理学会成立课题组，针对湖南省实施商标专用权质押融资课题展开了调研工作，以期推进我省的商标战略实施重心向商标有效运用和依法保护转变。

一、我国商标专用权质押融资的现状

早在 1995 年《担保法》中，我国的知识产权质押制度就已经确立。但是由于在实际操作中存在困难，因此在《担保法》颁布后的十几年中，以知识产权质押作为融资担保的方式在企业与银行等金融机构之间的融资中并未广泛应用。最近十年，随着我国经济改革的深入和知识产权创新快速发展，中小企业尤其是科技创新型中小企业迅速发展，成为我国知识产权创新和国民经济发展中最有活力的重要力量之一。但这些企业同时面临着发展不稳定和融资难的瓶颈：一方面，企业急切需要融资但又缺少金融机构可接受的有形财产作担保品；另一方面，企业拥有具有价值的知识产权越来越多。在现实发展的需求下，企业和金融机构对知识产权质押融资这一方式有了内在需求和客观基础。

所谓商标专用权质押融资，是指权利人将其合法拥有且目前仍有效的注册商标权出质，从银行等金融机构取得资金，并按期偿还本息的一种融资方式。商标作为企业最为常见的知识产权，是企业的重要资产，如能充分发挥商标的价值，可以克服企业缺少有形财产担保品的困难，为解决中小企业“融资难”问题提供一条很好的途径。

继 2006 年 5 月湖南省湘潭市工商局曾会同中国人民银行湘潭市中心支行率先在全国出台《湘潭市商标专用权质押贷款管理办法》之后，2006 年 9 月，央行和银监会在湘潭市召开全国知识产权质押融资研讨会，旨在让知识产权质押贷款发挥更大功效。此后，中小企业知识产权质押融资呈现出少有生机，多家金融机构试水知识产权质押融资，为帮助科技型中小企业获得资金支持提供了一个可资借鉴的新模式。2009 年，国家工商行政管理总局提出要“积极开展商标专用权质权登记，帮助企业拓宽融资渠道”后，全国各级工商行政管理机关创造性地开展企业帮扶工作，实现商标无形资产的资本化运作，切实帮助企业解决“融资难”问题。

商标专用权质押融资需要在国家工商行政管理总局商标局进行商标权质押登记，因此从商标局公布的数据可以看出我国现阶段商标质押的发展情况。根据国家工商行政管理总局商标局、商标评审委员会发布的《中国商标战略年度发展报告(2013)》统计，2013年全国共办理商标专用权质押登记818件，质押商标7438件，质押金额401.8亿元。仅安徽一省质押融资就有241件，占全国比例的33.47%，融资额比例约占12%；然而，其他约75%的省份的商标专用权质押融资件数所占比例范围仅仅为0.1%—3%，成功案例寥寥无几，全国呈极不平衡的发展态势。而在企业通常使用的融资方式中，商标专用权质押融资只占到其中非常小的比例。

二、开展商标专用权融资工作存在的问题

应该说，我国的商标质押融资在近几年有了很大的发展，但是经过质押登记的商标仅为有效商标数量的0.1%左右；质押融资金额仅占到央行公布的全国社会融资规模的0.2%左右。我国商标质押融资存在质押商标数量少、融资规模小、全国发展不平衡等问题。整体看来，由于普遍存在商标融资额度有限、商标权的价值难以确定、企业经营状况无法预计、商标变现困难等实际问题，我省的政府部门、企业、金融机构均未积极推动这一工作，使商标专用权这一企业无形资产价值的流动性和融通性没有发挥出来。

1.企业缺少商标战略意识，商标价值不高限制了商标专用权质押融资的开展

商标质押融资的前提是商标具有一定的价值，如果商标没有价值或价值很低，商标质押融资就无从谈起。对于企业来说，商标既是经营者生产产品或提供服务的质量象征，又是经营者独特个性、文化品位、商业信誉等因素的综合载体，是为经营者创造财富的无形资产。商标的价值离不开企业对自有商标权利的重视，离不开企业商标战略的制定和实施，更离不开企业长期持续的经营和对商标宣传的大力投入。自2009年我国实施商标战略以来，我国注册商标的申请量有了极大程度的增长，但是商标价值也出现了两极分化的情况。一些企业在商标上的投入大，商标知名度高，影响范围大，具有较高的价值；而更多的企业在商标宣传上投入较少，忽视品牌宣传，商标价值增长缓慢；甚至有部分企业的商标意识还停留在是否需要进行商标注册的起步阶段。虽然我国的商标申请量、有效注册商标数量都已经连续多年位居世界第一，但是却普遍存在商标价值不高的问题。商标价值普遍不高就很难作为有

价值的质押物进行商标质押融资，这是商标质押融资要面临的首要问题。

2. 商标的特殊属性导致商标价值难以确定，并存在变现困难等诸多实际问题

由于商标专用权不同于企业拥有的有形资产，也不同于企业其他的知识产权，它看不见摸不着，不能像有形财产的财产权那样有相近的参照物或市场价格。同时它有一定的固有属性，它蕴含和体现了所依附企业的整体价值，这使得商标在价值量化中难以与企业有形资产的价值以及经营价值相区分。由于商标很难找到一个准确的价格，在进行商标的价值评估时，很多时候都存在一种随意性。

而商标价值评估的这种随意性，又导致在商标变现时，交易主体之间可能存在较大分歧，导致交易无法进行。而且在现阶段的中国，目前在市场上交易的大多是刚刚获得商标专用权的商标，在质押融资中能实现变现的商标，目前还只有极个别的成功案例。

3. 我国诚信体制尚未建立，在商标质押融资实际操作中，金融机构因无法监督企业经营而面临较大风险

我国现阶段还没有建立完整、成熟的诚信体制，部分企业信用观念淡薄，诚信意识差，违约率、损失率都比较高，不少企业财务管理制度薄弱，财务报表透明度较差，银行和其他金融机构很难通过一般途径了解企业的真实经营状况。而在企业获得融资之后，很少有金融机构会对企业的所有内部管理和外部经营活动进行监督。

当企业因经营不善导致产品销量下降，商品或服务质量降低，或者因企业的宣传力度减小，或者大范围的经济发展下滑、所处的行业发展不景气，又或者新旧技术更替、遭遇他人模仿企业商标等，而导致被质押商标的关注度下降、价值贬损，都可能让金融机构遭遇较大风险。

4. 商标质押融资成本高，影响企业和金融机构对此项业务的积极性

从企业的角度来看，采用商标质押融资的方式，企业可能面临评估资产、抵押登记、办证、其他担保等诸多费用。且商标质押融资专业性较强，企业需要依托中介机构的服务才能完成，加上金融机构为控制风险，对于以商标质押担保所给予的融资期限都比较短，可能还需要企业提供其他抵押物或者反担保措施，这都使得企业面临较高的融资成本。以200万的知识产权质押贷款为例，目前银行的基准贷款利率为5.6%，银行对中小企业的贷款利率一般上浮30%，另加相关财务费用约为8‰，评估费用1%，登记手续等费用约2.5‰，担保费用约2%，合计融资成本将达10%—12%。而民间融资成本一般约为银行的2.66倍，按

基准利率5.6%计，融资成本约为14.90%。因此商标质押融资成本接近于民间融资成本，融资成本过高影响企业进行商标质押融资的积极性。

而对于金融机构来说，由于商标与企业经营状况息息相关，与特定的商品或服务具有密切的关联性，与企业之间的关联性和特定性远高于企业与土地、房产等资产的关联性和特定性。因此在商标质押融资过程中，需要金融机构花费大量的人力、物力来对企业情况进行了解，在提供资金后还要对企业的经营状况和商标的情况予以关注，以保证资金的安全。与其他的抵押融资方式相比，在商标权质押融资过程中，金融机构也面临较高的成本。

5. 商标专用权质押融资专业性较强，中介机构的服务水平、服务体系都有待提高

受到经济发展水平的制约，我省涉及商标质押的中介机构接触的商标质押融资业务比较少，服务水平相对较低。虽然是企业和金融机构之间的重要沟通桥梁，但是中介机构本身目前还没有形成规范的商标专用权质押融资全程代理的规范流程。尤其是在商标价值评估中，中介机构缺乏相应的专业人员，专业水平不高，部分代理机构缺乏应有的职业道德和诚信意识，评估出的商标价值缺少支撑，评估价值虚高，增加了商标专用权质押融资的风险。

6. 政府不够重视，缺少商标专用权质押融资的指导性文件和鼓励政策

根据课题组调研的情况来看，政府对商标质押融资的重视程度，直接影响商标质押融资工作的开展。商标质押工作与地方经济的发展情况紧密相关，但是更离不开政府对商标质押融资工作政策扶持。有指导性文件和鼓励政策的省份，商标质押融资工作开展得相对较好；缺乏政策扶持的省份，商标质押融资工作就相对发展缓慢。以安徽省为例，2012年该省的地区生产总值为17212.05亿元，在全国32个省、市、自治区排名第14位，经济地位并不突出，但是安徽省的商标质押融资工作一直在全国遥遥领先，2013年度仅其一省就占到全国融资比例的12%。究其原因，安徽省不仅有省政府出台的《安徽省商标专用权质押贷款工作指导意见》和《关于进一步推进商标专用权质押贷款工作的意见》，在全省16个市中有12个市根据省政府的意见出台了相关工作意见，有的还进一步加强了政策支持力度，极大地促进了安徽省的商标专用权质押融资工作。因此在安徽全省的16个市及绝大部分县(市)都已办理了商标质押贷款业务。

而就湖南省而言，除了湘潭市工商局在2006年制定并颁布了《湘潭市商标专用权质押贷款管理办法》之外，各级政府及工商行政管理部门几乎没有与商标质押融资的政策和规定，目前还没有出台系统的、科学的商标质押融资的指导文件，更缺少对开展这项工作的奖惩措施。在现阶段，由于商标质押融资的方式

还未被社会所广泛认识,如果没有政府的政策引导措施,商标质押融资工作难以开展。

三、推进商标专用权质押融资工作的几点建议

对于我省的现状而言,湖南省现有有效注册商标总数超过11万件,驰名商标总数居中西部省份第一位;地理标志总数达52件,列全国第八位,具有很好地推行商标专用权质押融资的基础。政府应当着眼长远,以采取政策性融资为主的思路建立长期稳健的中小企业知识产权融资的政策支持机制,以促进知识产权战略、国家商标战略的实施。为此,课题组提出建议如下:

1. 深入推进商标战略的实施,提升企业的商标战略意识,提升企业商标价值

商标质押融资的前提在于商标具有价值,商标价值的提升有赖于经济的发展和企业的发展,有赖于企业商标战略意识的提升。只有当企业真正具有了品牌意识,努力提高品牌含金量时,我省的商标价值才会普遍得到提升,才能促进商标质押工作的开展。要提升企业的商标战略意识需要多方面的共同努力。例如从加强实施商标战略的领导和统筹规划入手,贯彻落实已制定的《国家知识产权战略纲要》《湖南省知识产权战略实施纲要》《关于深入推进实施商标战略的意见》等政策规定,建立和完善以企业为主、政府推动、部门协调、社会参与的商标战略工作格局,以优势产业、优势产品和大型企业集团为重点,综合运用经济、法律、行政等手段,集中力量培育、扶持、壮大一批湖南品牌,充分发挥商标兴企、商标富农、商标强省的积极作用,推进企业实施商标战略。

(1)加大对我省知名品牌的宣传力度,在总结我省优秀商标企业的好经验和好做法的基础上进行宣传,发挥典型企业示范、激励和引导的作用。在宣传方面,可以借鉴福建省泉州市建设的商标馆方式,将优秀企业、知名品牌集中在商标馆中进行展示,同时体现我省商标的风采和企业风采。以点带面鼓励和引导更多的企业向规范化、现代化方向发展。

(2)加强对商标的保护力度。工商部门认真履行市场监管的行政职责,严格执法,以保护注册商标专用权为核心依法打击商标侵权、制假售假、不正当竞争、虚假广告等商标违法活动。公安、海关、法院、检察院等执法部门与工商部门之间要建立商标保护的联动机制,对于我省的驰名商标、著名商标给予重点保护,针对商标侵权问题相对突出的重点行业、重点领域、重点市场,适时组织开展专项执法行动,切实加大对侵权行为的打击力度,并充分发挥舆论和社会监督作用,对商标侵权和违法行为予以曝光,营造全社会关注商标、爱护商标、发展商

标、共同推进商标战略的良好氛围。

对优秀品牌企业可按照同等优先原则，政府采购部门优先采购其商品、服务和劳务，并在金融信贷上给予支持，优先开展以商标等无形资产为担保的信贷服务。

2. 由政府部门制定实施商标质押融资的企业贴息政策、专项资金政策和金融风险分散补偿政策

制定实施知识产权质押融资的企业贴息政策、专项资金政策和金融风险分散补偿政策是国家政策目标的基本要求。《中小企业促进法》第 10 条明确规定中央财政设立扶持中小企业发展专项资金，并要求地方政府应当根据实际情况为中小企业提供财政支持。2006 年 11 月 23 日国务院办公厅印发的《关于加强中小企业信用担保体系建设的意见》（国办发〔2006〕90 号）提出对从事中小企业贷款担保的担保机构逐步建立担保损失补偿机制。国务院办公厅印发的《关于当前金融促进经济发展的若干意见》（国办发〔2008〕126 号），明确要求落实对中小企业融资担保、贴息等扶持政策，鼓励地方政府通过资本注入、风险补偿等方式支持信用担保公司。综合我国其他省、市、地区现有的商标质押融资支持政策，课题组提出以下思路：

（1）通过出台省级层次统一的融资财政支持政策，作为整个政策的基点。并且应考虑，由商标主管部门和金融主管部门联合在省级层面上出台专门的商标质押融资规定。

例如对可供质押的商标进行规定，对以国家工商行政管理总局认定的中国驰名商标和湖南省工商行政管理局认定的湖南省著名商标的专用权作为质押的，可以优先办理商标质押融资，可以获得奖励或贴息等。如果出质人商标专用权归属不明确或存在民事、行政及其他纠纷的，不得申请商标专用权质押融资。如果中介机构提供虚假材料或者因过失提供有重大遗漏的报告的，由工商行政管理部门依照有关法律、法规处罚；因其出具的评估结果不实，给贷款人造成损失的，除能够证明没有过错的外，在其评估不实的金额范围内承担赔偿责任；涉嫌构成犯罪，依法需要追究刑事责任的，应当依法向公安机关移送。

（2）划清商标行政管理部门的管理职权和职责，理顺商标质押融资的管理体系和权限。应确定长期稳定的商标融资政策支持专项资金，明确资金来源、实施、管理和监督的主管部门。

例如可由工商行政管理部门牵头，将我省的驰名、著名商标企业名录汇编成册，并在全省范围内选择一批信用佳、经营好、品牌实力强、有质押融资需求的企业推荐给政府和金融机构，作为开展首批商标质押工作的试点。同时，在各级工

商行政管理部门与人民银行或银行业监管部门之间建立健全信息交流沟通机制,加强金融机构与工商部门的配合。当金融机构需要时,可向工商行政管理部门查阅(征询)与质押商标和出质人有关的工商登记资料及商标资料,及时掌握企业商标专用权基本情况,完善工作机制,简化贷款审核程序,进一步扩大商标专用权质押规模,支持企业运用商标专用权取得质押融资。监管方面,可由银监局、金融办等金融监管机构向银行、小额贷款公司等金融机构的金融创新工作提出要求,将开展商标专用权质押融资工作作为对金融创新工作的考核。

(3)推动商标质押融资机制的创新,包括对商标质押融资品类型、融资担保方式和融资企业的适用范围。推动商标质押融资的担保机制创新,对商标权与其他财产的组合担保等给予政策支持。

(4)支持政策应具有全面性,既包括对企业的政策支持,也包括对银行等融资机构和中介机构的政策支持。对企业的政策支持,除了采取贷款利息补贴外,还应考虑对企业融资的中介担保、评估等其他费用的补贴,以减轻融资负担。建立金融机构的财政支持政策,激励银行等多种金融机构融资的积极性,有效分散融资风险。

(5)对中介机构的政策支持不应仅限于担保机构,还应包括评估机构和律师事务所等。应培育具有权威性的资产评估机构,鼓励当地评估机构参与商标质押融资,推动和提高商标专用权评估机构的能力和水平。充分调动中介机构的积极性,支持中介服务机构走专业化、规模化、国际化发展道路,完善服务功能。

(6)推动和鼓励保险机构、再担保机构参与商标质押融资的风险分担机制,有针对性地开发包括责任保险、保证保险、信用保险等多种类型的保险产品,给予保险公司以经营费用补贴和风险补偿政策支持。

(7)推动商标专用权投资型融资的探索,促进证券、信托、风险投资等商标专用权融资机制的开展,对证券机构、信托机构、风险投资机构给予商标融资的政策支持。

(8)建立我省统一的信用数据共享平台,促进和推动社会诚信体制建设。

近年来,我国社会信用体系建设取得积极进展,一批信用体系建设的规章和标准相继出台,全国集中统一的金融信用信息基础数据库建成,小微企业和农村信用体系建设积极推进。但是仍存在服务体系不成熟,工商系统、金融系统等管理部门之间的信用信息系统还未能统一等问题。如果能推动工商、金融、质检等众多监管部门统一征信平台建设,推进各部门与金融监管部门信用信息的交换与共享,将会更好地增强社会诚信意识,并进一步推进商标专用权质押融资的开展。

湖南战略性新兴产业集群的创新环境研究

——基于知识创新视角

湖南省社科院　**宋春艳**

摘　要：本文首先剖析了知识、知识创新概念的演进，以及战略性新兴产业的知识特征；从知识和技术的扩散、知识联盟的建立和内生型经济增长模式的形成三方面论证了创新环境对于战略性新兴产业集群知识创新的促进作用；然后在此基础上构建了产业集群知识创新环境的评价体系，并对湖南的八大战略性新兴产业集群的创新环境进行评价和分析；最后针对其存在的问题提出了对策建议。

关键词：知识创新；创新环境；产业集群；战略性新兴产业

产业集群是形成区域创新体系的基础，区域创新体系的重要特点就是区域内以知识创新作为保持竞争优势的不竭动力。知识管理大师达文波特和普鲁萨克早在20世纪就明确指出，大多数关于知识产生采取的管理活动所强调的都不是知识的产生过程本身，而是该过程的外部环境（1999）。而产业以集群形式发展往往比单个产业或企业发展更需要营造知识创新所需要的外部环境，尤其是软环境，例如，创新政策、企业文化、创新精神等。因此，研究战略性新兴产业集群的知识创新环境具有重要的意义。

一、创新环境对产业战略性新兴产业集群知识创新的促进作用

1. 知识涵义与知识创新

从时间维度来看，知识涵义变化的历史顺序可以用下列三个方程式表达：在古代，知识 = 学问，所以学习它，崇尚它；在近代，知识 = 力量，所以追求它，保存它；而在现代，知识 = 能力，所以共享它，应用它，并使之不断倍增（金吾伦，1999）。从空间维度来看，“知识”在不同的语境、不同的学科中，被赋予了不同

的形象。Nonaka(1994)认为,知识是一种被确认的信念,通过知识持有者和接收者的信念模式和约束来创造、组织和传递。Leonard 和 Sensiper(1998)则认为,知识是相关的、可行动化的信息,它至少部分基于主观经验,并且拥有经验中的隐性成分。这两种定义反映了知识具有信念、经验和信息三个要素特征。Von Krogh (2000) 认为知识创新是企业作为一个整体以满足顾客需求为目标,通过持续不断地创造知识,将知识转化为产品、服务等形式,从而为自身获得核心竞争能力,在竞争中赢得优势。此外,Nonaka 等许多学者从显性知识和隐性知识的相互转化过程来定义企业的知识创新,认为企业的知识创新是两种知识在个体、群体、企业以及企业外部之间的不断螺旋上升的过程(1994)。陈晔武将知识创新的概念进行三维空间化:创新主体、知识和活动,环境是空间的支撑,目标则是知识创新的动力和结果(2005)。当代的很多新技术都是由原有技术重新组合而成的;技术创新速率的提高和产品生命周期的缩短,使创新不再是在单个企业内部发生后扩散到其他企业,而是需要行为主体之间的相互作用。在这里,除了使用和处理编码化知识以外,还需要传播和交流隐含经验类知识。因此,当代合作研究或开发新产品往往不是通过正式的合同,而是通过一些默契的技术转移和知识交流,这种过程是不能用传统的所有制来控制和管理的(王辑慈,1999)。这就需要一种新的制度性的手段,营造有利于知识创新的环境。

2. 战略性新兴产业的知识性特征

"战略性新兴产业"由于提出时间并不长,关于其涵义及特征的描述也大多是定性和笼统的,并无统一的定论。温家宝总理最早对"战略性新兴产业"特征进行了归纳:具有市场需求前景,具备资源消耗低、带动系数大、就业机会多、综合效益好的特征(温家宝,2009)。华文认为,完整地理解战略性新兴产业的科学内涵,首先要把握好两个前置词:一是新兴性,二是战略性。前者对应的是一个产业出现的时间,后者则对应的是一个产业在经济发展与安全方面的作用(华文,2010)。冯赫认为,战略性新兴产业作为新兴产业和战略产业的交集,包括两层含义:首先,战略性新兴产业是新兴产业的一部分,因而在一段时间内产业的成熟度不高、价值链条不完整、市场需求不显著。其次,战略性新兴产业是新兴产业中能够成长为主导产业、先导产业或支柱产业的那部分,这里内嵌了将来时的考量(冯赫,2010)。

事实上,当前国家以及各个省份提出的,大多都还算不上名副其实的战略性新兴产业,而只是代表了我国对未来经济技术发展的预期期望。从战略性新兴产业的涵义分析可以看出,代表着未来发展方向的战略性新兴产业都是知识密集型产业,从而具有知识产业的四个特征(孙东生等,1999):

(1)高创新性

新兴产业是随着新的科研成果和新兴技术的发明应用而出现的新的部门和行业。原有技术的创新和新技术的不断突破是新兴产业产生发展的基础;另一方面,新技术产业化发展迅速的部门,也能够迅速引入产业创新和企业创新。

(2)高成长性

新兴产业一般处在产业生命周期的萌芽期和成长期,技术上先进、具有较快增长率、有较大潜在需求,因此具有高成长性特点。

(3)高风险、高回报

新兴产业是新形成或正在形成的产业,虽然发展前景广阔,但由于它们是来自技术的创新、相对成本关系的转变、新的消费者需求的产生,或者其他经济或社会的改变,因此会存在较大风险,表现为技术风险、市场风险、生产风险、政策风险四个方面。

(4)对科学技术的依存性

这首先是因为高素质的科技人员群体以及综合研究开发能力是战略性新兴产业存在、发展的决定因素;其次,现代化仪器、设备、高技术集成度的生产技术手段是新兴产业发展的基础;再次是设备和工艺的统一,硬件和软件的结合,对原理成因、微观机理的探求,成为技术实施的前提。

3. 创新环境对产业集群知识创新的促进作用

(1)有利于知识和技术的扩散

产业集群作为一种有效的组织形式,能在一定空间范围内实现上下游产业衔接,集群中各行动主体因地域的接近、交往的频繁、亲友的亲缘等因素形成与积累了丰厚的社会资本,减少了学习与交流的交易费用。这一切导致了“集群中飘荡者行业秘密的空气”(马歇尔,2004)。因而,产业集群被认为是地方行为主体之间在长期正式或非正式的合作与交流的基础上所形成的相对稳定的系统;同时,集群中的创新活动通常是嵌入在区域和国家创新体系中的,区域和国家创新体系的要素就成为集群创新的环境因素,创新环境的好坏直接影响到企业技术创新的路径选择和收益,影响到集群的创新能力的提升。

(2)有利于建立知识联盟

这种联盟的核心在于“知识创新”,包括三个层次:第一个层次是企业家学习。集群企业要及时把握外部环境的变化,很大程度上取决于集群内企业家对外部世界认知水平、决策程序和经营手法,企业家只有通过学习才能获得这种能力。集群内建立的经常性学习机制是企业家学习的重要途径;第二个层次是员工之间的集体学习。建立一个能够实现知识共享的信息交流与学习平台，即创建企业内部知识共享平台，建立本组织的"知识地图"，扩大可利用"知识空间"的范围；第三个层次是集群企业组织间的知识联盟。集群内企业通过前向、后向、水平学习，可获得产品设计思想、工艺技术诀窍、市场营销创新、依附在资本品上以及相应的技术服务知识、需求信息、质量标准以及相关技术支持、比较专业的基础研究或应用研究成果（王力民，2009）。总之，良好的学习环境对于提高企业集群整体的技术水平非常重要。

(3)有利于形成内生型经济增长模式

区域的软环境建设日益成为影响区域发展的最关键因子，成为很多政府为增强竞争优势而选择的一种重要的弹性政策措施（盖文启，2002）。这也是内生型经济增长的必然选择。强化"软"支撑，对一个地方经济的长远发展具有不可替代的战略意义。构建良好的创新环境，尤其是软环境，促进知识创新和扩散，从而发挥产业集群的竞争优势。

二、战略性新兴产业集群的知识创新环境评价指标体系构建

1. 战略性新兴产业集群的知识创新环境评价指标体系构建的理论假设

根据战略性新兴产业的特点可知，知识创新既是发展战略性新兴产业集群的目标，也是发展战略性新兴产业的关键途径，而实现集群的知识创新必须要求构建良好的创新环境，尤其是为集群提供良好的软环境，例如，创新政策、企业文化、创新精神等。因而，本文将从以下理论假设出发设计战略性新兴产业集群知识创新环境的评价指标体系。

命题一：良好的硬件环境为知识创新提供物质基础

德鲁克认为，知识经济时代员工实现个人价值必须依赖有条件提供相应科研条件的组织（德鲁克，2003）。这对当前战略性新兴产业的发展同样适用。企业不仅拥有研发机构、技术中心或者试验机构，而且拥有科技人才、研发经费、科研设备，这些都是知识产生的有形物质基础。对于任何从事战略性新兴产业的组织来说，实现科技上的突破不仅需要优秀的人才，而且需要过硬的物质条件。硬环境建设不仅是企业需要考虑的，而且集群所在园区也需要提供相应的基础设施，这是信息交流所必需的物质基础，如互联网、电信网等。

命题二：地方政府为知识创新提供支持平台

产业集群中的创新活动通常是嵌入在区域创新系统和国家创新系统中的，

区域创新系统和国家创新系统的要素常常成为产业集群创新的环境性因素。地方政府的产业集群政策对集群中知识创新活动,如企业(特别是国有企业)的研发方向、人才培训以及信息平台建设等,都具有重要影响(黄速建,王钦,沈志渔,2010)。因此,知识支持是区域创新环境建设的重要内容之一。地方政府提供知识支持一般有两种形式:一是直接以技术支持的形式提供各项知识,二是促进知识在主体之间的流动。据此,本研究将技术支持和信息支持纳入到了“政策环境”评价体系子指标。

命题三:创新的人文环境是知识创新的土壤

除了个体企业(家)的自身的创新精神外,产业集群的知识创新作为一种集体性的活动,也会受到区域文化的影响,区域文化中关于对风险的态度、对机会的追求、对创新的推崇等元素,有助于区域内各主体养成集体学习和创新的习惯。而在当前知识经济时代,客观上要求企业必须成为学习型组织——促使各阶层成员全身心投入,并持续不断学习。因此,企业所在区域人们的创新价值观、企业家的创业和创新意识、企业对利用外部创新资源的认知度等因素是本评价体系中的重要内容。

命题四:相互信任的竞争环境是知识交流和转移的基石

“信任”在知识交流和转移的影响要素中居于首位。没有信任,知识的运转都会归于失败。只有在企业内部和企业之间形成互相信任、互相依赖、相互合作、相互支持的氛围,才能最大限度地激发创新。尤其当企业需要向外部寻找自身欠缺的知识时,这种互信关系对知识转移起到至关重要的作用。而企业之间的信任是建立在良好的竞争环境基础之上的。因而,诚信经营环境就被纳入本评价体系中。

2. 战略性新兴产业集群的知识创新环境评价指标的选择

基于以上 4 个命题的理论假设,本课题选择 2 个一级指标“硬环境、软环境”,5 个二级指标“基础设施、要素禀赋、政策环境、人文环境和市场环境”,以及 12 个三级指标构建战略性新兴产业的知识创新环境指标体系,然后据此对湖南 8 个战略性新兴产业集群进行调研,最后根据调查结果进行分析和评价。

表1　战略性新兴产业集群的知识创新环境指标体系

一级指标	二级指标	三级指标
硬环境	基础设施	研发机构
		技术中心
		协调机构
	要素禀赋	科技人才
		研发资金
软环境	人文环境	区域文化
		企业家精神
		对外部资源的认知度
	政策环境	信息支持
		技术支持
		项目支持
	竞争环境	诚信环境

三、湖南战略性新兴产业集群的知识创新环境实证分析

1.研究的方法

(1)数据来源

本课题数据来源于《湖南战略性新兴产业集群创新发展报告》(2010)。笔者曾经亲自参与该书中对湖南战略性新兴产业集群的调研和数据处理。

(2)问卷设计与计算

本课题使用的问卷是按照前面4个理论假设从《湖南战略性新兴产业集群创新发展报告》(2010)的问卷中抽取的与知识创新相关的项目重新组合而成。虽然这保证了数据来源的真实性,但是也存在一定局限性,例如,问卷中没有关于“集群中人们对信息网络的使用情况”的项目。而这属于集群知识创新的基础设施,是比较重要的,颇为遗憾。

问卷分为三个部分:第一部分是对企业基本信息的调研,如企业名称、性质等;第二部分是对企业硬环境的调研;第三部分是对企业软环境的调研。

问卷共设2个一级指标,分别是“硬环境”和“软环境”。其中,“硬环境”下设2个二级指标、5个三级指标共6个问题,“软环境”下设3个二级指标、7个三

级指标共 18 个问题。

关于各指标的计算方法，采用 AHP 法对一级、二级、三级指标逐层赋值权重的方法。而对于三级指标的得分，采用分段赋值方法，其中“硬环境”的全部三级指标对应项目都是“是否题”，选择“否”的得分为 0，选择“是”的得分为 1；而“软环境”的全部三级指标对应题目都采取分三段赋值（0，0.5，1）方法。

在此基础上，对三级指标得分加权求和，即可求出 8 个集群的知识创新环境评价值，描绘出 10 个集群的发展现状。

表 2　战略性新兴产业集群的知识创新环境指标各级权重

一级指标及权重		二级指标及权重		三级指标及权重		三级指标总权重
指标	权重	指标	权重	指标	权重	0.027
硬环境	0.167	基础设施	0.25	研发中心	0.637	0.011
				技术中心	0.258	0.004
				协调机构	0.104	0.063
		要素禀赋	0.75	科技人才	0.5	0.063
				研发资金	0.5	0.027
软环境	0.833	人文环境	0.258	区域文化	0.637	0.137
				企业家精神	0.258	0.055
				对外部资源的认知度	0.104	0.022
		政策环境	0.637	信息支持	0.104	0.055
				技术支持	0.637	0.338
				项目支持	0.258	0.137
		竞争环境	0.104	诚信环境	1	0.087

（3）调研的方法

本次调研样本集群的选择，是根据湖南省委、省政府确定为未来五年率先发展的七大战略性新兴产业，即高端装备制造产业、新材料产业、文化创意产业、生物产业、新能源产业、信息产业、节能环保产业而确定的。其中，航空航天、特种船舶设备制造、高端轨道交通、高端工程机械、输变电设备制造属于高端装备制造产业，生物医药属于生物产业，动漫游戏属于文化创意产业，太阳能光伏属于新能源产业。专家和学者进行集群推荐和选择是遵循了以下三个标准：一是地理接近性；二是产业专业分工配套体系的系统性；三是与生产制造企业相关的支撑机构的完备性。

依据上述标准，最终选择了符合上述标准的8个典型战略性新兴产业集群进行研究（见表3）。

表3　湖南战略性新兴产业集群调研的样本描述

名称	有效问卷数量	起步时期	聚集企业数量(2009)	行业规模(2009)
长株潭动漫游戏产业集群	6份	1996—2003年	150家(其中规模以上8家)	实现产值110多亿
长株潭太阳能光伏产业集群	32份	2002—2006年	34家	实现产值83亿
长沙高端工程机械产业集群	29份	1978—1994年	3家龙头、21家主机、400多家配套	实现产值750亿元
衡阳输变电设备制造产业集群	8份	1958—2000年	65家	销售收入113.05亿
浏阳生物医药产业集群	32份	1998—2000年	208家	实现产值近131亿
益阳特种船舶制造产业集群	37	1953—2003年	64家(2家龙头)	实现产值近15.5亿
株洲高端轨道交通产业集群	25份	1936—1978年	其中规模以上企业84家	主营业务收入达到287.9亿元
长株潭航空航天产业集群	12份	1951—1965年	规模以上企业46家	实现产值495亿元

资料来源：《湖南战略性新兴产业集群创新发展报告》课题组整理

这8个产业集群，同时具有了区位、产业、起步时期和规模分布上的代表性，能够在整体上反映中国产业集群的发展情况（湖南战略性新兴产业集群发展战略研究小组，2010）：

从区位分布看，湘东地区6个（长株潭3个、长沙1个、株洲1个、浏阳市1

个),湘北地区 1 个(益阳市 1 个),湘南地区 1 个(衡阳市 1 个)。

从行业分布看,所选取的战略性新兴产业集群涉及高端装备制造产业、新材料产业、文化创意产业、生物产业、新能源产业等,均归于战略新兴产业集群。

从起步时间上看,主要在 20 世纪 70 年代以前起步的集群 4 个,主要在 20 世纪 80 年代起步的 1 个,在 20 世纪 90 年代起步的 2 个,在 21 世纪起步的 1 个。

从集群规模看,集群的产值在百亿元以内的 2 个,100 亿元至 500 亿元的 5 个,500 亿元至 1000 亿元的 2 个,千亿元以上的 1 个。

针对确定的 8 个战略性新兴产业集群,我们联合省经济和信息化委员会、省国防科工业局,成立了 8 个分课题组。2010 年 7 月,按照总体组制定的调研方案,课题组对战略性新兴产业集群的创新发展情况进行了集中调研,调研的内容包括同集群公共管理部门、集群内企业的座谈,针对重点企业的深度访谈,以及对集群内样本企业基本上采取了“一对一”“定点”式的问卷调查,发放了 300 份问卷,回收了 181 份有效问卷,回收率为 60.33%。对被调查企业基本上采取了“专人负责”的方式,有效地保证了问卷填写质量。

2. 研究结果分析

表 4　湖南 8 大战略性新兴产业集群知识创新环境得分情况

战略性新兴产业集群名称	硬环境得分	硬环境排名	软环境得分	软环境排名	知识创新环境得分	知识创新环境排名
长株潭动漫游戏产业集群	0.127	2	0.548	1	0.675	1
长株潭太阳能光伏产业集群	0.113	3	0.383	5	0.495	6
长沙高端工程机械产业集群	0.102	7	0.388	5	0.490	7
衡阳输变电设备制造产业集群	0.135	1	0.427	7	0.562	5
浏阳生物医药产业集群	0.103	6	0.490	3	0.593	3
益阳特种船舶制造产业集群	0.088	8	0.340	8	0.428	8
株洲高端轨道交通产业集群	0.105	5	0.483	4	0.588	4
长株潭航空航天产业集群	0.111	4	0.501	2	0.612	2

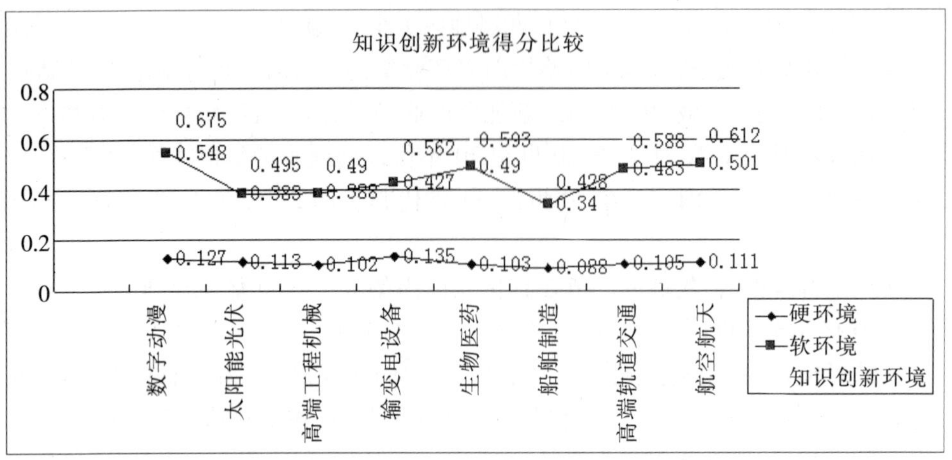

图 1 湖南 8 大战略性新兴产业集群知识创新环境得分

本课题研究目的在于发现湖南产业集群在构筑创新能力方面的不足、问题和努力的方向,以便为下一步制定相关政策提供依据,使得这些战略性产业集群得到良好地培育,最终能够带动整个湖南各个产业的全面发展。根据表 4 和图 1 中的数据,得出如下结论:

结论一:知识创新硬件基础良好,发挥集群硬环境的作用对于知识创新十分重要

在不考虑权重前提下,各集群硬环境得分都大于等于软环境得分,尤其是生物医药和数字动漫产业集群,分别有 93.75%、83.33% 的企业拥有研发机构。即使得分最低的益阳船舶产业集群,拥有研发机构的比重也占到 32.43%。这说明湖南各产业集群都具备良好的硬件基础,而如何利用好这些硬件基础对于集群知识创新环境构建十分重要。

结论二:各集群软环境发展不均衡,加大软环境建设尤其是政策环境建设是构建知识创新环境的关键

软环境建设关乎知识创新环境的构建和知识创新的效率。从专家评分得出的评价系统权重可以看出,专家特别重视"政策环境"下的三级指标"技术支持",仅此一项,占到 12 个三级指标权重的三分之一。统计分析结果也证实了这一点。数字动漫产业集群的软环境得分(0.548)最高,比益阳船舶产业集群(0.340)高出 61.76%。通过对数据的进一步发掘发现,数字动漫产业集群的"信息支持"得分比益阳船舶产业集群高出 102.5%。这说明,加大信息环境建设将直接有利于集群软环境的迅速改善,从而提高集群知识创新能力。

结论三：各集群知识创新环境差距较大，传统产业升级尤其需要改善知识创新环境

在8大战略性新兴产业集群中，知识创新环境综合实力最强的无疑是长株潭数字动漫产业集群。凭着其良好的硬环境和软环境，湖南数字动漫产业在未来具有良好发展势头。而传统产业的知识创新环境却不容乐观。如，益阳船舶产业集群，无论是硬环境还是软环境得分，都低于其他集群，比位于首位的数字动漫集群知识创新环境得分低57.71%。目前传统产业升级一直困难重重，与其自身在创新环境建设上的投入不无相关，而这将直接影响到其转型为战略性新兴产业的效果。因此，传统产业升级尤其需要改善知识创新环境。

四、促进湖南战略性新兴产业集群知识创新环境建设的对策建议

1. 集群发展要以提高整个集群的创新能力为目标

目前，现在我国经济发展主要矛盾不再是速度问题，而是经济增长的质量和效益问题，尤其是像湖南这样的资源密集型大省。为了更好地促进调结构、转方式，发展战略性新兴产业就要有大局思想，要有战略眼光，应以产业园区作为平台，以提高整个集群的创新能力作为目标，这样才能在已有的产业基础上将新兴产业和战略产业发展成为知识密集型的战略性新兴产业。

2. 政府加大集群建设支持力度的同时创新投入方式

对于战略性新兴产业的扶持，从中央到地方都不遗余力，但在加大政府投入的同时还需不断创新投入方式。地方政府应将主要精力放在集群整体能力建设上，如基础设施建设、标准统一、市场监管、组织产学研等工作上。在创新投入方式上，政府更多的时候应该采取减免税收、补贴研发、提高科研人员待遇、加大政府采购、加大园区基础设施建设等方式，帮助企业成为研发主体、产品商业化推广主体。

3. 集群企业应积极提高自身知识创新能力

战略性新兴产业的发展主体必然是企业，集群中的企业要想获得最大化的创新利润，除了增加研发投入外，还必须鼓励内部职工知识和经验的交流。这种鼓励必须是有形的，能够因为分享知识而获得物质奖励或者荣誉，直接体验到知识分享的“互惠性”。企业家在知识分享过程中的带头作用尤为重要。通过促进知识的流动，企业可以有效提高自身知识创新能力。

4.加强园区公共平台建设和促进园区交流

产业园区作为战略性新兴产业集群发展的载体,其主要的作用在于公共平台的建设,为政府提供信息支持、技术支持和项目支持等搭建平台。目前,大部分园区的硬环境建设都做得很好,但促进集群内企业知识创新,提高企业知识交流效率,降低知识流动成本,这必须依赖园区的软环境建设。与此同时,还要注重园区之间的经验交流和知识互动,增强互补性。

5.加大结构性人才引进和激励力度

战略性新兴产业的一个重要特点就是科技含量高,对人才的知识结构、教育水平都要求很高。因而要加强高层次人才队伍的建设,不仅要加大人才培养和引进力度,以优厚的待遇吸引全国甚至国外的企业家和高级工程技术人员来创业和工作,还应积极培育一批掌握核心技术的科技带头人、具有成长潜力的创新人才和一流素质的企业家。并且,还要构筑各类人才脱颖而出的激励机制,营造创业留人的良好氛围,保护和鼓励企业家和技术人员的创业创新精神,使其才能得到充分发挥。

6.构建具有共同价值观念的集群社会关系体系

价值观是人们行为的准则,集群内人们的价值观将潜移默化地影响到整个群体社会关系。应构建具有共同价值观念的产业集群社会关系体系,加强集群内质量监管、社会诚信体系建设、知识产权保护,营造公平的竞争环境;加强文化和制度建设,建立品牌和新产品保护机制,推进湖南资源节约、环境友好型社会建设。这不仅能够为知识创新营造一个良好的外部环境,而且对于打造产品品牌和整个产业发展具有十分重要的作用。

参考文献:

[1]Nonaka I. A dynamic theory of organizational knowledge creation[J]. Organization science, 1994(5).

[2]Von Krogh. Enabling Knowledge Creation. How to Unlock the Mystery of Tacit Knowledge and Release the Power of Innovation[M]. Oxford Press, 2000.

[3]孙东生,曹晓华,李汉铃. 关于知识产业特征的研究[J]. 中国软科学,1999(5).

[4]王辑慈. 知识创新和区域创新环境[J]. 经济地理,1999(1).

[5]达文波特,普鲁萨克. 营运知识[J]. 王者译. 南昌:江西教育出版社1999年版.

[6]盖文启,王缉慈. 论区域的技术创新型模式及其创新网络——以北京中关村地区为例[J]. 北京大学学报(哲学社会科学版),1999.

[7]金吾伦. 知识涵义的转变[J]. 哲学动态,1999.

[8]约翰·齐曼. 真科学:它是什么,它指什么[M]. 曾国屏等译. 上海:上海科技教育出版社

2002 年版.
[9]盖文启. 论区域经济发展与区域创新环境[J]. 学术研究,2002(1).
[10]德鲁克. 社会的管理[M]. 徐大建译. 上海:上海财经大学出版社 2003 年版.
[11]马歇尔. 经济学原理[M]. 廉运杰译. 北京:华夏出版社 2004 年版.
[12]陈晔武. 知识创新的三重螺旋运动模型[J]. 情报科学,2005(2).
[13]周黎安. 转型中的地方政府[M]. 格致出版社,上海人民出版社 2008 年版.
[14]王力民. 基于知识联盟的集群企业知识创新能力动力机制研究[J]. 情报科学,2009(1).
[15]冯赫. 关于战略性新兴产业发展的若干思考[J]. 经济研究参考,2010(43).
[16]华文. 集思广益:战略性新兴产业的科学内涵与领域[J]. 新湘评论, 2010(1).
[17]张钢,徐乾等. 知识集聚与区域创新网络[M]. 北京:科学出版社 2010 年版.
[18]肖兴志. 中国战略性新兴产业发展研究[M]. 北京:科学出版社 2011 年版.
[19]黄速建,王钦,沈志渔. 中国产业集群创新发展报告(2010)[M]. 北京:经济管理出版社 2010 年版.
[20]湖南战略性新兴产业集群发展战略研究小组. 湖南战略性新兴产业集群创新发展报告(2010)[M]. 长沙:湖南人民出版社 2010 年版.

加强我省社科类社会组织党建工作的对策建议

湖南省社科联课题组

社科类社会组织是以从事社会科学研究与交流为目的的学术团体，是理论及舆情导向的重要平台，是意识形态的重要领域。这个领域历来争夺十分激烈，必须切实加强党的领导，把好关、导好向，这对确保党在意识形态领域的领导地位，夯实党的执政基础非常重要。目前，我省社科类社会组织在省委的高度重视下，党组织建设以及党建工作正在有序展开，态势良好。但也面临许多困难与挑战，须进一步加强社科类社会组织党建工作。

一、基本情况

截至2014年1月底，全省160个省级社科类社会组织已全部成立了党组织，其中单独建、联合建、功能型建与党建工作指导站分别占10.6%、6.3%、77.5%与5.6%，实现了省委提出的“具备条件的社会组织100%建立党组织、已建党组织100%开展党的活动”的“两个100%”目标，标志着我省省级社科类社会组织党建工作走在全国前列，《光明日报》《新华社内参》均对此作了报道。

1. 省委领导高度重视

2013年5月19日、7月6日，省委书记徐守盛，省委副书记孙金龙两次就省级社科类社会组织党建工作作出重要批示，要求“提出任务书、时间表、责任人”，实现“两个100%”的党建目标。2013年8月5日，省委常委会专题研究省级社科类社会组织党建工作，指出要深刻认识加强社科类社会组织党建工作的重大意义，健全党委统一领导、各有关部门齐抓共管的工作机制，把社科类社会组织党建工作作为加强基层党建工作和意识形态工作的重要内容来抓。省委常委、组织部部长郭开朗，省委常委、时任宣传部部长许又声就具体工作多次批示，特别是许又声多次听取汇报并指导社科类社会组织党建工作。省委主要领导亲自过问，省委常委会专题研究社科类社会组织党建工作，这在省社科联发展史上还是第一次。省委对社科类社会组织党建工作的高度重视，为社科类社会组织党建工作指明了方向。

2. 省社科联积极推动

省社科联党组多次召开专题会议，认真贯彻省委常委会精神和省委领导批示，研究部署省级社科类社会组织党建工作。第一，调查摸清家底。通过各种形式调研，截至2013年5月，全省社科类社会组织共有会员党员42670人，其中，秘书处专职党员共117人；已建党组织50个，未建党组织的110个；秘书处党员人数3人以上的社会组织有102个，秘书长是党员的144个。第二，搞好集中组建。由省委组织部、省委宣传部、省社会组织党工委、省社科联党组等部门联合下发湘社党发〔2013〕4号文件，指导省级社科类社会组织根据自身实际以单独建、联合建、功能型建或党建工作指导站等四种形式建立党组织。第三，明确责任主体。省级社科类社会组织挂靠单位为党建工作"第一责任人"，明确其职责、权利与义务。第四，提供服务保障。明确分管领导主抓，学会处实施具体服务与指导，并拨付专项经费，以项目引领党建活动，确保社科类社会组织党建工作"两个100%"任务的完成。

3. 活动富有特色

2014年，在省社科联的指导下，省级社科类社会组织党建活动开展得有声有色。主要特点有：第一，参与主体多元。省社科联每次组织的党建活动，社科类社会组织的党员都积极响应、主动参与，有离退休的老党员，有高等院校的专家学者党员，有党政机关的党员，有企事业单位的党员，增强了社会组织党建工作在会员中的影响力。第二，活动形式多样。2014年6月，开展了"我为党旗添光彩"七一征文活动；7月，举办了两期全省社科类社会组织党建培训班，160个社会组织全部参加了培训；8月，召开了七一征文优秀论文颁奖暨演讲活动；9月，推出了省企业文化促进会和省金融学会两个党建示范基地；11月，召开了8场党建工作横向交流座谈会，总结交流社科类社会组织党建工作经验。第三，活动内容丰富。探讨了社会组织党建工作在基层党建中的重要作用、地位和意义；分析了党建工作对社会组织意识形态政治导向作用的方式与途径；探寻了社会组织怎样结合自身工作开展党建活动的形式与内容。第四，活动各具特色。如省民族研究会党支部与吉首大学历史文化学院联合开展的支部连基层活动，省科社学会、省政治学会党支部开展的重温入党誓言活动，省领导科学学会党支部开展的党员联系理事会员活动都各具特色。

二、面临的困难与挑战

当前,我省社科类社会组织党建工作虽然取得初步成效,但其活动仍主要以上级部门推动为主,党组织内部的潜力还未发挥出来,党建工作仍面临不少内在的困难与外部的挑战。

1. 基层组织比较薄弱

一是社会组织挂靠单位与社会组织之间缺乏直接工作机制,有的因挂靠单位领导对社会组织党的建设工作重要性认识不够,未能落实好挂靠单位“第一责任人”的党建工作责任。二是社会组织成员多为兼职人员,其党员身份存在着“一方隶属,双重管理”的矛盾,不便于开展党建工作。三是独立开展党建工作的条件不够。一般来说,挂靠单位的领导支持的力度大,其社会组织的党建工作就开展得好,反之就难以开展。

2. 活动开展困难较大

一是社会组织的组织形式相对松散,绝大多数党员分布在全省各地,具有流动性大的特点,其活动开展的时间难以固定,每年次数有限。二是社会组织党员多数具有双重身份,各自分属不同的单位,集中开展活动要协调多方单位,很难得到所有单位的支持与协助,集中开展活动难度很大。三是活动经费难以保障。有些社科类社会组织的党组织活动因没有工作经费和党员活动场地,工作难以有效正常运转。

3. 管理体制不够顺

一是管理主体不明。社科类社会组织在管理体制上实行的是双重管理,党建工作存在条块分割、多头管理、运行不畅、主体责任不明等现象,表面上各有关管理部门都在抓,但实际上都没有真正抓到位。二是党建工作长效机制尚未建立。尚未形成完善的活动经费安排制度、活动阵地建设制度、党建资源共享制度、检查考核评估制度等长效机制。缺乏有效的制度安排,开展党建工作必然受到制约。

三、对策建议

1. 将社科类社会组织党建工作摆在重要位置,夯实社会组织党建基础

社科类社会组织党组织是基层党组织的重要组成部分,其党建工作涉及相关厅局、各级地方组织、高校、科研院所等多部门。为此,建议构建与完善省委组

织部牵头抓总,省社会组织党工委、省级社科类社会组织挂靠单位党组织、省社科联党组织协调配合的党建工作大格局。把社科类社会组织党建工作纳入全省基层党组织建设范畴,同步思考、同步设计、同步安排、定期研究。一是积极探索社会组织党组织履行服务职能的新方式方法。搭建社会组织党组织服务会员的有效平台,通过平台扩大服务、规范服务,增强社会组织党建工作的活动内容、活动方式、活动效果。二是积极探索社科类社会组织党组织分类工作的新方式。目前重点做好功能型建党组织、单独建党组织的班子建设,选优配强党组织带头人,通过班子建设带动和促进社科类社会组织党建工作。对联合建的党组织要通过选好时间节点与活动方式,指导他们把挂靠单位的党建活动与社会组织的党建活动有机地结合,共同推进。对建立党建工作指导站的社会组织,要完善党建指导员的工作职责和定期联系制度,指导和帮助这些社会组织积极发展党员,逐步推进党建工作。

2. 强化挂靠单位“第一责任人”的职责,落实挂靠单位管理指导职能

根据湘社党发〔2013〕4 号文件精神,挂靠单位为社会组织党建工作“第一责任人”,有抓组建、抓指导、抓管理的重要职责。要进一步强化落实这一职责,一是挂靠单位党组织要把社科类社会组织党建工作纳入本单位党建工作整体范畴,通盘考虑、统筹安排,制订科学计划,并报省委组织部和省社会组织党工委备案,不能使“第一责任人”职责流于形式。二是挂靠单位党组织要为社会组织党组织开展党建活动提供适当的办公场地和活动经费;三是挂靠单位党组织要切实履职尽责,加强对社科类社会组织党组织有效管理,定期检查督促、指导其开展活动,把党建工作抓实。

3. 推进党建与业务工作深度融合,强化意识形态的导向把关作用

省社科联作为省级社科类社会组织的业务主管单位,要通过举办党建工作培训班,党建工作横向交流活动,指导社科类社会组织党组织把党的路线、方针、政策贯彻落实到学术活动、课题研究、社科普及、人才培训等业务工作之中。要利用网络、微信、QQ 群、会刊等媒体指导各社科类社会组织党组织加强党建工作,通过横向联系与沟通推动党建工作与业务工作的融合。各社科类社会组织党组织要积极探索在理事会、常务理事会、学术交流会、科研活动期间,怎样开展党组织活动,发挥党组织政治导向的引领作用,落实任务的战斗堡垒作用,确保其各项工作的顺利实施,促进党建工作与业务工作的融合,而不至于使党建工作与业务工作人为两张皮。省民政厅是社科类社会组织的登记管理机关,在检查监管中,特别是评估考核定级以及年检活动中,要增加党建工作的内容,细化各项党建工作考核指标,加大党建工作考核权重,督促党建工作与业务工作的融

合。通过党建工作与业务工作的深度融合，推进社科类社会组织党建工作科学化、规范化、长效化。

4. 制订考核评估办法，推动社科类社会组织党建工作常态化

目前，社科类社会组织党建工作的效果还没有一套完整的评估体系，建议省社会组织党工委尽快出台考核评估办法。将考核内容的重点放在对各类学术活动的导向把关作用，党务工作与业务工作同步思考、同步计划、同步实施的情况，以及结合“七一”等重要时间节点开展党组织活动的效果等方面。在考核评估形式上，要把平时工作、重点抽查、年检考核结合起来，实行党建工作与业务工作“同登记、同年检、同评估”，形成科学的考核评估机制。建议省委组织部在推荐评选全省先进基层党组织、优秀共产党员、优秀党务工作者时，应考虑给社科类社会组织党组织一定名额；评估挂靠单位党组织工作时，要将社会组织党组织工作情况纳入其中；通过科学有效的体制机制建设、评估考核办法的实施，激励先进鞭策后进，推动社科类社会组织党建工作常态化。

5. 设立党建工作专项经费，构建社科类社会组织党建活动保障机制

社会组织党建工作与多个部门相关联，各部门都应积极为社会组织党建活动提供相应的经费支持。建议省财政厅设立省级社科类社会组织党建工作专项经费，主要用于党员教育管理、帮扶困难党员和开展党员活动等。由省社科联统一协调支配，着力保障社会组织党组织活动的正常开展。建议利用党费返还的方式保证社会组织党组织日常活动的开支。建议社会组织挂靠单位对党组织的活动给予一定的经费支持。通过多管齐下、多措并举，切实解决其党建工作的经费困境。

课题组成员：郑　升　刘克邦　余　跃　龙稳铠　刘新庚　何隆德
陈祥东　李吉初　龚颖超　方　丽　李风琦　邓建华
邓集文

建立推动人才向中西部地区和基层一线流动的制度机制问题研究

湖南省委组织部党建研究所　中共怀化市委组织部

庄　超　　江　波

省委常委、组织部部长郭开朗批示：

原则同意上报该调研报告。请人才处认真阅研这份调研成果，围绕着强化党管人才的原则，强化省委人才领导小组统筹人才工作规划、政策制定、协调推进等职能，思考解决中西部人才短缺之策，谋划明年的人才工作。

2014 年 9 月 20 日

副省长李友志批示：

这是一份调研深入、分析透彻、建议全面，系统性、针对性很强的优秀的调研报告，应精炼后报中央相关部门。省里应针对边远地区人才稳定难、引进难、培养难的问题，本着先易后难的原则，创立具体措施推进。请提出意见供研究。

2014 年 9 月 30 日

摘　要：党的十八届三中全会指出，要健全人才向基层流动、向艰苦地区和岗位流动、在一线创业的激励机制。基于对怀化市所辖县（市、区）、市直单位和贵州省的部分市（州）的人才流动的深入调研，本文分析了中西部地区和基层一线的人才流动现状及存在的问题，找到了制约人才向中西部地区和基层一线流动的制度机制原因，并提出了健全推动人才向中西部和基层流动体制机制的对策建议。

关键词：人才流动；中西部地区；基层一线；对策建议

改革开放以来，我国人才资源流动从计划经济时代的国家统包统分逐步过渡到以市场调剂为主的体制机制。近年来，中央和地方深入探索与实践，在推动人才向中西部和基层流动上取得了积极进展。党的十八届三中全会指出，要健全人才向基层流动、向艰苦地区和岗位流动、在一线创业的激励机制。最新实施的《事业单位人事管理条例》，为推动事业单位由“身份管理”向“岗位管理”转变，转换用人机制提供了有力保障。这些为人才向中西部和基层一线流动注入了强大动力。

根据中组部重点课题调研部署，我们组建了课题组，制定了调研方案，通过听取汇报、实地调研、走访座谈、问卷调查等方式，以农村基层教育卫生人才为重点，对推动人才向中西部和基层一线流动的制度机制进行了深入调查研究。调研组赴怀化市所辖县（市、区）、市直单位和贵州省的部分市（州），召开座谈会11场次，走访座谈各类专家132人，发放调查问卷300余份，收集意见建议50余条。经整理分析、反复修改讨论，形成了本课题报告。

一、人才流动现状及存在的问题

（一）人才流动历程与态势

人才流动是指人才在地区、行业、岗位等方面的变动。它是生产社会化、科学技术整体化的客观要求，是社会按照人才价值规律和发展要求所进行的空间动态调节。改革开放以来，我国的人才流动大致经历了四个阶段：复位性人才流动(20世纪70年代末)——开放性人才流动(20世纪80年代)——市场成长型人才流动(20世纪90年代)——国际型人才流动（加入WTO后）。近年来，我国人才流动现状越来越呈现出“马太效应”，即人才往往向资源丰富的区域聚集。主要表现为：水平流动，即人才大量从经济发展较落后的中西部地区流向东部沿海发达地区，“孔雀东南飞”是形象比喻。垂直流动，即从农村基层流向城区和上级部门，典型的有乡镇干部、教师和医卫人员，几乎都希望进城工作。

（二）引导人才向中西部和基层一线流动的主要做法

为推动人才向中西部地区和基层一线流动，中央和地方都积极做了一些探索和努力。国家层面：启动了西部人才计划（配套的有博士服务团、西部之光、院士专家西部行等计划），“边远贫困地区、边疆民族地区和革命老区人才支持计划”和“高校毕业生基层培养计划”（大学生村官工作、教师特岗计划、免费师范生培养计划、免费医学生培养计划、“三支一扶”计划和志愿服务西部计划)等战略和计划。省级层面(湖南):出台了《关于对武陵山片区农村基层教育卫生人才发展提供重点支持的若干意见》,实施了片区教卫系统紧缺骨干人才引进资助计划,并建立了片区农村基层教卫人才津贴,即针对具有初级以上职称(含初级)的在编在岗教师和医卫人才,分类别给予每人每月 700 元、500 元、300 元的特殊津贴;开展了科技特派员选派工作,把科技、信息、管理等生产要素直接引入农村一线,为湖南的富民强省提供了科技和人才支持;注重基层培养制度建设,如新招录选调生全部安排到乡镇(街道)工作。市级层面:湖南省怀化市先后出台了《怀化市中长期人才发展规划纲要(2012—2020 年)》等一系列重大人才政策;实施人才引进“双创计划”,专门出台了《怀化市高层次创新创业人才引进实施办法》,用 5 年时间引进 1000 名高层次创新创业人才,其中县(市、区)基层 900 名;设立每年 500 万元的人才资源开发资金,用于人才引进、培养、管理等;同时启动了人才引进“绿色通道”工程,实施基层教育卫生人才队伍建设计划、农村实用人才带头人培养计划、科技特派员基层创业行动等。贵州省黔东南苗族侗族自治州出台了《关于实施人才强州战略全面加强人才队伍建设的决定》等政策;建立了基层工作津贴制度,对在乡镇及以下工作的各类人才,每月按本人基本工资的 20% 发放基层工作津贴;建立了从基层选拔使用人才的长效机制,州、县(市)两级国家机关需补充的公务员,每年拿出 80% 的名额面向在乡镇、村工作满 3 年的基层任职人员考录或遴选。贵州省铜仁市出台了一揽子的人才引进优惠政策和管理办法,引才力度较大;全市乡镇卫生院人员经费已实行全额财政拨款,人员属全额事业编制;调研发现玉屏县设立了每年不少于 500 万元的人才资源开发资金。

(三)中西部地区和基层一线人才流动问题堪忧

在推动中西部和基层改革发展过程中,人才的需求最为迫切,中西部和基层一线人才匮乏、整体素质偏低、留不住人的问题比较突出。具体表现在:

1. 人才总量匮乏,高层次人才比重低

我国东部地区占国土面积的 11%,人才总量占全国总量的 45%;中西部地区占国土面积的 81.7%,各类人才却只占全国总量的 32%。截至 2013 年年底,怀化市各类人才总数为 23.9359 万人,人才密度仅为 428 人/万人,与国家要求的 700 人/万人的经济腾飞起点人才密度相距甚远;高素质、高层次人才少,全市目前享受政府特殊津贴的专家仅有 107 名;全市高级职称人员 4078 人,仅占人才总数的 1.70%。以教师人才为例,农村小学、教学点教师配备严重不足。

2012年武陵山片区每万名学生拥有的教师数比湖南省平均水平少180人，达到全省平均水平还需补充4.55万人。基层卫生人才也十分匮乏，目前湖南省有500多所乡镇卫生院人数在10人以下，人手远远不够用，不得不聘请临时人员。怀化市乡镇卫生院每千人中仅有1.2名卫生技术人员，低于全省1000:1.4的配置要求。溆浦县43个乡镇中有15个乡镇卫生院只配备了1—5名医务人员；通道县大高坪乡卫生院，辖区人口3650人，现仅有职工5人，其中正式职工2人；中方县新建镇卫生院虽然辐射范围较广，仍没有专业的药剂师和影像师。

2.人才结构不优，分布不均

以湖南省怀化市为例，专业结构不尽合理，突出表现为传统专业的人才多，缺少高新技术人才和管理人才，尤其缺少有自主知识产权和核心技术的人才。高、中、初级职称人数不够平衡，全市高、中、初级专业技术人才结构比为1:6.4:6.7，对照国际通用的1:3:6的标准差距还很大。高级职称人才大部分集中分布在市、县两级，乡镇及以下不到100人。全市专业技术人员中本科以上学历35014人，仅占全市人口总量的4.2%。人才行业分布不均。全市65%以上的人才主要集中在行政事业单位，教育和卫生人才就分别占到了54.82%和19.74%，全市事业单位与规模以上工业企业所拥有专业技术人才的比例为6:1，其他行业特别是中小企业专业技术人才匮乏。

3.人才引入困难，流动不畅

中西部和基层地区经济总量小、基础设施差、工资待遇低、条件艰苦，难以吸引人才。加之人才引进的大环境尚未形成，进出口扎得过紧，人才无法在单位、部门、行业间有序流动，用人单位需要的人受身份、编制等各方面的制约进不来。据不完全统计，怀化市近5年来流入和引进的各类优秀人才不足1000人，且主要分布在教育、卫生等事业单位和机关，而规划、城建、旅游等部门行业分布不到10%；专业不对口、人才使用效率低的现象也较为普遍。2012年，怀化市面向全国招引高层次创新创业人才，最后只引进了11人。2012年，怀化市中方县面向社会公开招聘水利、交通、规划等部门急需人才，其中来报考水利、城建专业的人才极少，因达不到1:3的开考比例只能取消；2014年年初怀化市中方县一中原计划从湖南师大招录全日制应届师范类本科以上学历毕业生7名，但报名人数不理想，有些学科甚至无人问津。前来参加面试的屈指可数，最终只招录到普通本科院校毕业生3人。

4.人才使用不活，流失严重

根据问卷统计，中西部一些地方和单位在人才的安排使用上，不同程度存在用非所学和专业不对口的现象，一些专业性较强的岗位被非专业人员所占据，而学有专长的专业人员又无岗可上。据不完全统计,自20世纪80年代以来,中西部地区人才流出是流入的两倍以上,尤其是中青年骨干人才流失严重。近年来,从中西部地区调往沿海地区的科技人才超过3.5万人,其中多为中高级人才。据不完全统计,从1979年到2013年,湖南省共流出各类人才3.7万人,其中80%是高级人才、科技骨干,而同期流入的人才不足1万人。怀化市近五年全市有3800多名优秀人才流失到了长株潭地区或省外地区。教育、卫生人才的外流现象也尤为突出。如自2002年以来,怀化市教师、医生队伍调离1216人,其中高级职称963人。调研的中方县一年之中流出的特级教师高达7名,新晃县近5年来流失66名医技专业人才,其中副高以上职称11人。高校毕业生返乡率也不高,毕业后真正回到家乡工作的寥寥无几。据统计,自2002年以来,怀化市考入"985"和"211"工程大学本科的共2670人,回怀化工作的仅479人,不到18%。

表1　怀化市近四年来本科和中级以上高技能人才队伍流动情况

年度	2010	2011	2012	2013	合计(人)
调出	125	132	103	107	467
调入	13	16	22	31	82

二、制约人才向中西部地区和基层一线流动的制度机制原因分析

制约人才向中西部和基层一线流动的原因有很多,待遇低、条件差、生活苦、配套服务欠缺、成长空间受限等是客观因素。在这里,我们主要以制度机制因素分析为重点,从四个方面来探析。

(一)人才流动政策环境不佳

1. 思想认识不够

人才认识上,社会上尚未真正形成尊重人才的浓厚意识,特别是一些基层和中西部落后地区,"人才资源是第一资源"的观念还比较淡薄,地方服务人才的意识不强,重视关爱人才的氛围不浓。

2. 配套服务不优

政策配套不够完善,引才用才过程中对于工作环境、子女教育、医疗卫生、知识产权保护、人才创业服务、金融支持等方面的配套措施没有及时跟进,有些地方甚至还没有出台有效的引才用才政策。即使出台了,也是力度不大、吸引力不

够,具体执行上更是大打折扣。调查过程中,有超过2/3的人才认为“服务不配套、吸引力不强”是他们不愿去的直接原因。

3.管理体制不顺

在中西部和基层,人才市场分割严重、人才信息不畅、人才资源多头管理的现象普遍存在。人才政策缺乏连续性,人社、编办、教育、卫生、科研等领域人才政策没形成有机整体,缺少全面有效、综合配套的政策落实。人才上下自由流动的良性通道还没有打通,人才担心“下得去,上不来”,因而不敢下。

4.人才工作考评不健全

与东部发达地区相比,中西部和基层地区的人才工作考评机制明显滞后。一是考评体系欠科学。制定的人才工作目标任务和计划缺乏刚性;考核结果运用不到位,对各级党委和政府,以及职能部门人才工作失误情况缺乏有效的责任追究机制。二是考评指标不完善。人才工作目标任务内容定性的多,定量的少;指标设置综合笼统,操作性不强。

(二)顶层设计革新缓慢

1.社会保障差异明显

地区不同、单位不同、身份不同,人才享受的社保种类和担保额都相差明显,人才流动后社保待遇会发生变化。总体说来,东部和城市地区的基本养老保险、基本医疗保险、最低生活保障、公共就业服务等各方面社会保障都要优于中西部和基层,人才不愿意向中西部地区和基层转移社保账户。此外,目前社保政策的连续性较差,因单位性质、地域不同难以对接,绝大部分省市的社保征收、缴纳和支付只实现了省内统筹,不能跨省转移,这很大程度影响了人才主动向中西部和基层流动。

2.户籍制度改革滞后

户籍登记制度下,人才流动只能伴随正常工作调动才能实现户口迁移,给流动人才的工作生活带来许多不便。我国户籍制度背后捆绑着的教育、医疗、养老、就业和住房等很多福利因素,人才流动因户籍不同带来较高的经济成本差异,导致人才很少主动向中西部和基层一线流动。目前,随着户籍管理制度改革的推进,城乡户口差别在缩小,但东部和中西部之间、城乡之间发展仍存在明显差距。

3.人事管理制度不合理

我国现行的人事管理制度主要涉及人才产权、编制核定、档案管理、职称评定等方面,行政计划色彩浓厚,同经济社会一体化发展矛盾明显。身份管理(人才产权):人才在实际使用过程中为单位所有、部门所有,人才使用权和所有权为单位或部门所有,人才成了单位的附属物。脱离单位,就意味着丧失原有的一切待遇、福利和保障等,人才流动往往“身不由己”。编制管理:一方面,城乡间编制核定比差距大,不科学、欠公平(见表2);另一方面,大部分基层事业单位编制是20世纪80年代、90年代核定的,随着单位职能不断增多,编制数额核定却多年不变,事业单位被迫大量编外用人,编紧人少与人满才缺的问题共生并存。调查结果显示,乡镇卫生院有18%的在岗员工没有编制,一些乡镇卫生院安排了许多无行医资格的人员。在同一个乡镇卫生院,正式编制、人事代理、临聘身份并存,造成了同工不同酬,严重影响了工作积极性。档案管理:在政府机关和国有企事业单位,档案对于人才的入职、定级、加薪、提干等有重要影响,而基层档案管理相对混乱,档案在向基层一线流转过程中容易出现遗漏、遗失等情况。职称评聘:基层单位和部门的职称数相对偏少,评职称“论资排辈”、人才“同岗不同酬”现象严重。以基层教师队伍为例,由于硬性规定小高职称不能超过本单位全体在编职工的80%,新进教师受职数限制评不了小高,积极性自然受挫。

表2　城区与乡村三类专技人才编制核定比例对比情况

编制核定比	医卫人员	初中教师	小学教师
城 区	1000:1.8	1:13.5	1:19
乡 村	1000:1.2	1:18	1:23

(三)人才流动调节机制欠成熟

1.人才评价机制不够科学

人才评价标准和机制的科学与否,直接影响一个地区的人才竞争力的大小。对于中西部和基层的人才评价,最突出的问题是现有评价体系没有注重实绩侧重基层,而是以学历、职称论人才,导致各种待遇不公,挫伤了人才的积极性。一些人才外流,并不是因为收入低,而是对职称评审、薪酬待遇感到不公,负气而走。

2.人才配置机制不够合理

人才的配置机制主要是人才使用问题。目前,中西部和基层一些单位在人才使用和配置上存在很多不合理现象:专业不对口、不能学以致用;受编制、身份等诸多因素限制,人才流动通道狭窄,加之地方行政干预,人才“进得来、出不去”,导致人才不敢向中西部和基层一线流动。

3. 人才竞争机制不够健全

人才流动的竞争机制主要是指人才竞争环境。中西部一些地方和基层单位在人才竞争上还存在偏差，公平竞争氛围不浓，论资排辈、先来后到、站队选边的现象比较严重，合理竞争让位于关系竞争，让很多人才对去中西部和基层一线工作望而却步。

4. 人才薪酬机制差异明显

人才薪酬应该充分反映人才价值，我国中西部地区工资水平低，多数是固定工资制，实行“平均主义”，工资收入没有与劳动水平、能力和贡献挂钩，没有将人才的劳动或者智力成果“按要素贡献”参与分配。东部地区工资水平高，考核奖励和分配机制灵活，科技人才的发明专利、贡献可作价入股参与分配，其创造性劳动可获得高薪肯定。按比例来算，同样的付出，在中西部地区和基层获得的收益比在东部地区少得多，这也是影响人才流动的重要因素。

（四）相关法律制度不健全

我国目前没有一套完整的法律制度来规范人才流动，现行法律对于人才流动的制度保护作用零星涉及，有些规定原则性强、难以操作。各地区、各部门单位竞相打出招揽人才的优惠招牌，一定程度上造成人才无序竞争局面。与东部地区相比，中西部地区人才方面的地方性法规欠完善，人才流动因为知识产权、服务年限、教育培养等问题纠纷层出不穷，人才在中西部地区流动过程中因争议处理、人事仲裁等问题“头疼不已”。

三、健全推动人才向中西部和基层流动的体制机制的对策建议

“党管人才”和“市场配置”是人才工作的左右手。市场经济条件下，建立推动人才向中西部和基层一线流动的体制机制，需要统筹推进、因才而异。一方面必须以市场调节和配置为主，另一方面对于服务基层民生的专技人才，必须借助强有力的宏观调控。在这里，我们从当务之急和长远之策两个层面来寻求对策。

当务之急

（一）完善激励政策，强化人才向中西部和基层流动的导向

1. 优化基层人才政策环境

加大中西部和基层交通、教育、卫生、通讯、信息等基础设施建设的投入，改

善经济社会发展环境。实施人才安居工程,重点加大职工周转房建设力度,将其纳入各级政府保障性安居工程建设范围,确保基层人才"住有所居"。搭建基层创业平台,大力推进产业和园区建设聚集人才。从工商注册、税费减免、融资贷款、信息等方面加强服务和政策扶持。梳理、完善现有基层人才政策,强化政策的整合和集成,构建利于人才向基层流动的政策体系。表彰奖励基层优秀人才,设立"扎根基层优秀人才奖"。

2. 完善基层工作津贴制度

建议参照湖南省对武陵山片区农村中小学教师、乡镇卫生院医疗卫生技术人员人才发放津贴的做法,在现有工资收入制度前提下,制定基层和艰苦地区工作津贴制度,适当增加在基层工作人才的收入。建议津贴按其基本工资的20%(或以上)发放,并可根据地方实际分类分区域给予不同的津贴标准。对在基层和艰苦地区工作的人才实施岗位补贴制度,所需经费由中央财政纳入预算安排。

3. 职称评聘向基层倾斜

对在基层服务的教育卫生等各类专技人才,岗位聘用和职称评定可不受单位岗位总量和最高等级结构比例限制。采取设置"基层和艰苦地区专业技术人才高、中职称评审特别岗位"等办法,专门用于解决基本符合条件、长期在农村基层工作的专业技术人员评聘中、高级职称难的问题;在职务晋升和职称评定方面出台优惠政策,评聘基层和艰苦地区专业技术人才高、中职称评审特别岗位时,可适当放宽论文、学历、计算机应用等条件;没有相关基层工作经历的专技人才不能申报上一级专技资格;在基层乡镇设立副高级专业技术和技师岗位,可不受职数限制即评即聘,并只适用于乡镇基层。

4. 完善基层的人才选拔任用机制

树立从基层选才的用人导向,建立健全从基层选才用才长效机制,注重从基层和生产一线选拔有实践经验的优秀人才充实到上级单位和部门,加大从具有基层工作经验人员中考录公务员、事业单位工作人员力度。比如,县级以上事业单位补充工作人员,原则上从本系统具有3年以上农村基层工作经历的人员中选拔。进一步完善新参加工作人员基层服务年限制度,提高长期在基层工作人员的政治待遇,在同等条件下优先使用。

(二)健全对口援助帮扶机制

1. 东西部对口援助

开展对口援助帮扶是当前实现人才"结构性搬运"的有效途径。探索建立向基层和艰苦地区对口援助帮扶制度,逐渐形成"政府援助、人才支持、社会参与”的对口援助帮扶新格局。以教育、卫生人才为例，针对东部发达地区中小学教师相对富余的现状，从东部发达县(市、区)对口中西部欠发达县(市、区)派遣教师开展支教活动；建立健全三级医院与中西部县级医院的对口援助制度，通过援助县级医院，带动县级医院援助乡镇卫生院。

2. 城乡间对口援助

以教育、卫生人才为重点，健全城区中小学、医院援助帮扶农村教育、卫生工作制度；实施农村基层中小学教师和乡镇卫生院紧缺骨干人才引进资助计划，新进紧缺骨干教师、医疗卫生技术人员签订5年以上服务合同，并给予一定补助；在职称评定时，规定城区中小学教师、医师须有基层教育、卫生工作经历，才可评聘为中级或高级专业技术职务；鼓励支持退休教师、医卫技术人员返聘到中西部和基层中小学、卫生院服务。

(三)创新推进人才流动项目

1. 实行专技人才特设岗位计划

国家现行的基层专技人才特设岗位有特岗教师和特岗全科医生。特岗教师方面，建议中央和省里增加指标，并向中西部地区和基层学校倾斜，在招考制度上鼓励原籍考生参加特岗教师招聘，降低流失率。特岗全科医生方面，建议参照湖南推行“县管乡用”模式，进一步探索形成特岗全科医生下得去、干得好、能流动的长效机制。建议出台国家层面的政策标准，引导特岗全科医生到乡镇卫生院执业、完善全科医生考核评价指标体系等。对于其他方面的基层紧缺急需人才，国家也要尽快探索和积极制定出一些相对应的特设岗位计划。

2. 推行基层人才定向委培

针对中西部地区和基层偏远地区教育、文化、卫生等公共服务领域人才紧缺的现状，中西部地区和基层偏远地区可采取选拔本地生源进行定向委培，签订培养和服务协议，在校期间的学费、住宿费和生活费等，按本科生、专科生不同的标准给予补助，学生毕(结)业后定向到基层工作，并明确最低服务年限和福利待遇。定向委培在部分省份已经有一些尝试，效果良好。国家应进一步出台鼓励支持政策，大力推动基层人才定向委培工作。

3. 开辟人才引进绿色通道

一方面，进一步完善高层次人才引进政策，简化引进手续，提高服务水平。公开招聘时，对于高层次急需人才，可直接考察引进办理入编手续；职称评定时，引进后可直接申报相应职称，不受岗位限定；出台人才创业和科技奖励办法，搭建吸引人才的载体和平台；配偶可随调随迁安置工作，子女可选择就学，档案无法转入的，核实后可重建人事档案等。另一方面，要切实解决职称和学历层次达不到高层次条件但又是急需紧缺人才的引进问题。比如，对农村教育卫生系统急需的具备执业资格专业人才或本科以上高学历人才、高职称专业技术人才，免试直接进编，工作 5 年以上才能调动；在公开招聘过程中，降低开考录用比率。

4. 加强柔性引才引智工程

国家层面要完善和落实基层和艰苦地区特聘专家制度、万名专家下基层等柔性人才流动政策，建立中央财政补助基层和艰苦地区企业引进柔性人才制度。高校毕业生“三支一扶”计划、“大学生志愿服务西部计划”和“万名医师支援农村卫生工程”等项目向农村倾斜；“万名专家服务基层”、境内外引智工程等项目重点面向中西部地区农村基层。中西部和基层可结合自身发展需要，在不接转人事关系的前提下，以顾问、兼职、讲学、咨询服务、科研项目攻关与技术合作等多种形式来聘请高层次人才。鼓励支持退休教师、卫生人才到农村基层服务。

长远之策

（一）深入推进体制性改革

1. 加快户籍制度改革

户籍制度改革的关键是户籍所包含的各种权利和福利制度的综合配套改革。要剥离跟户籍绑定的社会福利职能，清理与户籍挂钩的各项政策。全面清理就业、教育、计划生育、医疗、养老、住房等领域与户口性质挂钩的政策，取消按户口性质设置的差别化标准，使人才政策逐步与户口性质脱钩。实施地区差异区别对待、分类指导。对于中西部地区和基层一线，可通过放宽迁移户口政策的方式与不迁户口的柔性流动方式促进人才流入。

2. 逐步统筹社会保障

现行的社保制度差别主要由人才所属单位、身份和地域不同而造成巨大待遇差别，必须将社保制度纳入统一的社会化管理，解决人才向基层流动的后顾之忧。一方面尽快制定和完善人才流动中不同单位、地区间社会保障关系转接的政策法规，为人才跨地区（省份）、跨行业、跨所有制流动提供方便。另一方面在各省市健全自身社会保障机制的基础上，逐步建立全国统一的社保体系，消除社保制度造成的地域、身份、单位差别。

(二)革新人事管理制度

1.深入推进事业单位人事制度改革

事业单位人员以专业技术人才为主,要做好公开招聘、规范聘用合同、医疗和养老保险“并轨”等改革,工资收入改革与事业单位分类改革同步推进。完善以岗位管理为基础的用人机制,探索建立事业单位新进人员人事代理制度,建立健全用人合同制,打破“铁饭碗”,使事业单位人才由“单位人”转变为“社会人”,促进人才有序流动。

2.改进人才产权和身份管理

建立人才产权制度,缩小乃至剥离用人单位对人才所有权的占有,强化人才个体对人才资本的所有权和自主权。淡化身份色彩,弱化农民、工人、干部等身份标签,在人才调配时,只考虑人才是否能够胜任岗位,而不是从身份上进行歧视,推动人才从“身份管理”向“岗位管理”转变。

3.灵活档案管理和编制核定

革新个人档案管理办法。加快建立社会化的人才档案公共管理服务系统,取消对一般个人档案的条块分割以及人员身份的界定;对于来中西部和基层一线干事创业的人才,弱化档案随调要求,推行人事代理免费。基层编制核定适当放宽。在核定标准基础上,对中西部和基层艰苦地区给予倾斜照顾,增核一定数量的专项编制,特别是针对乡村基层的教育、卫生、农业、文化等社会服务领域,解决基层编制严重不足的问题。

4.深化职称评聘改革

分类推进职称制度改革,科学设定指标和程序,调整基层专业技术队伍高、中、初级专业技术职称的比例,不再简单控制职称比例;积极有序开展专业化、社会化的职业水平评价和职业资格认定制度;推行专业技术人员聘任制,建立健全“评聘分离”体制,破除专业技术职务终身制;中西部和基层对引进的优秀专技人才,要做到职称随到随聘,可根据实际工作能力采取“低职高聘”等办法兑现奖惩。

(三)增强人才发展机制活力

1.创新人才评价机制

科学设置评价标准,提高识别人才、发现人才、使用人才的效能。克服唯学历、唯论文倾向,可根据基层专技人才的不同特点,采取评审、答辩、考评相结合等多种评价方式,如在申报中、高级职称时可免试外语和计算机,其技术总结、报告可视同论文。

2. 优化人才配置机制

国家要出台系列相关政策，优化人才资源的使用配置机制，逐步消除人才使用的区域性、行业性失衡，最大限度地利用人才资源。建立科技人才基层锻炼制度，贫困地区人才培训和再教育制度；健全“三支一扶”、大学生村官、特岗教师等人才队伍合理流动与配置机制，畅通优秀人才进入渠道，吸引有真才实学、志愿服务的人才到中西部和基层一线工作。

3. 完善人才竞争机制

基层落后地区一些单位必须改变过去人才“论资排辈”观念，树立起“以绩量人，为事业选人”的正确理念，积极引才用才；克服用人上的片面性，建立“注重实绩，竞争择优”的良性工作机制，在竞争中显露人才，形成浓厚的合理竞争氛围和环境。

4. 优化人才薪酬机制

一方面，国家要推行更能凸显人才价值的工资制度改革，制定技术、管理、知识、技能等按要素贡献参与分配的政策，改变中西部和基层一线工资平均化趋向，让工资反映人才的劳动水平，让人才的付出和收入成正比。另一方面，在现有工资收入制度下，国家要建立基层人才补贴制度，对在基层和艰苦地区工作的人才实施岗位补贴，所需经费由中央财政纳入预算安排，不同地区分类实行不同补贴标准。

5. 探索人才退出机制

“流水不腐、户枢不蠹”，顺畅的退出机制是人才流入的保证。建议实行基层专技人才定期考核制度，建立健全退出机制。以农村教师、卫生人才为例，对考核认定为不胜任教学、卫生工作的农村中小学教师、卫生人员，经培训仍不适应工作的，经县级教育、卫生、人社、编制部门同意，实行转岗、分流，打破基层专技人员“铁饭碗”，逐步优化农村教育卫生人才队伍结构。

（四）加强人才工作的领导统筹

1. 加强对人才工作的组织领导

完善党管人才的领导体制，创新党管人才方式方法，进一步完善党委统一领导，组织部门牵头抓总，有关部门各司其职、密切配合，社会力量广泛参与的人才流动工作格局。研究制定基层人才发展规划。健全和完善基层人才队伍培养体系，为基层人才搭建施展才干、成长进步的平台。强化财政投入引导人才向基层流动的导向作用。

2. 设立人才发展专项调节基金

建议由国家层面设立人才发展专项调节基金，逐年加大对中西部和基层地区人才发展工作资金投入的转移支付力度，用基金促成一种全国范围内人才流动的导向。中西部地区和基层自身也要逐步设立起人才发展专项基金，提高对人才流入的吸引力。

3. 建立和完善人才需求信息库

推进人才信息网络建设，中西部和基层单位要建立和完善人才需求信息库，明确本地本单位所需人才的数量、层次、专业和类型，每年发布一次人才需求目录，每季度发布人才供应信息，及时更新各类人才需求信息，实行动态管理，防止盲目性引进。

4. 严格实施考评和责任追究

建立健全人才工作考评和责任追究机制，将人才工作纳入各级党委和政府，以及职能部门绩效考核体系，把鼓励人才到一线创业摆在人才工作突出位置，强化人才工作绩效考核结果运用，提高倾斜基层一线项目权重，对人才工作造成重大失误的，要追究相关责任人责任。

5. 加强人才工作法制化建设

进一步健全包括人才流动、人事关系、社会保险、劳动保护、争议仲裁等内容的政策法规体系，建立强有力的监督机制，促使人才合理、有序流动。研究制定人才产权管理条例，出台人才产权保护法等，为处理人才流动相关案件提供法律依据。

现代金融服务业统计制度研究

湖南省统计局　朱继无　刘　雁　邹　阳

摘　要：建立现代金融业统计制度，对提高全省国民经济核算水平、完善科学决策具有重要意义，也有利于全面把握区域金融运行状况、促进经济结构调整转型、防范金融风险、保障区域金融稳定。本文在对现代金融业的内涵及外延理论探析的基础上，按照统计法有关规定，从调查对象和统计范围、统计指标体系和调查方案、统计数据处理及增加值核算方法等方面设计和探索现代金融服务业统计制度，并指出现代金融服务业统计的难点问题。最后，从业务规模、增长贡献、资源配置、融资渠道等角度对2013年全省金融业发展现状进行实证分析。

关键词：现代金融服务业；统计制度；经济发展

一、引言

为充分发挥现代服务业对于当前全省加快转变经济发展方式、提升产业综合素质、满足群众精神需求、实现全面小康建设目标的重要作用，湖南省人民政府提出2014—2017年全省现代服务业发展"十百千"行动计划。在这一行动计划中确定了全省重点培育发展的十大服务业产业，现代金融服务是十大产业之一。要求现代金融服务业要创新金融产品和服务模式，出台促进金融集聚发展的鼓励政策，争取纳入国家引导民间资本进入金融服务领域的相关试点。到2017年，全省服务业增加值达到1.5万亿元，金融业增加值年均增速与全省生产总值增速基本相适应。金融机构改革进一步深化，大型金融机构现代企业制度逐步完善，创新发展能力和风险管理水平明显提升，支持科技创新和经济结构调整的力度进一步加大。

建立现代金融业统计制度，不仅对提高全省国民经济核算水平、完善科学决策体系具有重要作用，也有利于全面把握区域金融运行状况、促进我省经济结构调整转型、防范金融风险、保障区域金融稳定。因此，研究建立现代金融服务业综合统计制度，全面定期收集金融业数据并开展监测分析，具有较强的理论和现实意义。

二、现代金融服务业的内涵及外延

1. 现代金融业概念的界定

随着消费者金融需求的多样化、金融创新的推进、计算机及信息技术的广泛应用以及互联网经济的兴起，金融服务业的内涵更加丰富，外延不断扩大。现代金融服务业定义为：经营金融产品及其衍生产品、提供金融服务的经济实体。具体是以银行、证券、保险、信托、基金五大传统金融行业为主体，以典当、金融租赁、财务咨询、金融法律咨询为辅助行业的集合体。

2. 现代金融业与经济发展

现代金融服务业是国民经济中的主导和优势产业，在经济和社会发展中发挥着基础性作用。现代金融业是服务业的组成部分之一，为经济增长作出贡献，同时其发展水平直接影响到整个经济资本的形成和配置效率，关系着国民经济的命脉。金融部门可以给借贷双方提供信贷服务，为各市场主体分散和管理风险提供支持，通过资金流动将金融资源配置到最有效率的领域。

三、建立现代金融服务业统计制度探析

建立现代金融服务业统计制度的各项研究应遵循《中华人民共和国统计法》有关规定，符合统计“四大工程”建设的基本要求。因此，根据统计制度设计原理，从现代金融业的统计范围、调查单位确定、调查方法、汇总上报等方面开展研究。

1. 现代金融服务业调查对象和统计范围的思考

（1）调查对象。本制度的调查对象为从事金融业务活动的金融业法人单位和产业活动单位。按照行业分类标准，金融业务活动具体指《国民经济行业分类》（GB/T4754—2011）中属于“J金融业”行业门类的活动，具体包括“66货币金融服务，67资本市场服务，68保险业，69其他金融业”四个行业大类的活动。

（2）统计范围。主要包括：①银行业存款类金融机构：银行、城市信用社（含联社）、农村信用合作社（含联社）、农村资金互助社和财务公司；②银行业非存款类金融机构：信托公司、金融资产管理公司、金融租赁公司、汽车金融公司、贷

款公司和货币经纪公司;③证券业金融机构:证券公司、证券基金投资管理公司、期货公司和投资咨询公司;④保险业金融机构:财产保险公司、人身保险公司、再保险公司、保险资产管理公司、保险经纪公司、保险代理公司、保险公估公司和企业年金;⑤其他金融机构:小额贷款公司、典当行等;⑥特殊目的载体。

2. 现代金融服务业统计指标体系和调查方案的思考

(1)指标选取原则。现代金融业基层统计报表指标设计须遵循以下基本原则:一是科学性原则。科学性是指指标体系的设置要具有科学性和合理性,要能全面反映现代金融发展的客观现实,即现代金融发展的评价指标必须要能准确表达现代金融发展的内涵。二是系统性原则。选择的指标体系覆盖面要完整,能全面综合地反映现代金融发展的各种要素,凡是与现代金融发展相关度很大的主要方面都应设置指标。三是层次性原则。纵向的层次有序性和同一指标层各指标间的独立性相结合,使指标体系层次结构具有严密的逻辑性。

(2)调查方法。调查方法为全面调查,调查频率为按季度报送。数据报送主要依据原有统计渠道,分级上报汇总。人民银行长沙中心支行负责牵头开展全省现代金融业统计工作,省政府金融办、省统计局、省商务厅、省银监局、省证监局、省保监局共同组织实施。人民银行长沙中心支行、银监会负责收集法人金融机构及银行业机构相关数据,证监会负责收集证券业相关数据,保监会负责收集保险业相关数据,省政府金融办负责收集小贷公司、融资性担保公司相关数据,省商务厅负责收集典当行业相关数据,省统计局负责金融业增加值核算。

(3)调查表式。为全面掌握辖内现代金融业务总量、资产负债及损益情况,深入了解银行、证券、保险、信托、小贷、典当、担保等分行业整体发展状况、风险状况及创新业务发展情况,结合子行业的业务方向和特点,共设置13张统计报表。分别是:银行业经营发展状况表、银行业创新业务发展状况表、银行业资产负债及风险状况表、证券业发展状况表、证券业法人机构业务发展状况表、保险业发展状况表、小额贷款公司发展状况表、融资性担保公司发展状况表、典当行发展状况表、资产管理公司发展状况表、银行与证券、保险、信托等非银行金融机构交叉性业务统计表。

银行业经营发展状况表

指标名称	计量单位	本季
一、机构人员基本情况	——	——
1. 法人机构数	家	
其中:农村商业银行	家	

续表

指标名称	计量单位	本季
农村信用社	家	
村镇银行	家	
2. 网点数	家	
其中:全国性金融机构	家	
地方法人金融机构	家	
3. 从业人员数	人	
二、盈利状况	——	——
1. 营业收入	万元	
其中:利息净收入	万元	
贷款利息收入	万元	
存款利息支出	万元	
2. 营业支出	万元	
其中:职工薪酬	万元	
营业税金及附加	万元	
3. 中间业务收入	万元	
其中:债券承销收入	万元	
4. 本年利润	万元	
5. 所得税	万元	
三、主营业务发展状况	——	——
(一)各项存款	万元	
其中:活期存款	万元	
定期存款	万元	
1. 单位存款	万元	
其中:企业存款	万元	
小额贷款公司存款	万元	
融资担保公司存款	万元	
典当行存款	万元	
2. 个人存款	万元	
3. 财政存款	万元	

续表

指标名称	计量单位	本季
4. 其他存款	万元	
(二)各项贷款	万元	
1. 分期限	——	——
1.1 短期贷款	万元	
1.2 中长期贷款	万元	
2. 分主体	——	——
2.1 个人贷款	万元	
其中:个人消费贷款	万元	
2.2 单位贷款	万元	
其中:小额贷款公司贷款	万元	
融资担保公司贷款	万元	
典当行贷款	万元	
3. 分行际	——	——
3.1 全国性大型金融机构	万元	
3.2 全国性中小金融机构	万元	
3.3 地方法人金融机构	万元	
4. 分担保方式	——	——
4.1 抵(质)押类贷款	万元	
4.2 信用类贷款	万元	
4.3 保证类贷款	万元	
5. 分行业	——	——
5.1 第一产业	万元	
5.2 第二产业	万元	
其中:工业	万元	
“两高一剩”行业	万元	
5.3 第三产业	万元	
其中:交通运输、仓储和邮政业	万元	
水利、环境和公共设施管理业	万元	
6. 重点关注领域贷款	——	——

续表

指标名称	计量单位	本季
6.1 中小微企业贷款	万元	
其中:小微型企业	万元	
6.2 涉农贷款	万元	
其中:农村基础设施建设贷款	万元	
6.3 战略性新兴产业贷款	万元	
6.4 助学贷款	万元	
6.5 失业人员贷款	万元	
6.6 房地产贷款	万元	
其中:开发贷款	万元	
购房贷款	万元	
6.7 保障性安居工程贷款	万元	
其中:棚户区改造贷款	万元	
(三)投资业务	——	——
1. 债券资产	万元	
其中:国债	万元	
企业债	万元	
金融债	万元	
2. 理财产品	万元	
3. 大额可转让定期存单	万元	
4. 投资性房地产	万元	
(四)资金价格状况	——	——
1. 贷款加权平均利率	%	
2. 大型企业执行利率情况占比	——	——
2.1 基准利率下浮	%	
2.2 基准利率	%	
2.3 基准利率上浮30%以内	%	
2.4 基准利率上浮30%以上	%	
3. 中型企业执行利率情况占比	——	——
3.1 基准利率下浮	%	

续表

指标名称	计量单位	本季
3.2 基准利率	%	
3.3 基准利率上浮 30% 以内	%	
3.4 基准利率上浮 30% 以上	%	
4. 小微企业执行利率情况占比	——	——
4.1 基准利率下浮	%	
4.2 基准利率	%	
4.3 基准利率上浮 30% 以内	%	
4.4 基准利率上浮 30% 以上	%	

注:(二)盈利状况子项指标填写本年累计,其余各项指标填写季末余额

银行业创新业务发展状况表

指标名称	计量单位	本季
一、信贷创新业务	——	——
1. 林权抵质押贷款	万元	
2. 农村土地经营权抵质押贷款	万元	
3. 农村宅基地及农屋抵质押贷款	万元	
4. 应收账款质押贷款	万元	
5. 股权质押贷款	万元	
6. 知识产权抵押贷款	万元	
7. 仓单质押贷款	万元	
8. 出口退税质押贷款	万元	
9. 联贷联保方式贷款	万元	
10. 银团贷款	万元	
11. 保险保证贷款	万元	
12. 互联网贷款	万元	
二、支付手段创新业务	——	——
1. 电话银行	——	——
1.1 开户数	户	
1.2 交易额	万元	
2. 手机银行	——	——

续表

指标名称	计量单位	本季
2.1 开户数	户	
2.2 交易额	万元	
3. 网上银行	——	——
3.1 开户数	户	
3.2 交易额	万元	
4. 金融 IC 卡	——	——
4.1 开户数	户	
4.2 交易额	万元	
5. POS 机	——	——
5.1 布置台数	台	
5.2 交易额	万元	
6. 跨境人民币业务	万元	
6.1 经常项目	万元	
6.2 资本项目	万元	
三、**融资渠道创新业务**	——	——
1. 理财产品	——	——
募集额	万元	
期末余额	万元	
其中:表内理财	——	——
募集额	万元	
期末余额	万元	
1.1 自主发行	——	——
募集额	万元	
期末余额	万元	
其中:独立发行	——	——
募集额	万元	
期末余额	万元	
1.2 代理总行发行	——	——
募集额	万元	

续表

指标名称	计量单位	本季
期末余额	万元	
2. 资金信托计划	——	——
募集额	万元	
期末余额	万元	
3. 表外融资支持业务	万元	
其中:承兑汇票	万元	
融资性保函	万元	
承诺	万元	
信用证	万元	
四、信贷资产证券化	万元	
五、金融衍生品	万元	

银行业资产负债及风险状况表

指标名称	计量单位	本季
一、资产负债状况	——	——
1. 资产总计	万元	
1.1 贷款	万元	
1.2 存放同业	万元	
1.3 拆放同业	万元	
1.4 固定资产	万元	
1.5 固定资产累计折旧	万元	
2. 负债总计	万元	
2.1 存款	万元	
2.2 同业存放	万元	
2.3 同业拆入	万元	
3. 所有者权益合计	万元	
二、资本充足状况(法人)	——	——
1. 资本充足率	%	
2. 核心资本充足率	%	

续表

指标名称	计量单位	本季
三、信用风险	——	——
1.不良资产总额	万元	
2.不良资产率	%	
3.不良贷款总额	万元	
4.不良贷款率	%	
5.贷款损失准备充足率	%	
6.拨备覆盖率	%	
7.贷款拨备率	%	
四、流动性风险(法人)	——	——
1.流动性比例	%	
2.流动性缺口率	%	
3.核心负债依存度	%	
4.人民币超额备付金率	%	
5.存贷款比例(调整后)	%	
6.流动性覆盖率	%	
7.净稳定资金比率	%	
五、市场风险(法人汇总)	——	——
1.累计外汇敞口头寸比例	%	
2.利率风险敏感度	%	
3.投资潜在损失率	%	

证券业发展状况表

指标名称	计量单位	本季
一、证券业总体情况	——	——
1.投资者账户数	户	
其中:机构	个	
个人	户	
2.证券交易量	万元	
3.客户保证金	万元	

续表

指标名称	计量单位	本季
4. 托管的客户证券资产总额	万元	
5. 客户交易结算资金	万元	
二、证券公司总体情况	——	——
1. 机构人员基本情况	——	——
1.1 法人机构数	家	
营业部数	家	
从业人员数	人	
1.2 非法人机构数	家	
营业部数	家	
从业人员数	人	
2. 资产负债情况	——	——
2.1 资产总计	万元	
其中:约定购回式业务待回购金额	万元	
股票质押式回购业务待回购金额	万元	
债券质押式报价回购业务待回购金额	万元	
融资余额	万元	
融券余额	万元	
固定资产	万元	
固定资产累计折旧	万元	
2.2 负债总计	万元	
2.3 所有者权益合计	万元	
3. 盈利状况	——	——
3.1 营业收入	万元	
3.2 营业支出	万元	
其中:职工薪酬	万元	
营业税金及附加	万元	
3.3 利润总额	万元	
三、上市公司	——	——
1. 国内上市公司家数	家	

续表

指标名称	计量单位	本季
2. 总资产	万元	
3. 净利润	万元	
4. 境内上市公司累计募集资金	万元	
4.1 国内股票(A股)筹资额	万元	
其中:A股首次发行金额	万元	
A股再筹资金额	万元	
其中:现金增发	万元	
配股	万元	
4.2 发行B股筹资额	万元	
4.3 发行H股筹资额	万元	
4.4 国内债券筹资额	万元	
四、期货业总体情况	——	——
1. 期货公司总体情况	——	——
1.1 法人期货公司数	家	
营业部数	家	
从业人员数	人	
1.2 非法人期货公司数	家	
营业部数	家	
从业人员数	人	
1.3 期货交易额	万元	
1.4 客户保证金	万元	
2. 资产负债情况	——	——
2.1 资产总计	万元	
其中:固定资产	万元	
固定资产累计折旧	万元	
2.2 负债总计	万元	
2.3 所有者权益合计	万元	
3. 盈利状况	——	——
3.1 营业收入	万元	

续表

指标名称	计量单位	本季
3.2 营业支出	万元	
其中:职工薪酬	万元	
营业税金及附加	万元	
3.3 利润总额	万元	
3.4 所得税	万元	

注:盈利状况子项指标填写本年累计,其余各项指标填写季末余额

证券业法人机构业务发展状况表

指标名称	计量单位	本季
一、自营投资业务	——	——
1. 股票	万元	
2. 债券	万元	
3. 其他	万元	
二、投资银行业务	——	——
1. 新三板企业数	家	
2. 新三板企业资产总额	万元	
三、销售金融产品	——	——
销售金融产品总金额	万元	
1. 证券投资基金	万元	
2. 证券公司资产管理计划	万元	
3. 商业银行理财产品	万元	
4. 信托产品	万元	
5. 保险产品	万元	
6. 其他	万元	
四、资产管理业务	——	——
1. 受托资产总计	万元	
其中:受托管理客户银行存款	万元	
受托管理客户备付金	万元	
存出与托管客户资金	万元	

续表

指标名称	计量单位	本季
受托投资	万元	
2. 受托负债总计	万元	
其中:受托资金	万元	
3. 定向资产管理	万元	
集合资产管理	万元	
专项资产管理	万元	
五、信用业务	——	——
1. 约定购回式业务待回购金额	万元	
2. 股票质押式回购业务待回购金额	万元	
3. 债券质押式报价回购业务待回购金额	万元	
4. 融资余额	万元	
5. 融券余额	万元	

保险业发展状况表

指标名称	计量单位	本季
一、机构人员基本情况	——	——
1. 保险机构总数	家	
其中:法人保险机构数		
省级非法人保险机构数	家	
县域(含县级市)保险机构数	家	
2. 保险中介机构数	家	
3. 从业人员数	人	
其中:代理人员数	人	
二、资产负债情况	——	——
1. 资产总计	万元	
其中:固定资产	万元	
固定资产累计折旧	万元	
2. 负债总计	万元	
其中:保户储金及投资款	万元	

续表

指标名称	计量单位	本季
3. 所有者权益合计	万元	
三、盈利状况	——	——
1. 营业收入	万元	
2. 营业支出	万元	
其中:职工薪酬	万元	
营业税金及附加	万元	
手续费及佣金支出	万元	
3. 利润总额	万元	
四、业务发展状况	——	——
1. 原保险保费收入	万元	
1.1 财产险	万元	
其中: 机动车辆保险	万元	
农业保险	万元	
1.2 人身险	万元	
其中:人寿保险	万元	
健康保险	万元	
意外伤害保险	万元	
2. 分出保费	万元	
3. 赔付支出	万元	
3.1 财产险	万元	
其中:机动车辆保险	万元	
农业保险	万元	
3.2 人身险	万元	
其中:人寿保险	万元	
健康保险	万元	
其中:赔款支出	万元	
意外伤害保险	万元	
五、创新业务发展状况	——	——
1. 责任保险保费收入	万元	

续表

指标名称	计量单位	本季
2. 信用保险保费收入	万元	
3. 保证保险保费收入	万元	
4. 年金保险保费收入	万元	
5. 人身险互联网销售保费收入	万元	
6. 人身险电话销售保费收入	万元	
六、风险情况	——	——
1. 寿险公司退保率	万元	
2. 产险公司综合赔付率	万元	
3. 保险准备金	万元	
3.1 未决赔款准备	万元	
3.2 未到期责任准备	万元	
3.3 长期健康责任准备	万元	
3.4 寿险责任准备	万元	

注:(三)盈利状况子项指标填写本年累计,其余各项指标填写季末余额

小额贷款公司发展状况表

指标名称	计量单位	本季
一、机构人员基本情况	——	——
1. 法人机构数量	家	
2. 从业人员数	人	
二、资产负债情况	——	——
1. 资产总计	万元	
2. 负债总计	万元	
3. 注册资本	万元	
三、盈利状况	——	——
1. 营业收入	万元	
其中:各项贷款利息收入	万元	
2. 营业支出	万元	
其中:职工薪酬	万元	

续表

指标名称	计量单位	本季
3. 利润总额	万元	
4. 所得税	万元	
四、业务发展状况及风险情况	——	——
1. 贷款总额	万元	
1.1 个人贷款	万元	
1.2 企业贷款	万元	
2. 同业拆借	万元	
3. 长期借款	万元	
3.1 境内长期借款	万元	
3.2 境外长期借款	万元	
4. 贷款损失准备	万元	
5. 逾期贷款余额	万元	

注:(三)盈利状况子项指标填写本年累计,其余各项指标填写季末余额

融资性担保公司发展状况表

指标名称	计量单位	本季
一、机构人员基本情况	——	——
1. 法人机构数量	家	
2. 从业人员数	人	
二、资产负债情况	——	——
1. 资产总计	万元	
其中:存出保证金	万元	
2. 负债总计	万元	
其中:存入保证金	万元	
3. 注册资本金	万元	
三、盈利状况	——	——
1. 营业收入	万元	
其中:融资性担保费收入	万元	
2. 营业支出	万元	

续表

指标名称	计量单位	本季
其中：融资性担保赔偿支出	万元	
营业税金及附加	万元	
3. 利润总额	万元	
4. 所得税(减)	万元	
四、业务发展状况及风险情况	——	——
1. 担保准备金	万元	
2. 担保业务金额合计	万元	
2.1 融资性担保业务	万元	
其中:贷款担保	万元	
票据承兑担保	万元	
信用证担保	万元	
其他融资性担保	万元	
2.2 非融资性担保业务	万元	
2.3 债券发行担保	万元	
2.4 再担保	万元	
3. 担保户数	户	
其中：融资性担保业务	户	
债券发行担保	户	
4. 代偿金额	万元	
4.1 融资性担保业务	万元	
4.2 非融资性担保业务	万元	
4.3 债券发行担保	万元	
4.4 再担保	万元	
5. 损失金额	万元	
5.1 融资性担保业务	万元	
5.2 非融资性担保业务	万元	
5.3 债券发行担保	万元	
5.4 再担保	万元	
6. 代偿回收金额	万元	

续表

指标名称	计量单位	本季
6.1 融资性担保业务	万元	
6.2 非融资性担保业务	万元	
6.3 债券发行担保	万元	
6.4 再担保	万元	
7. 拨备覆盖率	%	

注:(三)盈利状况子项指标填写本年累计,其余各项指标填写季末余额

典当行发展状况表

指标名称	计量单位	本季
一、机构人员基本情况	——	——
1. 法人机构数	家	
2. 从业人员数	人	
二、资产负债情况	——	——
1. 资产总计	万元	
2. 负债总计	万元	
3. 注册资本金	万元	
三、盈利状况	——	——
1. 营业收入	万元	
1.1 当息收入	万元	
其中:动产	万元	
房地产	万元	
财产权利	万元	
1.2 服务费收入	万元	
2. 营业支出	万元	
其中:职工薪酬	万元	
营业税金及附加	万元	
3. 利润总额	万元	
4. 所得税	万元	
四、业务发展状况	——	——

续表

指标名称	计量单位	本季
1. 业务笔数	笔数	
1.1 按典当对象统计笔数	笔数	
其中:对法人	笔数	
对自然人	笔数	
1.2 按典当产品统计笔数	笔数	
其中:动产	笔数	
房地产	笔数	
财产权利	笔数	
2. 典当总额	万元	
2.1 按典当对象分类	万元	
其中:法人	万元	
自然人	万元	
2.2 按典当产品分类	万元	
其中:动产	万元	
房地产	万元	
财产权利	万元	
3. 绝当金额(发生额)	万元	
3.1 动产	万元	
3.2 房地产	万元	
3.3 财产权利	万元	
4. 逾期金额	万元	
4.1 动产	万元	
4.2 房地产	万元	
4.3 财产权利	万元	

注:(三)盈利状况子项指标填写本年累计,其余各项指标填写季末余额

资产管理公司发展状况表

指标名称	计量单位	本季
一、机构人员基本情况	——	——
1. 网点数	家	
2. 从业人员数	人	
二、资产负债情况	——	——
1. 资产总计	万元	
其中:固定资产	万元	
固定资产累计折旧	万元	
2. 负债总计	万元	
3. 所有者权益合计	万元	
三、盈利状况	——	——
1. 营业收入	万元	
其中:中间业务收入		
2. 营业支出	万元	
其中:职工薪酬	万元	
营业税金及附加	万元	
3. 本年利润	万元	
四、主营业务状况	——	——
1. 收购不良资产总额	万元	
2. 债权余额	万元	
3. 政策性债转股余额	万元	
4. 累计回收现金	万元	
5. 累计损失	万元	
五、新业务情况	——	——
1. 商业化收购总价	万元	
2. 受托处置资产(不含托管清算)	万元	
3. 托管清算资产	万元	
4. 投资性房地产	万元	

注:(三)盈利状况子项指标填写本年累计,其余各项指标填写季末余额

银行与证券、保险、信托等非银行金融机构交叉性业务统计表

指标名称	计量单位	本季
一、同业存款	——	——
1. 证券业金融机构存款	万元	
2. 保险业金融机构存款	万元	
3. 信托公司存款	万元	
4. 其他金融机构存款	万元	
二、同业贷款	——	——
1. 证券业金融机构贷款	万元	
2. 保险业金融机构贷款	万元	
3. 信托公司贷款	万元	
4. 其他金融机构贷款	万元	
三、拆放同业	——	——
1. 拆放证券业金融机构	万元	
2. 拆放保险业金融机构	万元	
3. 拆放信托公司	万元	
4. 拆放其他金融机构	万元	
四、同业拆入	——	——
1. 证券业金融机构拆入	万元	
2. 保险业金融机构拆入	万元	
3. 信托公司拆入	万元	
4. 其他金融机构拆入	万元	
五、同业投资	——	——
1. 证券业金融机构	万元	
2. 保险业金融机构	万元	
3. 信托公司	万元	
4. 其他金融机构	万元	
六、理财产品	——	——
1. 与证券业金融机构合作发行	——	——
募集额	万元	
期末余额	万元	

续表

指标名称	计量单位	本季
2. 与保险业金融机构合作发行	——	——
募集额	万元	
期末余额	万元	
3. 与信托公司合作发行	——	——
募集额	万元	
期末余额	万元	
4. 与其他金融机构合作发行	——	——
募集额	万元	
期末余额	万元	

3. 现代金融服务业统计数据处理及增加值核算方法的思考

增加值是衡量产业发展水平的核心指标之一。现代金融业增加值核算，有助于与国民经济核算体系接轨，以反映现代金融业总量规模、发展水平以及对整个国民经济的贡献度。现代金融业增加值的核算分两种方法，分别适用于季度及年度，季度采用先核算产业增速再反推总量的办法，年度采用收入法核算。

(1)季度增加值核算方法。季度金融业现价增加值采用相关指标速度推算。计算公式为：当期金融业现价增加值 = 上年同期金融业现价增加值 × 当期金融业现价增加值发展速度。当期金融业现价增加值发展速度为当期银行及其他金融活动现价增加值发展速度、证券业发展速度和保险业发展速度的加权平均。计算速度时采用价格缩减法，即当期金融业务量除以对应行业的价格指数转化为不变价当期金融业务量才能计算。

(2)年度增加值核算方法。金融业包括三个部门，即货币金融和其他金融服务、资本市场服务、保险，各部门增加值均按收入法计算，计算公式如下：增加值 = Σ(劳动者报酬 + 生产税净额 + 固定资产折旧 + 营业盈余)。金融业不变价增加值核算采用单缩法，即利用产出价格指数(金融业为居民消费价格指数和固定资产投资价格指数的加权平均价格指数)缩减当期现价增加值，求得当期不变价增加值。

4. 现代金融服务业统计的难点问题

一是指标填报要求较高。由于按照行业特点设置不同的报表，内容更加细化、指标更多，与企业财务上使用的资产负债表和损益表(或利润表)结构及指标差别较大,"表对表"填报效果不够理想,很多指标需计算或搜集相关凭证加工后才能填报出来,对企业的统计基础有较高要求。部分指标仍沿用旧会计准则,科目归类不明、概念重叠混淆。

二是数据报送效率较低。数据收集中,银行、保险、证券类等大中型法人机构多为国有或国有控股,公司经营规范,财务、统计工作基础较好,预计配合程度较高。但小额贷款公司、典当等小微型金融企业数量众多,普遍财务、统计基础薄弱,人员配备不足,预计报数积极性不足,数据质量难以保障。企业数据通过原有渠道上报有关主管部门,没有统一的数据采集平台,也未实现互联网报数。

三是数据处理难度较大。各子行业的报表内容存在较大差异,如何将各行业的核心指标汇总合并为全部金融业的发展状况需要进一步研究实践,行业间横向分析比较也存在一定困难。非法人证券公司营业部不能独立核算,其资产负债及经营情况难以统计;部分保险公司在县级层面没有独立核算,也不具备报数权限。统计实行在地法人原则,但产业单位业务总量较大,若不能纳入统计则难以准确反映行业发展实际。

四、湖南金融业发展现状的实证分析

2013年,湖南金融业继续发挥"现代经济核心"的重要作用,整体实力不断壮大,总体运行保持平稳。金融市场各项改革和发展政策措施稳步推进,产品创新不断深化,为全省经济结构调整和转型升级提供了强有力支持,与地方经济实现了共兴共荣。

1.金融业务规模持续扩大

2013年年末,全省金融机构本外币各项存款余额2.69万亿元,同比增长16.1%,高于全国平均水平2.6个百分点。全年新增存款3725.6亿元,同比多增21.7亿元。全省金融机构本外币各项贷款余额1.81万亿元,同比增长15.9%,高于全国平均水平2个百分点。全年新增贷款2448.7亿元,同比多增264.2亿元。年末全省证券公司营业部222家,证券交易额27285.8亿元,比上年增长94.4%。辖区共有期货公司4家,成交金额85470.4亿元,比上年增长53.5%。全年保险公司原保险保费收入508.6亿元,比上年增长9.3%。其中,健康险、财产险原保费收入分别增长33.3%和21.4%。

2.金融对国民经济贡献突出

近几年来,金融业为全省经济较快发展发挥了重要支撑作用,与我省经济社会跨越式发展轨迹基本保持一致。2013年,全省地区生产总值达到2.45万亿元,金融机构各项存款余额也在年底达到历史性的2.69万亿元。2013年,全省金融业实现增加值706.92亿元,同比增长18.4%,比上年加快4.8个百分点;增速比第三产业增加值增速快7个百分点,是第三产业中增长最快的领域;比全省地区生产总值增速快8.3个百分点,对拉动全省经济增长贡献较大。金融业增加值占第三产业增加值和地区生产总值的比重分别为7.2%和2.9%,同比提高0.5个和0.3个百分点。

3.金融资源配置趋于优化

重点支持基础设施建设。2013年,全省交通运输、水利等基础设施建设领域新增贷款588.6亿元,同比多增119.6亿元,新增额占全部对公贷款的42.2%,比上年提高3.7个百分点。加大薄弱环节支持力度。2013年年末,全省小微企业贷款同比增长21.9%,快于全部贷款增速6.0个百分点,全年新增592.8亿元,同比多增112.5亿元;涉农贷款同比增长24.2%,快于全部贷款增速8.3个百分点,全年新增1136.9亿元,同比多增391.5亿元。有效满足居民消费信贷需求。全年新增个人消费贷款568.1亿元,同比多增185.2亿元,增长25.8%,比上年加快4.8个百分点。

4.社会融资渠道不断拓宽

2013年,全省社会融资规模4164.76亿元,同比多增891.71亿元。表外融资占比提高,全年新增915.53亿元,同比多增428.32亿元,新增额占社会融资规模比重比上年提高7.1个百分点。直接融资力度加大,全年新增652.64亿元,同比多增150.26亿元,新增额占社会融资规模的比重同比提高0.3个百分点。其中企业债券融资526.43亿元,同比多增66.63亿元。年末全省上市公司数量87家。其中,境内上市公司72家、境外上市公司15家。上市公司再融资171.67亿元,增长2.2%。

5.金融生态环境不断改善。社会信用体系建设取得明显成效。人民银行企业和个人征信系统已涵盖全省29.19万户企业、4174万自然人信息,全省企业信用信息基础数据库和公民基础信息数据库基本建成。逐步完善失信惩戒机制。省内所有金融机构、住房公积金中心发放贷款时,须查询"湖南省信用信息系统",省工商局、省国税局、省地税局、省卫生厅等职能部门通过企业和个人信用信息辅助日常监管,取得了良好效果。在食品药品制造、房地产等重点行业,以及中小企业、产业园区等重点领域,社会信用体系建设进一步推进和覆盖。

关于我省"省直管县"财政体制配套完善的政策建议

湖南财政经济学院课题组　伍中信　吴金光　张宇蕊　曾　伟

摘　要:党的十八大三中全会提出,科学的财税体制是优化资源配置、维护市场统一、促进社会公平、实现国家长治久安的制度保障。"省直管县"财政体制改革作为继1994年以来分税制改革后的重大创新举措,在破解县乡财政困局、助推县域经济发展、提升财政运行效能等方面具有重要意义。进一步加快推进我省"省直管县"财政体制配套改革,重塑省以下政府的博弈关系和利益格局,优化政府事权财权配置,既是为我省实施"四化两型"战略、实现"三量齐升"目标解除体制藩篱的必然选择,也是继续放大改革红利的迫切需要。基于此,我们深入开展研究,并形成此调研报告,供领导决策参考。

关键词:"省直管县";财政体制;配套;政策建议

一、我省全面推行"省直管县"财政体制改革的基本情况

根据党中央国务院的文件精神和省委、省政府总体部署,我省从2010年开始调整和完善省以下财政管理体制,推行"省直管县"改革,目前已取得初步成效。

(一)"省直管县"财政体制改革的主要内容

我省的"省直管县"财政体制改革,以减少管理层级,提高财政运行效率,财力向基层倾斜,促进县(市、区)财政困难状况好转为总体原则,在包括除城市区、湘西自治州所辖县市和长沙、望城两县外的其余79个县市全面推行,改革内容主要涉及六个方面:一是财政体制。县市财政体制直接与省财政联系,市与县市在财政管理体制上相互独立;二是转移支付。省对下转移支付补助由省财政直接下达到市和县市;三是资金调度。各市、县市国库直接对中央、省报解财政

收入,省财政直接确定各市、县市的资金留解比例和资金调度;四是债务管理。改革后新增债务由市、县市财政直接向省办理有关手续并还款;五是收入计划。省级财政、税务等收入征收部门将收入任务分别直接下达到市和县市;六是财政结算。各类财政结算事项一律通过省财政与各市、县市统一办理。为了确保"省直管县"财政体制改革的顺利推进和平稳过渡,改革中实施了系列配套措施:(1)建立收入增长的激励机制,对税收收入增长较快、贡献较大的优势地区给予挂钩奖励;(2)鼓励市(州)继续对县市给予支持,省财政将对支持县市力度较大的市(州)给予奖励;(3)加大对困难地区的支持力度。省财政因调整财政体制集中的收入增量,全部用于减免困难县市的体制上解和增加对困难地区的转移支付补助;(4)调整省对市县的"两税"返还比例,省财政不再按0.1的系数集中各地的"两税"返还。

(二)"省直管县"财政体制改革的积极作用

近三年来,我省"省直管县"财政体制改革的促进作用和激励效应正在逐步显现。

一是调动了县市积极性,促进了县域经济发展。改革打破了传统财政体制下按行政隶属关系划分财政收入的做法,理顺了政府间的收入分配关系,有效提升了县域经济的自我发展能力,激发了各级政府共谋发展、携手做大收入蛋糕的机制活力。2012年,79个省直管县完成地区生产总值11522.67亿元,比2009年增长74.7%;财政总收入完成472.84亿元,增长1.17倍,比全省财政总收入增幅高21个百分点;省直管县财政支出完成1658.34亿元,增长88%,比全省财政支出增幅高1.7个百分点。

二是增强了省级宏观调控能力,提升了县市财政保障水平。一方面,"三农"、教育、"医改"、社会保障等重大民生资金由省直接分配到县,强化了省级政府全局谋划、全面统筹能力,促进了区域均衡协调发展,加快了基本公共服务水平均等化步伐。另一方面,所有资金分配实行直达,避免了过去市级财政在二次分配过程出现中的截留现象,基层政府"保运转、保民生、促发展"的能力大大增强。2012年,省补助市县的各类资金2216.9亿元,比2009年增长92.9%。

二是加快了资金拨解速度,提高了财政管理效率。改革简化了省以下财政管理层级,建立了省—县财政"直通车",中央和省支持县乡发展的政策、资金、项目等都直接到县,避免了过去层层下达、难以及时到位的现象,实现了指标下达快、资金调度快、项目申报快、信息反馈快,县级政府统筹规划的主动性有效增强,财政资金的运行效率和使用效益显著提高。改革后,省向省直管县下达资金一般1—2天可到,缩短资金在途时间15天左右。

四是加强了对县市工作的指导,提升了协同管理水平。通过实行省直管县,在精神传达、预算审查、预算管理、数据报送、人员培训方面,省与县市沟通更加顺畅,联系更加紧密,促进了业务素质和管理水平的共同提升。

二、我省"省直管县"财政体制运行面临的困境

目前"省直管县"财政体制改革,仍具有局部性、过渡性的特点。随着改革的推进,政府职能转化、层级利益博弈、区域经济协调等深层次问题被触及,体制间的摩擦和掣肘不断暴露出来,出现了新老矛盾交织、多重困境叠加、系统风险衍生的情况。从我省"省直管县"财政体制运行情况看,当前面临的困境主要表现在以下几个方面:

一是区域经济板块的区域扩散受到阻滞。"省直管县"改革在纵向上因压缩财政层级而提高资金运转效率,但在横向上却因财政扁平化带来了经济趋同化;同时,改革打破了以中心城市为核心、以县域为腹地的区域经济格局,设区市失去区域统筹调控权,其要素吸纳、资源集聚和辐射带动能力受到遏制,在一定程度上人为阻滞了区域经济板块的集聚和扩散。(1)区域差距持续拉大。改革将在一定程度上激发区域经济单元的粗放式竞争,资源约束较紧和管理能力较弱的地区将处于更为不利的地位。2012年,长株潭地区生产总值占比42.71%,比2009年占比提高1.79 %,而大湘西地区2012年生产总值占比12.99%,比2009年下降了3.89%。(2)区域发展格局不均衡。改革无形中分割了区域内有限资源,区域经济单元难以实施一体化发展战略、发挥板块集聚功能,区域经济增长受规模约束难以持续,发展空间难以拓展,甚至出现更加固化的不均衡格局。2012年,长株潭、湘南、大湘西、洞庭湖生态经济区分别实现地区生产总值同比增长12.7%、11.8%、11.3%和12.2%,长株潭、湘南、洞庭湖生态经济区增幅比全省平均水平分别高1.4个、0.5个和0.9个百分点,大湘西地区持平,逐步呈现出长株潭地区总量大、增速快,洞庭湖地区、湘南地区平稳较快发展,大湘西地区占比小、增速相对缓慢的梯度发展格局。

二是区域性公共服务供给出现缺位和错位。改革后,区域单元分割,对跨区域公共事务如交通规划、基础设施、污染治理等的总体布局、统筹管理以及规模效益带来负面影响。涉及一些需要市、县共担经费的跨区域公共服务如抗旱抗涝、卫生防疫、科技推广、水利建设等支出责任,因设区市无法通过预算扣缴方式集中经费而较难落实,影响了区域社会福利水平,甚至产生新的不均衡和不稳定

因素。而另一方面,市县财政分灶吃饭,还将造成基础设施和公共服务的重复投入、重复建设,出现“家家点火、村村冒烟”的现象。

三是财政与行政体制改革不同步造成显性和隐性摩擦。最突出的表现是,“省直管县”的财政权和设区市的行政权存在匹配错位。在“市管县”行政体制没有发生改变的情况下,“省直管县”的财政体制改革弱化了市级政府的财政分配权,一定程度上影响了市级职能发挥,行政权也被架空。同时,改革后县级财政的财力和资金都由省统一对其结算、拨付,但其他行政权限如人事任免权归市管,在工作汇报、申报项目、信息反馈等方面增加了工作难度。从调研的情况来看,特别是工商、税务等垂直管理部门的行政管理体制与财政体制摩擦较为突出。

四是市县政府对财政资源的过度竞争和畸形依赖依然存在。在传统的“省管市—市管县”财政体制下,各级政府间职责与资源划分不够明确,省以下政府事权划分不清,利益边界模糊,县、乡两级缺乏有效支撑本级财政的主体税种,其财力自给率低,对上级财政依赖度高,省级财政缺乏有效统筹,省以下财政分配的均等化水平较低。改革后,由于省以下财政分配体制配套改革尚未跟进,以上问题未能得到根本改变,市县财政资源竞争(表现在税收竞争、项目竞争、资金竞争)更趋显性化,如果相对固化的分配体制得不到有效调整,将产生新一轮的县域间不平衡。

五是各级财政调控能力和管理能力受到严峻挑战。改革后,省级财政管理单元增加、管理半径扩大、管理幅度激增。我省省级财政管理单元由 14 个增加到 93 个,增加了近 7 倍,陡增的管理对象和迥异的各县县情,对省级财政调控能力和管理能力提出严峻挑战。面对如何提升省级财力统筹协调能力,如何科学有效分配转移支付资金,如何加强对各市、县财政资金科学精细监管防止管理“盲区”,如何减少因省级财政一对多博弈带来的效率损失等问题,还未制定一揽子科学合理的方案和管理办法。

三、我省“省直管县”财政体制配套完善的对策建议

我省“省直管县”财政体制改革后出现的困境,是过去长期积累的城乡、区域、经济与社会发展不协调矛盾在财力分配体系中的集中表现。完善我省“省直管县”财政体制配套措施,要始终着眼于区域的协调发展,紧紧围绕政府职责权限的合理配置,切实逐步消解改革过程中阶段性和磨合性矛盾。从长远出发,在新一轮财政体制改革的总体框架下,深入推进地方政府“善治”,科学理顺政

府间关系，探索优化区域发展模式，从根本上突破旧体制对我省经济社会发展的束缚。

一是进一步健全区域发展协调机制。(1)按照“适度集聚、网络扩散”的原则，通过制定区域经济布局规划、设立区域经济合作基金，加快形成引擎型增长极、次区域经济中心、网络化节点的区域经济梯度发展格局，提高区域经济发展的集中度、关联度和均衡度。(2)按照“分类扶持、个性发展”的原则，科学制定差异化财税扶持政策，一方面，集中力量，突出重点，做优做活长株潭、洞庭湖、大湘南等城市群；另一方面，立足优势，突出特色，形成一批县域经济增长点。(3)按照“统筹规划、一体建设”的原则，合力打造基础设施网络和公共服务平台，加快实现区域间资源互补、产业互利、设施互享、人才互动、文化互融、信息互通。(4)按照“创新机制、协作共赢”的原则，加快整合户籍、人口、社会保障、城镇化建设等政策，突破行政区划对区域资源要素空间集聚的体制机制性束缚，尝试推行城市联盟、城市区域联席会议制度，健全区域间广泛参与、合作互助和利益协调机制。

二是进一步明确省以下政府职责权限。按照转变政府职能的要求，从根本上优化配置权力在政府与市场、政府与社会、上下级政府之间的配置。(1)深化行政管理体制改革。弱化地方政府的经济主体意识，有效发挥市场机制在经济区域内配置资源的作用，结合行政审批制度改革，创新现代城市管理模式。(2)完善省以下政府治理。改善激励方式，完善省级政府对市、县政府政绩考核制度，建立科学合理的权力调控机制；重塑政府竞争模式，合理规制市、县政府竞争，建立利益调节与补偿机制，重视社会力量的参与，引导市、县政府主要依靠制度环境的竞争，加快制度创新和行政效率提升。(3)明晰省以下事权划分。遵循公共服务的受益空间层次和效益外溢性成本补偿原则，合理划分省以下政府事权，并逐步法制化，建立跨区域公共服务成本补偿协商机制，以确保省以下财政体制的相对独立性、稳定性和协调性。从长远来看，不仅要在纵向上压缩政府层级，更要在横向上加强政府间合作和制衡，降低财政制度成本。

三是进一步优化省以下政府财力分配格局。以推进基本公共服务均等化为目标，调整并逐步稳定财政分配关系。(1)规范省与市县财政收入划分。适当调低省级对增值税、营业税的分享比例，实行多予少取，争取在三年内将县级可用财政提高5个百分点，逐步增强县级财政的基本保障能力。(2)建立最低财政保障机制。加大对县级财政特别是贫困县的转移支付力度，将省财政在“省直管县”财政改革中所集中的财力全部用于对贫困县市的财力性转移支付。(3)优化转移支付资金结构。加大一般性转移支付资金的力度，降低专项转移支付的比重，将事权中可以明确并易于考核的常态支出项目列入一般转移支付。(4)加大专项转移支付的整合力度。对零星分散、投向相同的“多渠多口”资金进行整理归并，捆绑下达，集中投入，同时进一步下放审批权限，取消“戴帽”项目，减少“二次分配”，提高县级财政的统筹调控能力。(5)完善转移支付分配办法。推行因素法、公式法，具体根据“客观因素 + 绩效情况”，综合考虑各地人口、经济社会发展、人均财力等因素，结合本年规划、绩效目标及上年绩效结果，合理确定财政资金切块到县的额度，市县紧紧围绕省级资金投向自主选择项目。

四是进一步推进各级政府财政管理能力建设。坚持省级财政调控监管建设与县级财政管理建设并举，全面提升“省直管县”财政体制下的财政管理能力。在省级财政调控监管能力建设上：一是坚持依法合理、简政放权原则，进一步下放项目资金审批权限；二是坚持责、权、财相匹配原则，推行备案制、联络制和督查制，加大“问效”和“问责”力度，建立责随权移、财随事转、人随事走的管理监管机制；三是坚持重心下移、制度规范原则，修订完善现行财政资金的分配、使用和管理制度，真正做到用制度管人、管权、管事；四是坚持绩效考评、兑现奖惩原则，对下达市县资金进行绩效考评，并强化考评结果的运用。在市县财政管理能力建设上：一是强化基础建设，积极推进国库集中支付、部门预算、政府采购等改革，加强“金财”工程建设和运用，增强财政运行的规范性和透明度；二是加强以县级财政为主体的考核评价，设计科学合理的考核体系，切实增强县级财政的责任意识、问效问责和自主理财能力；三是积极推进“乡财县管”和乡镇综合改革，提高基层财政管理水平；四是加大对县乡财政工作人员的培训力度，增强依法理财意识，提高财政业务能力。

深化统计方法制度改革下的工业生产指数法相关问题研究

湖南省统计局课题组

摘　要:工业发展速度是政府工业统计的重要内容,在工业统计体系中居于核心地位,深受社会各界关注。对此,国家统计高度重视工业发展速度的统计方法制度设计和运用实践。新中国成立以后我国采用不变价格工业总产值计算工业发展速度,2004 年起改进为价格指数缩减法计算工业发展速度的方法,并沿用至今。无论是不变价格法,还是价格指数缩减法都是适应经济社会发展需要的产物,均为全面反映我国工业经济发展实际,服务决策起到了历史性的作用。然而,随着我国经济社会的发展和世界统计技术的发展,现行计算工业发展速度的方法已越来越不适应当前统计、核算现状的需要,亟待对现行的统计计算方法进行改革,由此推行以产品物量指数与价格缩减相结合的工业生产指数改革提上了议事日程。在此背景下,本文梳理了有关工业生产指数计算的基本原理、方法,并从当前统计现状出发,对我省使用产品物量指数与价格缩减计算工业生产指数进行了实证测算,指出了当前工业统计体系下,工业生产指数法存在的问题和不足,并就高质量实施工业生产指数改革提出了对策建议。

关键词:生产指数;工业;产品物量指数与价格缩减;指标体系

工业生产指数是工业指数体系的重要组成部分,是计算工业发展速度的重要方法,世界上多数市场经济国家已经采用此方法核算工业发展速度,其基本内涵就是用加权算术平均数编制的工业产品实物量指数。编制工业生产指数的基本方法是,抽取和构建代表产品体系,计算和分配各代表产品的权重系数;用报告期产品产量除以基期产品产量取得各代表产品产量的个体指数;最后用设定的权重系数对个体指数加权计算总指数。从工业生产指数的基本编制方法可以看出,工业生产指数是相对指标,衡量了工业的实质产出,其衡量的基础是实物量,而非价值量。因此,以编制工业生产指数的方法计算工业发展速度,产品实物量统计处在十分重要的地位,加强和完善适应工业生产指数法改革需要的产品产量统计,具有十分重要的现实和理论意义。

一、研究现状

在国际上,早在1920年,就有学术界提出工业生产指数计算方法,联合国则从1938年开始收集数据并计算。1950年,联合国出版《工业生产指数》一书,详细介绍了有关工业生产指数的概念、编制方法、计算过程等内容。随后,1977年、1979年联合国又陆续出版有关生产指数的相关资料。世界上不少国家或地区用此方法进行了具体实践和总结,同时结合本国实际探索编制工业生产指数更节约、更方便、更合理的方法。近年来,由于行业分类变化、方法调整等原因,联合国决定再次修订工业生产指数的出版物,2008年起在全球范围内广泛征求修订《工业生产指数》一书的意见,2010年年初基本完成该书的修订工作。

在国内,新中国成立以后我国采用不变价格工业总产值计算工业发展速度。后来,随着社会主义市场经济体制的改革和发展,以及统计"入世"的要求,用不变价格计算工业发展速度的方法已不适应形势的发展,存在的问题日益突出。对此,国家统计局决定从1997年开始试算工业生产指数,研究用生产指数法代替不变价格法。但由于种种原因,工业生产指数未能推广应用,最后于2004年起采用价格指数缩减法,即采用报告期可比价格工业增加值与基期现行价格工业增加值之比计算工业发展速度的方法,并沿用至今。但是,全国统计界和理论界对工业发展速度计算方法的研究和探索从未停滞,尤其是近年来,随着国家统计核算制度改革的加快推进,建立与国民经济核算制度要求相适应的工业统计方法日趋迫切,用工业生产指数衡量工业经济发展状况的方法再次被提上议事日程。对此,2009年国家统计局决定成立工业生产指数研究小组,选取天津、安徽、江西等六个省市展开工业生产指数的试算工作,对工业生产指数的研究和探索掀起了新的小高潮。从相关研究成果看,研究主要集中在工业生产指数综合计算的技术实现上,即立足现有的统计基础,如何计算出工业生产综合指数,但对其中的构成部分或基础环节进行深入研究,进而系统地改造现有工业统计制度,从而建立与编制与工业生产指数相适应的工业统计体系,基本上为空白。而本文将以产品产量统计这个基础和关键环节为对象,进行系统地研究,积极探索与工业生产指数编制相适应的工业产品产量统计体系,为正式实施和科学编制工业生产指数提供理论指导,积累相关经验。

二、研究背景

(一)推行工业生产指数法计算工业增长速度的改革步伐加快

自2004年以来,在我国的工业统计实际工作中,虽然一直采用价格指数紧缩法(增加值可比价格法)计算工业发展速度,但全国统计系统对工业发展速度计算方法的研究和探索从未停滞,且仍是工业统计制度方法改革的首要问题。2010年2月,国家统计局下发了《关于开展部分地区工业生产指数试点工作的通知》(国统字〔2010〕6号),确定上海、北京、江西等六个地区作为2010年生产指数试点省市,按月试算工业生产指数,目的是通过试算检验生产指数计算方案的可行性以及与现行增长速度进行相互验证,为改革工业发展速度计算方法提供决策依据,重新吹响了改革工业发展速度计算方法,推行工业生产指数法的号角。在此以后,国家统计局工业司领导多次在有关会议上宣讲工业统计方法制度改革的紧迫性,推行工业生产指数法的必然性和可行性,为统计改革吹风、造势。最近一两年来,国家统计局工业司领导再次在有关会议上反复指出,工业统计要顺应国民经济核算制度改革的大势,加快改革步伐,推行产品物量指数与价格指数缩减相结合的计算工业发展速度的方法,建立与国民经济核算体系改革相适应的工业统计体系和制度方法。

(二)现行产品产量统计体系难以满足工业生产指数法的需要

工业产品产量是计算工业生产指数的基础数据之一,直接关系到计算结果的准确性。但从当前的统计实践看,不可否认,由于受体制、机制等多方面因素的影响,全国各地普遍存在重价值量(产值)统计而轻实物量(产品产量)统计的思想,从而影响了产品产量统计体系设置的科学性,以及统计数据质量的提高。当前的产品产量统计体系还难以满足工业生产指数计算的需要,与计算的质量要求比还存在诸多不足,需要从理论和实践上加以研究和改造。

1. 产品覆盖面不足

在当前的工业统计实践中,工业产品产量统计分为两个层次,一是常规统计报表中的工业生产月报,目前该项统计的产品产量目录种类数为615个,在此统计目录框架下,报送了产品产量数据的企业占全部规模工业企业数的比重不到四成;二是五年一次的经济普查中的工业产品生产、销售和库存统计,该项统计的产品产量目录种类数较常规报表有扩充,以2013年经普为例有1168种(不含能源产品),其中全部规模工业企业填报了产品产量的有(含其中项)646个,占目录产品数的55.3%;填报产品(剔其中项)产量折合生产额13472.94亿元,占规模工业全部总产值的41.0%。分大类行业看,生产额占总产值比重在70%以上的有3个,在50%及以上且小于70%的有11个,在50%以下的有20个。因此,无论从常规统计层面还是经济普查评估,产品产量统计覆盖面较低,是一个不争的事实,尤其是产品产量常规统计的产品种类明显偏少,难以满足代表产品体系的构建需要。

规模工业产品产量统计品种目录数及行业分布

代码	大类行业名称	三经普产品统计目录品种数(个)	2014年工业生产月报统计产品目录品种数(个)
06	煤炭开采和洗选业	在能源专业统计	
08	黑色金属矿采选业	5	5
09	有色金属矿采选业	10	9
10	非金属矿采选业	20	8
12	其他采矿业		
13	农副食品加工业	17	13
14	食品制造业	37	28
15	酒、饮料和精制茶制造业	19	14
16	烟草制品业	8	6
17	纺织业	48	31
18	纺织服装、服饰业	13	7
19	皮革、毛皮、羽毛及其制品和制鞋业	12	10
20	木材加工和木、竹、藤、棕、草制品业	9	9
21	家具制造业	4	4
22	造纸和纸制品业	15	13
23	印刷和记录媒介复制业	3	2
24	文教、工美、体育和娱乐用品制造业	10	
25	石油加工、炼焦和核燃料加工业	在能源专业统计	
26	化学原料和化学制品制造业	87	62
27	医药制造业	23	3

续表

代码	大类行业名称	三经普产品统计目录品种数(个)	2014年工业生产月报统计产品目录品种数(个)
28	化学纤维制造业	15	13
29	橡胶和塑料制品业	15	14
30	非金属矿物制品业	49	38
31	黑色金属冶炼和压延加工业	35	38
32	有色金属冶炼和压延加工业	31	29
33	金属制品业	27	10
34	通用设备制造业	175	58
35	专用设备制造业	197	43
36	汽车制造业	36	21
37	铁路、船舶、航空航天和其他运输设备制造业	44	18
38	电气机械和器材制造业	121	50
39	计算机、通信和其他电子设备制造业	48	44
40	仪器仪表制造业	27	12
41	其他制造业	3	
42	废弃资源综合利用业	2	1
43	金属制品、机械和设备修理业	1	1
44	电力、热力生产和供应业	能源专业统计	
45	燃气生产和供应业	能源专业统计	
46	水的生产和供应业	2	1
	合计	1168	615

2. 相对固定的产品统计目录与新产品培育生产加快不相适应

在现行工业统计制度中，预先设定工业产品产量统计目录，企业必须在产品产量统计目录框架下填报产品生产数据，即产品产量目录有列示且企业又有生产的产品才能够填报生产量数据，而企业有生产但产品产量目录没有包含的产品，则填报不了数据。因此，虽然预先设置产品产量填报目录，能够为我们的工作带来便利，但对于新出现的产品却无法收集到生产量数据。为克服按产品目录统计存在的不足，在每年的工业统计制度修订工作中，都会对产品统计目录进行一些修订，删除一些消亡或生产量明显萎缩的产品品种，而增加一些新出现的生产量较大的产品，但与我国经济发展快速、新产品不断出现的现状比，产品产量目录的设置仍然滞后于时代的发展，还难以全面地反映新产品的生产状况，从而影响代表产品体系构建的代表性。

3. 现行产品产量统计口径要求与工业生产指数法的内涵不完全相符

在经济内涵上，工业生产指数反映工业净产出的增减变化，因此通过产品产量物量指数计算工业生产指数，相应要求用于计算工业生产指数的产品产量必须是最终产品。而在现行的工业统计体系及实践下，对于一些有关国计民生的基础类大宗产品，不管是最终产品还是中间产品，都要求上报其生产数据，如某家钢铁企业，其生产流程为炼铁→炼钢→钢压延加工，企业的最终产品为钢材，生铁、粗钢是其中间产品，但在统计工作中，企业不仅上报钢材产量，还上报生铁、粗钢数据。这样一来，数据汇总以后，就弄不清哪些生铁、粗钢产量是最终产品。在这种情况下，如果生铁、粗钢、钢材均选入代表产品体系，就会因为重复计算造成生产指数计算结果的失真。

4. 统计制度可操作性不强导致数据质量不高

在现行的工业统计制度下，主要表现在产品的统计标准、范围缺乏细致的解释，尤其缺乏统计实例说明。在企业统计人员变动比较频繁的现状下，企业在具体统计产品数据时容易产生误解，从而造成统计数据质量不高的问题。如对“铜金属含量”的解释为：指可供铜冶炼用的铜金属含量。包括铜精矿含铜量、铜块矿含铜量、海绵铜含铜量、湿法冶炼浸出液含铜量及其他矿石选矿副产的含铜量。又如对钨精矿折合量的解释为：钨精矿折合量（折三氧化钨 65%）指钨选矿厂的最终产品，即钨精矿实物量按含三氧化钨 65% 折合后的数量，也就是常说的折 WO365% 后的钨精矿量，包括黑钨精矿和白钨精矿。不含钨中矿折合量和钨细泥折合量，应分别独立填报，也不含外购钨精矿。产品统计解释虽然比较清晰，但缺乏实例说明，指导实际操作不强。

三、生产指数法的基本原理以及与现行方法的比较

（一）生产指数法的基本原理

生产指数法的基本原理，是首先在报告期内选取代表工业产品，然后对选中的每个“代表工业产品”赋予一定的权数，最后根据报告期内各个“代表工业产品”的增长速度以及它的权重，加权综合计算出代表整个地区工业经济增长的

综合指数。

工业生产指数是代表产品个体指数加权计算的总指数，采用“拉氏公式”计算，即在计算定基指数时，指数基期与权数基期相同，并随权数基期进行更换。具体计算方法：首先计算报告期比基期的定基指数、上年同期比基期的定基指数，再用报告期定基指数除以上年同期定基指数，得到报告期比上年同期的同比指数。

1. 计算代表产品的定基指数，计算公式为：

代表产品报告期定基指数 = 代表产品报告期产量/代表产品基期产量 × 100%

代表产品上年同期定基指数 = 代表产品上年同期产量/代表产品基期产量 ×100%

2. 计算行业定基指数和定基总指数：计算行业定基指数和定基总指数是对代表产品定基指数加权计算的类指数和总指数，要分别计算报告期比基期的定基指数、上年同期比基期的定基指数。

3. 计算行业的同比指数和同比总指数：行业同比指数和同比总指数，用报告期定基指数除以上年同期定基指数取得。

(二)生产指数法与现行方法的比较

用生产指数法计算工业发展速度与现行基于工业总产值计算工业发展速度的方法比较，两者主要有以下区别：

1. 前者的计算原则是产品法，后者是工厂法。工业生产指数是选取重要的具有代表性产品，并根据各自的个体指数加权平均计算工业综合发展速度；后者则是用全部工业产品的价值总额计算，即用报告期的各工业企业的总产值折算成增加值后与基期相比而得。

2. 前者的计算基础是产品的实物量，而非价值量；而后者是以货币形式表现的工业企业在报告期内生产的工业产品总量。

3. 前者只包括报告期生产的完工产品；而后者包括报告期内生产的成品价值、对外加工费收入、自制半成品及在制品期末期初差额。

由于以上区别，工业生产指数法计算工业发展速度与基于工业总产值计算工业发展速度有如下优势：

1. 由于前者的计算基础是产品的实物量，而非价值量，企业可以较为方便的直接取得资料(如入库单等)；而后者是以货币形式表现的工业企业在报告期内生产的工业产品总量，企业不仅需要了解企业的生产量，还必须取得产品的单价资料。当企业产品价格波动幅度较大,很难在报告期内得出准确的产品单价,再加上企业生产的产品规格多种多样,有些不同规格产品的单价差异很大,进一步加大了产品单价的计算难度。因此在这类价格浮动变化大,产品规格多的企业采用现行方法计算发展速度在准确性上有一定难度。

2. 在部分行业中(如船舶制造、汽车制造等),企业不仅仅负责生产,还负责售后维修及保养,然而这部分的经济总量在产品物量指数的计算中无法得到体现。另外,部分行业的产品生产周期较长(如船舶制造、重型机器制造等),从产品开工到完工交付使用需要一个较长的时间跨度,无法每月取得产品的生产量,会造成这些行业的生产增速变动幅度较大,不能很好地反映这些行业的实际发展状况。

3. 前者是用工业产品实物量的增长来反映工业经济的发展,其客观性是其他方法无可比拟的,它消除了价值量中的价格、汇率、税率和工业企业组织形态等一系列较难预期因素的影响,把工业经济增长的本质充分地展现出来了。

四、国际上工业生产指数应用概况

2010 年,联合国专题召开了工业统计国际研讨会,讨论了工业生产指数的相关问题,并发布了关于工业生产指数的国际建议——《工业生产指数的国际建议(2010)》,对生产指数方法提出了国际建议,以用于指导各国开展实施工业生产指数。主要包括:

在编制频率、范围和指标方面,建议工业生产指数的编制频率为月度;行业分类采用国际标准行业分类(ISIC Rev. 4);工业统计范围包括 B—E 门类;优先使用产出指标,而非投入指标。

在计算方法方面,建议采用拉氏指数计算公式,实物量和价值量的生产数据均可以作为指数编制的依据,对于行业中产品单一的,应首选产品的实物量数据;对于行业中产品复杂多变的,应采用价格缩减价值量的方法,以生产者价格指数(PPI)作为缩减因子,尽量在小类行业上进行缩减。

在权重方面,建议在行业层面使用基本价格的增加值作为权重,权重应每年更新;在产品和产品组层面使用产出值作为权重,权重更换频率不低于五年。

目前,西方国家已经普遍采用工业生产指数反应工业发展速度,工业生产指数是分析经济形势,进行景气预测、指导决策的重要依据。因此,我国应该采用产品物量指数与价格缩减相结合的工业生产指数法,作为计算工业发展速度的方法。

五、我国工业生产指数法的基本原则及基本做法

(一)基本原则

1. 接轨国际惯例的原则

用工业生产指数反应工业发展速度,已经成为全球核算工业发展速度的大趋势。因此,我们实行工业生产指数法也应该按照国际统计惯例和统计标准实行,这样既与国际接轨,也便于与国际上统计资料进行对比。

2. 全面客观的原则

反应工业发展速度,必须将实物量和价值量数据结合起来,从而全面客观反映工业发展情况。工业生产指数法也应该遵循这一原则。其中,价值量的作用毋庸置疑,而用工业产品实物量的增长来反映工业经济的发展,其客观性也是其他方法无可比拟的。它既排除了价格、汇率、组织形态等多种因素的干扰,又避免了“空头产值”的现象,使工业发展速度建立在一个比较可靠的基础上,从而能够更加准确反映工业生产增长的内涵。

3. 可操作性原则

工业生产指数法中代表工业品的“代表性”和“稳定性”非常重要,但是它们也始终处于一对矛盾之中。要扩大“代表性”,就要选取更多的代表产品,在报告期内必然会调整代表工业品或者它的权重,这样就会影响工业产品的“稳定性”,反之亦然。在实践中,国家层面及各省层面,工业产品的“代表性”和“稳定性”也是一对矛盾,国家选取的代表工业品种,自然可以满足国家“工业生产指数法”的测算,具有“代表性”。但各省根据自身工业结构,为了满足代表性,会增加或调整产品目录。因此,在实际计算中,上下就必须统筹兼顾,坚持统一标准,规范操作原则。

4. 时效性原则

一个合适的指数,是应该具有时效性,能够迅速及时反映当前的经济运行状况。工业生产指数法采用产品实物量指数与价格指数缩减相结合,计算中使用的权数和基期数据已经提前准备好,因而较好地克服了目前“增加值价格指数缩减法”时效性方面的不足,满足了短期监测工业经济运行的需要。

(二)基本做法

1. 基础数据

工业生产指数法的基础数据包括:各月工业生产月报的产品产量汇总数据

及按产品行业归类的大、中、小类行业总产值数据；经济普查年度生产、销售、库存基层报表数据；年度成本费用调查计算得出的年度分行业工业增加值数据等；工业品出厂价格指数（PPI）。

在现行的工业统计报表制度中，这些数据分别取自 B204 －1 表（工业产销总值及主要产品产量，月报）、B604 －1 表（规模以上工业法人单位产品生产、销售、库存情况，经普年报表）、B603 －2 表（规模以上工业法人单位成本费用，经普年报表）；统计口径均为规模以上工业法人单位；统计使用的行业划分实行国民经济行业分类（GB/T 4754 －2011）标准。

2. 计算方法

按照国际建议，我国工业生产指数法采用产品物量指数与价格缩减相结合的方法。计算中以小类行业作为计算生产指数的基本单位。对于产品单一、产品代表性充分、产品结构变动不大的小类行业，以工业生产月报的产品产量作为计算基础，采用产品实物量综合得到物量指数。对于产品复杂、产品代表性不足、产品结构变动较大的小类行业，以小类行业总产值作为计算基础，采用工业品出厂价格指数（PPI）缩减现价小类行业总产值得到物量指数。

3. 权数确定

（1）行业权数。行业权数采用年度工业增加值，根据上年度成本费用调查计算的工业增加值资料分别获取大、中、小类行业增加值数据，并逐年更新。

（2）产品权数。选取代表产品的原则如下：

①选取能够代表行业发展的主要产品。根据经验或者有关部门、协会的信息，选择行业内产品价值量占行业工业总产值比重大，或者对行业发展影响大的一种或几种产品作为代表产品。

②选取生产较为稳定的产品。选取行业内生产相对稳定的产品，便于调查产品产量，计算生产指数。

③选取有发展前景的产品。对于新兴的产品，如电子、生物、新材料等产品，尽管目前年产变量小，代表性不强，但是其代表着行业未来发展方向，其代表性将会逐渐加强，同时也是工业经济的新增长点，应该包括在代表产品目录中。

④选取能够反映产品结构变化的产品。对于品种和规格经常变化或其价格相差悬殊的产品，要按照品种规格分别选取代表产品，以体现结构变化对生产指数的影响。代表产品原则上更换频率为五年。

代表产品选取后，对于采用实物量综合的小类行业，若代表产品不止一种的，代表产品在小类行业内的权数采用生产额计算，以经济普查年份为权数基期，生产额用产品产量乘以价格得到，产品价格资料由经济普查生产、销售、库存表中的销售额除以销售量取得,并参照工业品出厂价格进行调整。

(3)权数的分配和计算

采用分层权数,即先依次计算大、中、小类行业的权数,再计算行业内代表产品的权数,权数的合计为100%。

$$\text{大类行业权数}=\frac{\text{大类行业增加值}}{\text{年度工业增加值总计}}\times 100$$

$$\text{中类行业权数}=\frac{\text{中类行业增加值}}{\text{所属的大类行业增加值}}\times \text{所属的大类行业权数}$$

$$\text{小类行业权数}=\frac{\text{小类行业增加值}}{\text{所属的中类行业增加值}}\times \text{所属的中类行业权数}$$

$$\text{代表产品权数}=\frac{\text{产品生产额}}{\Sigma\ \text{所属的小类行业所有代表产品生产额}}\times \text{所属的小类行业权数}$$

(4)指数计算

①计算小类行业的物量指数。在小类行业层面,首先根据行业的性质分别选取实物量综合或价值量缩减的方法,计算各个小类行业的物量指数。

采用实物量综合的小类行业:

$$\text{采用实物量综合的小类行业定基物量指数}=\frac{\Sigma\ \text{代表产品物量指数}\times \text{代表产品权数}}{\Sigma\ \text{该小类行业内所有代表产品权数}}$$

其中:

$$\text{代表产品物量指数}=\frac{\text{该代表产品报告期产量}}{\text{该代表产品基期产量}}$$

采用价值量缩减的小类行业:

采用价值缩减的小类行业定基物量指数 =

$$\frac{\text{小类行业报告期现价总产值/价格指数(PPI)}}{\text{小类行业基期现价总产值}}$$

②计算中类、大类行业定基指数和定基总指数

在小类行业物量指数的基础上,加权计算中类、大类行业定基指数和定基总指数。

中类行业定基指数 =

$$\frac{\Sigma(\text{所包含的小类行业定基物量指数}\times \text{小类行业权数})}{\Sigma\ \text{该中类行业所包含的所有小类行业权数}}\times 100\%$$

$$\text{大类行业定基指数}=\frac{\Sigma(\text{所包含的中类行业定基物量指数}\times \text{中类行业权数})}{\Sigma\ \text{该大类行业所包含的所有中类行业权数}}\times 100\%$$

$$\text{定基总指数}=\frac{\Sigma(\text{大类行业定基指数}\times \text{大类行业权数})}{100}\times 100\%$$

③计算工业发展速度

$$工业发展速度 = 同比总指数 = \frac{报告期定基总指数}{去年同期定基总指数} \times 100\%$$

六、2014 年上半年湖南工业生产指数实证

利用工业生产指数法,我们对 2014 年上半年全省的工业发展速度进行了测算。在测算中,我们选取 2013 年为基期,2014 年为报告期。

第一步:测算大、中、小类行业的权数及代表产品的权数

利用 2013 年成本费用调查数据,结合 2013 年快报数据,我们计算了各大、中、小类行业的增加值,从而计算出相应的权数。详见附表 1。

其中,大类行业 41 个,中类行业 199 个,小类行业 499 个。根据 2014 年规模以上工业产品产量填报情况,共选取 264 个代表产品,分布在 31 个大类行业。

第二步:指数的计算:计算小类行业的物量指数

根据各小类行业的性质和填报产品的情况,从实物量综合和价值量缩减两个方面分别计算小类行业的物量指数。其中,采用实物量综合计算物量指数的小类行业 213 个,采用价值缩减计算物量指数的小类行业 286 个。逐一计算中类行业、大类行业定基指数和定基总指数(详见附表 2)。计算得出定基总指数为 108.72。

第三步:计算工业发展速度

报告期定基总指数为 108.72。去年同期定基总指数在本次计算中,因去年同期与此次定基总指数基本一致,因此,去年同期定基总指数为 100。故用公式:$工业发展速度 = 同比总指数 = \frac{报告期定基总指数}{去年同期定基总指数} \times 100\%$ 计算,得出 2014 年上半年湖南工业发展速度为 108.72%,增长速度为 8.72%。

目前,现行方法计算的 2014 年上半年全省规模工业增加值增速为 11.0%。工业生产指数法计算结果 8.72% 与当前使用的方法结果有一定的差距。我们利用工业生产指数法又计算了 2014 年 1—7 月、1—8 月的工业发展速度。从趋势来看,6 月、7 月、8 月逐月累计增速呈现回落趋势,与现行方法计算的增速走势基本一致,但是数值上存在一定差距。

七、面临的问题和不足

(一)企业某些分组数据、总量数据难以得到

目前公布的工业生产增长速度,不仅包括行业分组,还包括企业经济类型、企业规模等分组。由于工业生产指数法的编制以行业为基本单位,在编制总指数的过程中能够直接取得行业分组的工业生产增长速度,而企业分组数据,如分经济类型、分规模、分区域等,都无法直接计算取得。而如果需要取得某种结构数据,就需要重新确定一套权数来支撑,不仅计算繁琐,而且由于权数原则上五年保持不变,也会影响数据准确性、客观性。而且我国在行政上实行的是"条块管理",政府部分及社会各界对数据要求更加多样化,需要提供各种灵活多样的分组数据,生产指数法在实现这些需求上,仍然存在一定困难,难以满足。

另外,工业生产指数法的计算结果只能反映生产的速度,不能反映工业总规模,因此仍然要使用工业增加值或工业总产值来反映发展规模或总量。

(二)产品品种的发展变化给计算结果带来难度

生产指数法要求代表产品每年相对稳定,不能有大的改变。但随着社会和经济的发展,产品产量的规模与质量不断发生变化,产品不断升级换代,企业转产速度加快,企业的产品产量很可能不增加甚至减产,但是价值量却上升。这样的话,生产指数就难以反映出来,尤其是经济量小、产品分散、变化快的地区,工业生产指数的计算难度将会很大。

(三)使用范围有所限制

目前,西方国家使用工业生产指数法只计算全国的发展速度,其余地区均不或极少进行计算。但是我国各省、市、县等要计算发展速度。工业生产指数法的特点就是范围越小,计算难度越大,结果也难以被社会认同。从国家层面来说,产品产量数据的代表性能够基本满足国家要求,而对地市级而言,各地的产品参差不齐、情况多种多样,补足产品工作量较大,而且将地市级的产品产量汇总数据纳入工业生产指数法的基础数据可能会对国家计算结果产生干扰。因而,工业生产指数法使用范围目前只限于国家和各省层面,市(州)、县(市、区)暂时不推行。

(四)工业发展速度历史数据的衔接问题

采用工业生产指数法计算工业发展速度之后,存在新方法的计算结果与历史的工业生产增长数据之间的衔接问题。二者是否能够很好地结合,哪个数据结果更能为社会各界接受,这仍需要进一步的测算和研究。

(五)工作量大,基础薄

多年来,工业统计侧重价值量统计,对实物量统计重视不够,产品产量统计工作基础薄弱,统计人员在正确界定企业产品品种、准确归类产品等方面,尚欠缺扎实的专业基础知识和能力。因此,工业生产指数法的推行势必会增加很大工作量,进而影响计算结果的正确性。

八、对策建议

用工业生产指数法来计算工业发展速度,是当前新形势下深化统计改革的重要内容之一,是大势所趋。因此,应多方加强工作,确保工业生产指数的顺利实施。

(一)加强培训和宣传

一是要组织学习工业生产指数法。针对目前专业统计人员还不熟悉工业生产指数法,对其原理、编制过程、编制技巧、结果测算等缺乏感性和理性的了解,缺乏经验,难以独立完成的情况,全国应该上下一盘棋,由国家层面组织开展专题学习培训,帮助统计人员熟练掌握编制工业生产指数。

二是要加强宣传力度。通过多种途径宣传工业生产指数法,不仅让专业统计人员,还应该让社会各界、政府部门了解掌握工业生产指数法所蕴含的经济意义,了解新旧指数的差异,更新思维,改变观念,推动工业生产指数法的顺利实施。

(二)进一步完善现行工业统计制度,加强和完善工业产品实物量统计

要从制度的层面上,加强顶层设计,改变以往重产值、轻产量统计的思想,加强对现有工业统计目录产品产量统计。要在现有目录的基础上,积极加强调研,不断补充和完善产品目录,保证代表产品不缺失,尽可能减少“空头产值”的现

象,为准代表产品的选取打下良好的基础。要强化产品产量统计的质量控制,既防止虚报,又防止漏报,特别是要加强上报的最终产品与企业行业小类产值之间的关联审核,还可以适当考虑用投入量指标(劳动工时、材料投入量等)来衡量或判定产品产量情况,提高数据质量。

(三)提高权数质量

工业生产指数法中涉及两类权数,一是行业权数,二是产品权数。抓好这两类权数的确定工作,就为工业生产指数法的计算结果打下了良好的基础。对于行业权数,要结合行业发展形势及前景,抓好年度报表中成本费用统计调查工作,将增加值细分到大、中、小类,不重不漏,真实反映行业的发展状况。对于产品权数,要充分利用经普中取得的资料,包括代表产品的生产量、销售量、销售金额等数据,为正确计算代表产品的生产额奠定良好基础,从而确定好产品权数。

(四)及时调整、更换代表产品,确保产品代表性

代表产品的选取至关重要,是工业生产指数法的重中之重。在实际计算指数过程中,要防止抽选代表产品的随意性。要紧跟工业发展实际,根据经济发展过程中出现的新情况、新问题,定期、及时地调整和更换代表产品,确保代表产品的代表性和稳定性,确保指数质量。

(五)重视价格指数的统计

价格指数在工业生产指数法中是一个重要的指标。在实际计算中,尤其要注重行业小类价格指数的计算工作,要尽量使价格指数选取的代表产品与生产指数选取的代表产品相一致,确保两种指数选取产品的代表性。

附表1: **各大、中类行业权数**

行业代码	类别	行业名称	权数(%)
0600	大	煤炭开采和洗选业	3.624
0610	中	烟煤和无烟煤开采洗选	3.613
0620	中	褐煤开采洗选	0.000
0690	中	其他煤炭采选	0.011
0700	大	石油和天然气开采业	0.000
0710	中	石油开采	0.000

续表

行业代码	类别	行业名称	权数(%)
0720	中	天然气开采	0.000
0800	大	黑色金属矿采选业	0.730
0810	中	铁矿采选	0.460
0820	中	锰矿、铬矿采选	0.146
0890	中	其他黑色金属矿采选	0.123
0900	大	有色金属矿采选业	2.009
0910	中	常用有色金属矿采选	1.289
0920	中	贵金属矿采选	0.280
0930	中	稀有稀土金属矿采选	0.440
1000	大	非金属矿采选业	1.178
1010	中	土砂石开采	0.918
1020	中	化学矿开采	0.058
1030	中	采盐	0.044
1090	中	石棉及其他非金属矿采选	0.158
1100	大	开采辅助活动	0.000
1110	中	煤炭开采和洗选辅助活动	0.000
1120	中	石油和天然气开采辅助活动	0.000
1190	中	其他开采辅助活动	0.002
1200	大	其他采矿业	0.041
1300	大	农副食品加工业	6.470
1310	中	谷物磨制	1.474
1320	中	饲料加工	1.625
1330	中	植物油加工	1.120
1340	中	制糖业	0.048
1350	中	屠宰及肉类加工	0.801
1360	中	水产品加工	0.237
1370	中	蔬菜、水果和坚果加工	0.403
1390	中	其他农副食品加工	0.762
1400	大	食品制造业	2.307

续表

行业代码	类别	行业名称	权数(%)
1410	中	焙烤食品制造	0.207
1420	中	糖果、巧克力及蜜饯制造	0.190
1430	中	方便食品制造	0.474
1440	中	乳制品制造	0.179
1450	中	罐头食品制造	0.427
1460	中	调味品、发酵制品制造	0.244
1490	中	其他食品制造	0.586
1500	大	酒、饮料和精制茶制造业	1.643
1510	中	酒的制造	0.562
1520	中	饮料制造	0.511
1530	中	精制茶加工	0.570
1600	大	烟草制品业	7.392
1610	中	烟叶复烤	0.036
1620	中	卷烟制造	7.343
1690	中	其他烟草制品制造	0.013
1700	大	纺织业	1.601
1710	中	棉纺织及印染精加工	0.886
1720	中	毛纺织及染整精加工	0.074
1730	中	麻纺织及染整精加工	0.186
1740	中	丝绢纺织及印染精加工	0.021
1750	中	化纤织造及印染精加工	0.046
1760	中	针织或钩针编织物及其制品制造	0.051
1770	中	家用纺织制成品制造	0.233
1780	中	非家用纺织制成品制造	0.104
1800	大	纺织服装、服饰业	0.743
1810	中	机织服装制造	0.567
1820	中	针织或钩针编织服装制造	0.158
1830	中	服饰制造	0.018
1900	大	皮革、毛皮、羽毛及其制品和制鞋业	0.949

续表

行业代码	类别	行业名称	权数(%)
1910	中	皮革鞣制加工	0.237
1920	中	皮革制品制造	0.199
1930	中	毛皮鞣制及制品加工	0.007
1940	中	羽毛(绒)加工及制品制造	0.022
1950	中	制鞋业	0.484
2000	大	木材加工和木、竹、藤、棕、草制品业	1.922
2010	中	木材加工	0.236
2020	中	人造板制造	1.186
2030	中	木制品制造	0.226
2040	中	竹、藤、棕、草等制品制造	0.274
2100	大	家具制造业	0.631
2110	中	木质家具制造	0.508
2120	中	竹、藤家具制造	0.041
2130	中	金属家具制造	0.003
2140	中	塑料家具制造	0.015
2190	中	其他家具制造	0.064
2200	大	造纸和纸制品业	1.691
2210	中	纸浆制造	0.163
2220	中	造纸	0.853
2230	中	纸制品制造	0.675
2300	大	印刷和记录媒介复制业	0.702
2310	中	印刷	0.692
2320	中	装订及印刷相关服务	0.006
2330	中	记录媒介复制	0.004
2400	大	文教、工美、体育和娱乐用品制造业	0.422
2410	中	文教办公用品制造	0.068
2420	中	乐器制造	0.012
2430	中	工艺美术品制造	0.180
2440	中	体育用品制造	0.079

续表

行业代码	类别	行业名称	权数(%)
2450	中	玩具制造	0.080
2460	中	游艺器材及娱乐用品制造	0.003
2500	大	石油加工、炼焦和核燃料加工业	1.264
2510	中	精炼石油产品制造	1.111
2520	中	炼焦	0.153
2530	中	核燃料加工	0.000
2600	大	化学原料和化学制品制造业	8.134
2610	中	基础化学原料制造	1.919
2620	中	肥料制造	0.507
2630	中	农药制造	0.299
2640	中	涂料、油墨、颜料及类似产品制造	0.446
2650	中	合成材料制造	0.441
2660	中	专用化学产品制造	1.382
2670	中	炸药、火工及焰火产品制造	2.926
2680	中	日用化学产品制造	0.214
2700	大	医药制造业	2.195
2710	中	化学药品原料药制造	0.531
2720	中	化学药品制剂制造	0.281
2730	中	中药饮片加工	0.180
2740	中	中成药生产	0.631
2750	中	兽用药品制造	0.215
2760	中	生物药品制造	0.235
2770	中	卫生材料及医药用品制造	0.122
2800	大	化学纤维制造业	0.077
2810	中	纤维素纤维原料及纤维制造	0.017
2820	中	合成纤维制造	0.060
2900	大	橡胶和塑料制品业	1.436
2910	中	橡胶制品业	0.182
2920	中	塑料制品业	1.254

续表

行业代码	类别	行业名称	权数(%)
3000	大	非金属矿物制品业	7.156
3010	中	水泥、石灰和石膏制造	1.603
3020	中	石膏、水泥制品及类似制品制造	1.129
3030	中	砖瓦、石材等建筑材料制造	1.688
3040	中	玻璃制造	0.129
3050	中	玻璃制品制造	0.183
3060	中	玻璃纤维和玻璃纤维增强塑料制品制造	0.102
3070	中	陶瓷制品制造	1.256
3080	中	耐火材料制品制造	0.239
3090	中	石墨及其他非金属矿物制品制造	0.827
3100	大	黑色金属冶炼和压延加工业	3.594
3110	中	炼铁	0.121
3120	中	炼钢	0.043
3130	中	黑色金属铸造	0.682
3140	中	钢压延加工	1.643
3150	中	铁合金冶炼	1.105
3200	大	有色金属冶炼和压延加工业	7.537
3210	中	常用有色金属冶炼	2.379
3220	中	贵金属冶炼	1.742
3230	中	稀有稀土金属冶炼	0.582
3240	中	有色金属合金制造	0.665
3250	中	有色金属铸造	0.051
3260	中	有色金属压延加工	2.118
3300	大	金属制品业	2.395
3310	中	结构性金属制品制造	0.839
3320	中	金属工具制造	0.428
3330	中	集装箱及金属包装容器制造	0.062
3340	中	金属丝绳及其制品制造	0.157
3350	中	建筑、安全用金属制品制造	0.246

续表

行业代码	类别	行业名称	权数(%)
3360	中	金属表面处理及热处理加工	0.067
3370	中	搪瓷制品制造	0.062
3380	中	金属制日用品制造	0.068
3390	中	其他金属制品制造	0.466
3400	大	通用设备制造业	4.348
3410	中	锅炉及原动设备制造	0.404
3420	中	金属加工机械制造	0.652
3430	中	物料搬运设备制造	0.817
3440	中	泵、阀门、压缩机及类似机械制造	0.779
3450	中	轴承、齿轮和传动部件制造	0.268
3460	中	烘炉、风机、衡器、包装等设备制造	0.531
3470	中	文化、办公用机械制造	0.030
3480	中	通用零部件制造	0.638
3490	中	其他通用设备制造业	0.229
3500	大	专用设备制造业	7.857
3510	中	采矿、冶金、建筑专用设备制造	5.904
3520	中	化工、木材、非金属加工专用设备制造	0.407
3530	中	食品、饮料、烟草及饲料生产专用设备	0.159
3540	中	印刷、制药、日化及日用品生产专用设	0.278
3550	中	纺织、服装和皮革加工专用设备制造	0.102
3560	中	电子和电工机械专用设备制造	0.129
3570	中	农、林、牧、渔专用机械制造	0.286
3580	中	医疗仪器设备及器械制造	0.148
3590	中	环保、社会公共服务及其他专用设备制	0.444
3600	大	汽车制造业	2.760
3610	中	汽车整车制造	1.372
3620	中	改装汽车制造	0.102
3630	中	低速载货汽车制造	0.027
3640	中	电车制造	0.006

续表

行业代码	类别	行业名称	权数(%)
3650	中	汽车车身、挂车制造	0.086
3660	中	汽车零部件及配件制造	1.168
3700	大	铁路、船舶、航空航天和其他运输设备制	2.275
3710	中	铁路运输设备制造	1.515
3720	中	城市轨道交通设备制造	0.216
3730	中	船舶及相关装置制造	0.181
3740	中	航空、航天器及设备制造	0.236
3750	中	摩托车制造	0.049
3760	中	自行车制造	0.013
3770	中	非公路休闲车及零配件制造	0.001
3790	中	潜水救捞及其他未列明运输设备制造	0.064
3800	大	电气机械和器材制造业	3.360
3810	中	电机制造	0.516
3820	中	输配电及控制设备制造	1.035
3830	中	电线、电缆、光缆及电工器材制造	0.886
3840	中	电池制造	0.490
3850	中	家用电力器具制造	0.142
3860	中	非电力家用器具制造	0.103
3870	中	照明器具制造	0.132
3890	中	其他电气机械及器材制造	0.056
3900	大	计算机、通信和其他电子设备制造业	5.490
3910	中	计算机制造	0.965
3920	中	通信设备制造	1.637
3930	中	广播电视设备制造	0.111
3940	中	雷达及配套设备制造	0.016
3950	中	视听设备制造	0.103
3960	中	电子器件制造	0.615
3970	中	电子元件制造	1.920
3990	中	其他电子设备制造	0.123

续表

行业代码	类别	行业名称	权数(%)
4000	大	仪器仪表制造业	0.626
4010	中	通用仪器仪表制造	0.410
4020	中	专用仪器仪表制造	0.173
4030	中	钟表与计时仪器制造	0.000
4040	中	光学仪器及眼镜制造	0.022
4090	中	其他仪器仪表制造业	0.021
4100	大	其他制造业	0.507
4110	中	日用杂品制造	0.237
4120	中	煤制品制造	0.030
4130	中	核辐射加工	0.000
4190	中	其他未列明制造业	0.240
4200	大	废弃资源综合利用业	0.261
4210	中	金属废料和碎屑加工处理	0.227
4220	中	非金属废料和碎屑加工处理	0.035
4300	大	金属制品、机械和设备修理业	0.146
4310	中	金属制品修理	0.074
4320	中	通用设备修理	0.008
4330	中	专用设备修理	0.019
4340	中	铁路、船舶、航空航天等运输设备修理	0.003
4350	中	电气设备修理	0.016
4360	中	仪器仪表修理	0.000
4390	中	其他机械和设备修理业	0.025
4400	大	电力、热力生产和供应业	3.932
4410	中	电力生产	1.813
4420	中	电力供应	2.115
4430	中	热力生产和供应	0.005
4500	大	燃气生产和供应业	0.332
4600	大	水的生产和供应业	0.258
4610	中	自来水生产和供应	0.207
4620	中	污水处理及其再生利用	0.050
4690	中	其他水的处理、利用与分配	0.000

附表2：　　　　　　　**中类、大类行业定基指数表**

行业代码	类别	行业名称	定基指数（至中类）	定基指数（至大类）
0600	大	煤炭开采和洗选业		98.987
0610	中	烟煤和无烟煤开采洗选	0.989	
0620	中	褐煤开采洗选	0.000	
0690	中	其他煤炭采选	1.343	
0700	大	石油和天然气开采业		0.000
0710	中	石油开采	0.000	
0720	中	天然气开采	0.000	
0800	大	黑色金属矿采选业		100.563
0810	中	铁矿采选	1.172	
0820	中	锰矿、铬矿采选	1.029	
0890	中	其他黑色金属矿采选	0.355	
0900	大	有色金属矿采选业		109.295
0910	中	常用有色金属矿采选	1.068	
0920	中	贵金属矿采选	1.235	
0930	中	稀有稀土金属矿采选	1.075	
1000	大	非金属矿采选业		102.994
1010	中	土砂石开采	1.070	
1020	中	化学矿开采	1.053	
1030	中	采盐	0.969	
1090	中	石棉及其他非金属矿采选	0.806	
1100	大	开采辅助活动		87.181
1110	中	煤炭开采和洗选辅助活动	0.000	
1120	中	石油和天然气开采辅助活动	0.000	
1190	中	其他开采辅助活动	0.872	
1200	大	其他采矿业	0.854	85.355
1300	大	农副食品加工业		111.246

续表

行业代码	类别	行业名称	定基指数（至中类）	定基指数（至大类）
1310	中	谷物磨制	1.136	
1320	中	饲料加工	1.115	
1330	中	植物油加工	1.065	
1340	中	制糖业	0.607	
1350	中	屠宰及肉类加工	1.118	
1360	中	水产品加工	1.116	
1370	中	蔬菜、水果和坚果加工	1.107	
1390	中	其他农副食品加工	1.159	
1400	大	食品制造业		113.039
1410	中	焙烤食品制造	1.207	
1420	中	糖果、巧克力及蜜饯制造	1.313	
1430	中	方便食品制造	1.103	
1440	中	乳制品制造	0.999	
1450	中	罐头食品制造	1.206	
1460	中	调味品、发酵制品制造	1.080	
1490	中	其他食品制造	1.073	
1500	大	酒、饮料和精制茶制造业		112.920
1510	中	酒的制造	1.100	
1520	中	饮料制造	1.155	
1530	中	精制茶加工	1.135	
1600	大	烟草制品业		100.361
1610	中	烟叶复烤	1.023	
1620	中	卷烟制造	1.005	
1690	中	其他烟草制品制造	0.252	
1700	大	纺织业		110.983
1710	中	棉纺织及印染精加工	1.068	
1720	中	毛纺织及染整精加工	1.129	
1730	中	麻纺织及染整精加工	1.167	

续表

行业代码	类别	行业名称	定基指数（至中类）	定基指数（至大类）
1740	中	丝绢纺织及印染精加工	1.113	
1750	中	化纤织造及印染精加工	1.093	
1760	中	针织或钩针编织物及其制品制造	1.167	
1770	中	家用纺织制成品制造	1.154	
1780	中	非家用纺织制成品制造	1.234	
1800	大	纺织服装、服饰业		117.956
1810	中	机织服装制造	1.071	
1820	中	针织或钩针编织服装制造	1.615	
1830	中	服饰制造	0.786	
1900	大	皮革、毛皮、羽毛及其制品和制鞋业		115.322
1910	中	皮革鞣制加工	1.124	
1920	中	皮革制品制造	1.052	
1930	中	毛皮鞣制及制品加工	1.430	
1940	中	羽毛(绒)加工及制品制造	1.125	
1950	中	制鞋业	1.206	
2000	大	木材加工和木、竹、藤、棕、草制品业		113.370
2010	中	木材加工	1.053	
2020	中	人造板制造	1.111	
2030	中	木制品制造	1.179	
2040	中	竹、藤、棕、草等制品制造	1.263	
2100	大	家具制造业		109.558
2110	中	木质家具制造	1.120	
2120	中	竹、藤家具制造	0.790	
2130	中	金属家具制造	0.310	
2140	中	塑料家具制造	1.141	
2190	中	其他家具制造	1.122	
2200	大	造纸和纸制品业		108.918
2210	中	纸浆制造	1.189	

续表

行业代码	类别	行业名称	定基指数（至中类）	定基指数（至大类）
2220	中	造纸	0.948	
2230	中	纸制品制造	1.243	
2300	大	印刷和记录媒介复制业		117.771
2310	中	印刷	1.178	
2320	中	装订及印刷相关服务	1.096	
2330	中	记录媒介复制	1.261	
2400	大	文教、工美、体育和娱乐用品制造业		124.844
2410	中	文教办公用品制造	1.072	
2420	中	乐器制造	1.070	
2430	中	工艺美术品制造	1.259	
2440	中	体育用品制造	1.436	
2450	中	玩具制造	1.231	
2460	中	游艺器材及娱乐用品制造	0.868	
2500	大	石油加工、炼焦和核燃料加工业		78.435
2510	中	精炼石油产品制造	0.736	
2520	中	炼焦	1.138	
2530	中	核燃料加工	0.000	
2600	大	化学原料和化学制品制造业		107.679
2610	中	基础化学原料制造	0.823	
2620	中	肥料制造	1.042	
2630	中	农药制造	0.938	
2640	中	涂料、油墨、颜料及类似产品制造	1.202	
2650	中	合成材料制造	1.088	
2660	中	专用化学产品制造	1.089	
2670	中	炸药、火工及焰火产品制造	1.238	
2680	中	日用化学产品制造	1.067	
2700	大	医药制造业		109.505
2710	中	化学药品原料药制造	1.167	

续表

行业代码	类别	行业名称	定基指数（至中类）	定基指数（至大类）
2720	中	化学药品制剂制造	1.184	
2730	中	中药饮片加工	1.087	
2740	中	中成药生产	1.016	
2750	中	兽用药品制造	1.107	
2760	中	生物药品制造	1.125	
2770	中	卫生材料及医药用品制造	0.920	
2800	大	化学纤维制造业		119.912
2810	中	纤维素纤维原料及纤维制造	1.197	
2820	中	合成纤维制造	1.200	
2900	大	橡胶和塑料制品业		105.832
2910	中	橡胶制品业	1.076	
2920	中	塑料制品业	1.056	
3000	大	非金属矿物制品业		111.759
3010	中	水泥、石灰和石膏制造	1.099	
3020	中	石膏、水泥制品及类似制品制造	1.089	
3030	中	砖瓦、石材等建筑材料制造	1.152	
3040	中	玻璃制造	1.055	
3050	中	玻璃制品制造	1.182	
3060	中	玻璃纤维和玻璃纤维增强塑料制品制造	0.707	
3070	中	陶瓷制品制造	1.123	
3080	中	耐火材料制品制造	1.226	
3090	中	石墨及其他非金属矿物制品制造	1.129	
3100	大	黑色金属冶炼和压延加工业		107.304
3110	中	炼铁	1.053	
3120	中	炼钢	1.090	
3130	中	黑色金属铸造	1.216	
3140	中	钢压延加工	1.059	
3150	中	铁合金冶炼	1.008	

续表

行业代码	类别	行业名称	定基指数（至中类）	定基指数（至大类）
3200	大	有色金属冶炼和压延加工业		114.458
3210	中	常用有色金属冶炼	1.015	
3220	中	贵金属冶炼	1.147	
3230	中	稀有稀土金属冶炼	1.187	
3240	中	有色金属合金制造	1.107	
3250	中	有色金属铸造	2.642	
3260	中	有色金属压延加工	1.252	
3300	大	金属制品业		111.178
3310	中	结构性金属制品制造	1.187	
3320	中	金属工具制造	1.078	
3330	中	集装箱及金属包装容器制造	1.022	
3340	中	金属丝绳及其制品制造	1.134	
3350	中	建筑、安全用金属制品制造	0.954	
3360	中	金属表面处理及热处理加工	1.188	
3370	中	搪瓷制品制造	1.197	
3380	中	金属制日用品制造	1.214	
3390	中	其他金属制品制造	1.057	
3400	大	通用设备制造业		112.015
3410	中	锅炉及原动设备制造	1.032	
3420	中	金属加工机械制造	1.382	
3430	中	物料搬运设备制造	0.978	
3440	中	泵、阀门、压缩机及类似机械制造	1.019	
3450	中	轴承、齿轮和传动部件制造	1.068	
3460	中	烘炉、风机、衡器、包装等设备制造	1.152	
3470	中	文化、办公用机械制造	1.830	
3480	中	通用零部件制造	1.201	
3490	中	其他通用设备制造业	1.051	
3500	大	专用设备制造业		93.412

续表

行业代码	类别	行业名称	定基指数（至中类）	定基指数（至大类）
3510	中	采矿、冶金、建筑专用设备制造	0.904	
3520	中	化工、木材、非金属加工专用设备制造	1.056	
3530	中	食品、饮料、烟草及饲料生产专用设备	1.088	
3540	中	印刷、制药、日化及日用品生产专用设备	0.792	
3550	中	纺织、服装和皮革加工专用设备制造	1.153	
3560	中	电子和电工机械专用设备制造	1.088	
3570	中	农、林、牧、渔专用机械制造	1.011	
3580	中	医疗仪器设备及器械制造	1.155	
3590	中	环保、社会公共服务及其他专用设备制造	1.036	
3600	大	汽车制造业		113.078
3610	中	汽车整车制造	1.061	
3620	中	改装汽车制造	0.601	
3630	中	低速载货汽车制造	0.738	
3640	中	电车制造	1.103	
3650	中	汽车车身、挂车制造	0.991	
3660	中	汽车零部件及配件制造	1.278	
3700	大	铁路、船舶、航空航天和其他运输设备制		133.655
3710	中	铁路运输设备制造	1.209	
3720	中	城市轨道交通设备制造	1.001	
3730	中	船舶及相关装置制造	1.222	
3740	中	航空、航天器及设备制造	2.746	
3750	中	摩托车制造	1.107	
3760	中	自行车制造	2.697	
3770	中	非公路休闲车及零配件制造	0.555	
3790	中	潜水救捞及其他未列明运输设备制造	0.524	
3800	大	电气机械和器材制造业		108.076
3810	中	电机制造	0.967	
3820	中	输配电及控制设备制造	1.057	

续表

行业代码	类别	行业名称	定基指数（至中类）	定基指数（至大类）
3830	中	电线、电缆、光缆及电工器材制造	1.175	
3840	中	电池制造	1.094	
3850	中	家用电力器具制造	1.133	
3860	中	非电力家用器具制造	0.985	
3870	中	照明器具制造	0.973	
3890	中	其他电气机械及器材制造	1.257	
3900	大	计算机、通信和其他电子设备制造业		93.664
3910	中	计算机制造	0.955	
3920	中	通信设备制造	0.935	
3930	中	广播电视设备制造	1.710	
3940	中	雷达及配套设备制造	1.277	
3950	中	视听设备制造	1.104	
3960	中	电子器件制造	0.751	
3970	中	电子元件制造	0.896	
3990	中	其他电子设备制造	1.500	
4000	大	仪器仪表制造业		123.814
4010	中	通用仪器仪表制造	1.279	
4020	中	专用仪器仪表制造	1.188	
4030	中	钟表与计时仪器制造	0.000	
4040	中	光学仪器及眼镜制造	1.008	
4090	中	其他仪器仪表制造业	1.094	
4100	大	其他制造业		118.908
4110	中	日用杂品制造	1.135	
4120	中	煤制品制造	1.352	
4130	中	核辐射加工	0.000	
4190	中	其他未列明制造业	1.222	
4200	大	废弃资源综合利用业		117.497
4210	中	金属废料和碎屑加工处理	1.170	

续表

行业代码	类别	行业名称	定基指数（至中类）	定基指数（至大类）
4220	中	非金属废料和碎屑加工处理	1.210	
4300	大	金属制品、机械和设备修理业		1090.144
4310	中	金属制品修理	0.860	
4320	中	通用设备修理	1.366	
4330	中	专用设备修理	76.616	
4340	中	铁路、船舶、航空航天等运输设备修理	1.008	
4350	中	电气设备修理	1.209	
4360	中	仪器仪表修理	0.000	
4390	中	其他机械和设备修理业	1.466	
4400	大	电力、热力生产和供应业		102.875
4410	中	电力生产	1.001	
4420	中	电力供应	1.051	
4430	中	热力生产和供应	1.449	
4500	大	燃气生产和供应业	1.196	119.563
4600	大	水的生产和供应业		107.767
4610	中	自来水生产和供应	1.059	
4620	中	污水处理及其再生利用	1.163	
4690	中	其他水的处理、利用与分配	0.000	

课题组负责人：王书华

课题组成员：张吉世　张亦军　蔡红星　刘华娟　谢　凡　范　毅
周　玲　谭兵农　罗　彬　凌　骞

湖南保险行业自律情况调研报告

湖南保监局法制处课题组

摘　要:近年来,行业自律在规范湖南保险市场秩序方面发挥了重要作用,也遭遇了许多风险,出现了不少问题。在新形势下,需要保险公司、行业协会和监管机关共同努力,调整思路,转移重心,创新方式,推进行业自律实现转型。

关键词:保险;行业自律;转型

2012 年以来,我省保险业"重效果轻规范"的行业自律模式隐藏的法律风险逐渐暴露,多家协会和保险机构受到反垄断调查和处罚,行业自律面临新的形势,亟需转型。为进一步加强对行业自律的引导,提高行业自律的合法性和有效性,湖南保监局成立了调研组,对行业自律工作进行了专题调研。本次调研通过实地调查、书面调查、问卷调查和文献调查相结合的方式进行,共实地调查 6 家单位、书面调查 10 家单位、问卷调查 46 家单位,召开座谈会 7 次,听取意见建议 90 余人次,参阅文献和自律规则 300 余份。调研情况如下:

一、我省保险行业自律发展的基本情况

梳理湖南保险市场行业自律的发展,可以分为三个阶段。

(一)探索起步时期:1998 年 5 月至 2004 年年末

行业自律的发展起步体现在三个方面:一是组织基础逐渐完善。行业自律主要依托保险行业协会组织实施。1998 年 5 月,湖南省保险行业协会在长沙成立,标志着行业自律开始起步。到 2004 年 7 月,除长沙外全省 13 个市(州)都成立了保险行业协会,在全省范围内开展行业自律具备了完善的组织基础。二是

自律方向趋于明确。2004 年 3 月《中国保监会关于加强保险行业协会建设的指导意见》印发实施，明确行业自律的首要任务是督促保险机构依法合规经营，维护公平竞争的市场环境。湖南保监局也多次下发文件和召开会议，强调行业自律的重要性。三是自律活动初见规模。各协会广泛开展自律活动，签订公约成为自律的主要方式，截至 2004 年年底，各协会共组织签订自律公约 30 余件，内容涵盖新车承保、车险招标、银邮代理手续费标准、营销员流动等方面。2002 年 5 月张家界协会成立游客意外险共保办，2003 年 6 月省协会成立航空意外险共保中心，通过自律降低意外险手续费。这一时期的突出问题表现在：作为自律组织的行业协会社会化、职业化程度较低，工作力量不足；自律方式方法不多，多以降低经营成本为目的。

（二）全面活跃时期：2005 年 1 月至 2012 年 6 月

新车共保中心是这一时期行业自律行为的重要标志，是多家协会开展自律的最重要载体。行业自律的全面活跃体现在：一是自律共识全面形成。随着保险机构增多，竞争程度加剧，加强自律、强化行业内部自我约束成为所有市场主体的共同要求。二是自律活动广泛推进。各协会结合市场实际和行业需求，开展了覆盖全面、形式多样的自律活动，共组织签订自律公约 120 余件，其他形式的自律规则 200 余件。三是自律重点非常突出。车险业务的规范是行业自律的重心，新车共保中心的出现和发展充分反映了这一特点。从 2005 年 1 月省协会在长沙设立新车共保中心开始，到 2011 年 12 月，共有 11 家协会成立新车共保中心，主要进行车险费率折扣和手续费比例自律。仅就降低公司经营成本而言，新车共保中心效果明显。四是社会效益有所兼顾。多家协会组织签订诚信服务公约，公开理赔服务承诺，开展维权宣传活动，对行业形象的改善有所促进。保险营销员“黑名单”全面实施，对打击销售误导有一定成效。2008 年 10 月，所有协会都建立了保险合同纠纷快速处理机制，是保险消费者权益保护自律的重要举措。在这一阶段，行业自律在均衡性和合法性方面的问题比较突出，不同地区行业自律的力度和成效差异较大，财产险、人身险领域的自律力度明显不一致，新车共保中心划分市场份额、限制折扣、统一手续费标准的做法隐藏着较大的法律风险。

（三）反思转型时期：2012 年 6 月至今

2012 年 6 月，反垄断执法机构经调查，认定我省部分地区新车共保中心存在垄断行为，5 家协会和 6 家保险机构被处罚，各地新车共保中心先后被撤销。

与全面活跃阶段相比，行业自律整体发生了比较明显的变化：一是思想认识受到局限。各协会和保险机构对行业自律普遍持谨慎态度，继续开展工作的积极性不高、信心不够，甚至心存疑虑。二是自律活动明显减少。自律呈统一化、单一化趋势，多地协会对自律规则进行清理、废止，长达两年时间内新制定自律规则不超过 10 件，转而统一执行由省协会组织签订的自律规则。三是自律转型开始起步。部分协会调整思路，开始探索行业自律的转型。省协会在长沙成功试点诉调对接机制，衡阳、岳阳协会扩大了试点范围。益阳、湘潭协会尝试开展客户医疗费用鉴定。张家界协会对旅游意外险共保体进行改组，部分保险机构以自发形式实施车险费率折扣和手续费标准自律。省保险中介行业协会成立，保险中介机构完全纳入行业自律体系。但总体来看，一些自律活动仍然存在法律风险，自律的合法性问题没有得到根本解决。

二、我省保险行业自律存在的突出问题

进入转型时期的保险行业自律，从思想认识到基础管理，从整体思路到具体操作，都存在比较突出的问题，亟待解决。

（一）思想认识局限有待破除

“行业自律向何处去”是当前面临的首要问题。多年来，协会和保险公司将自律重心放在车险费率和手续费约束上，新车共保中心是行业自律的主要平台。有些协会和保险机构对行业自律认识存在局限性，甚至认为搞好车险自律就是协会的最主要工作。个别协会工作方向出现严重偏差，倾向于“办实体”，为行业“办实事”的热情不高。新车共保中心被强制解散后，很多协会和保险机构短时期内难以适应，对继续开展行业自律缺乏必要的信心和积极性，甚至心存疑虑，不能及时调整转变思路，没有寻找新的重心和抓手，行业自律工作长期处于停滞状态。调研结果显示，当前未签订执行任何自律规则的协会高达 4 家，只签订执行 2 件以下自律规则的协会也有 3 家，占所有市（州）协会一半以上。

（二）基础管理制度亟待健全

总体来说，近年来的行业自律一直处于探索和试验阶段，“重实体、轻程序，重效果、轻规范”的情况不可避免地存在。各协会基本未建立行业自律规则制定管理制度，自律规则的“立、改、废”比较随意。有些协会间的自律规则同质化现象严重，甚至完全照搬照抄；有些自律规则制定时未开展充分的调查研究，签

订之日起即形同失效，无法执行；有些自律规则以文件、通知、会议纪要形式下发，未履行必要的审议程序；有些自律规则停止执行多年，未明确予以废止。制度的缺失，导致自律规则基础管理相对混乱，有些自律规则存在文字错误、表述不清等问题，部分协会甚至不能准确统计现行有效自律规则数量，自律规则执行情况的跟踪检查、效果评估更无从谈起。

（三）隐藏法律风险不容忽视

垄断法律风险依然是需要重点关注的问题。受反垄断执法机构调查和处罚后，协会和保险机构对行业自律合法性问题的认识有所提高。但在具体操作层面，一些自律行为貌似避开保险公司集体签约、统一限价的红线，实质仍是与《反垄断法》的精神相违背的。如新车共保中心解散后，限制车险费率折扣、统一手续费支付标准的呼声仍然很高，省协会与省保险中介协会联合发文，设定了中介手续费指导标准；2013 年 4 月 15 日，省协会形成《湖南省车辆保险依法合规诚信经营公约》，限制保费折扣和手续费支付标准，虽称未正式签约和印发，但多家公司和市（州）协会遵照执行；2014 年 6 月初，5 家市场份额较大的财产险公司分别下发文件，文件文本内容雷同，承保条件、优惠标准、最低折扣完全相同，文件执行日期统一为 6 月 10 日。张家界旅游意外险共保也涉嫌划分市场份额问题。这些行为必须经过充分的法律评估，正确判断是否违反反垄断法律规定。

（四）行业自律缺乏必要保障

当前行业自律处于停滞状态，虽然很大程度上是因为主观上工作积极性不够、自律重心未找准、工作思路不开阔等原因造成的，但也存在很多客观原因，使行业自律缺乏必要保障，难以为继。一是人才相对匮乏。自律主要依托行业协会进行。当前协会工作人员总量较少，有 10 家协会在 7 人以下，协会人员尤其是负责人以老同志居多，年龄结构、专业构成都不是很合理，部分协会人力配置仅能维持基本运转，根本没有精力研究市场、组织自律。开展行业自律对法律知识要求较高，这方面人才储备基本没有。二是市场主体支持力度不一。参与自律的市场主体本身就是竞争者，各家公司业务规模不同，利益诉求有差别，对自律的要求也不一致，自律规则在不同公司执行力度不一样。协会会长、副会长、秘书长主要是从保险公司产生，会员单位对其能否保持公平立场并不确定，在行业内部产生矛盾时容易对协会和自律的公平性产生质疑，有极端者甚至退出自律。三是监管机关对协会指导不够。调研中有多家协会提出，监管机关对协会的对口处室主要是综合部门，行业自律是业务工作，缺乏统一的对口联络部门，请示、协调的效率不高，有些问题得不到明确答复。

三、推动保险行业自律转型的工作建议

行业自律亟需转型是当前湖南保险业的共识。新形势下做好行业自律工作，需要保险公司、保险行业协会和保险监管部门共同努力。

（一）提高认识，破除思想认识局限

首先，要充分认识行业自律的重要作用。自律是行业自我规范、自我协调的重要机制。近年来各协会基于保险公司利益的共同性和行业发展的客观要求，通过自律约束了不正当竞争，规范了市场秩序，重要作用有目共睹，不能因为反垄断调查和处罚，否定和忽视行业自律的积极贡献。其次，要正确认识自律是协会的法定职责。《保险法》和《反垄断法》都明确了自律是行业协会的主要职责。《国务院关于加快发展现代保险服务业的若干意见》提出，要充分发挥保险行业协会等自律组织的作用。最后，要切实增强开展自律的主动性积极性。各协会和保险公司要认真总结经验教训，变挫折为转折，化危机为转机，彻底解决行业自律的合法性问题。要提振信心，增强工作的主动性和积极性，坚定不移地继续开展行业自律。

（二）转变思路，调整行业自律方向

首先，要坚持依法合规的前提条件。加强对《保险法》《反垄断法》《反价格垄断规定》等有关法律法规的学习，认真研究保险业反垄断处罚案例，自觉纠正错误认识和做法，确保行业自律不跑偏、不违法、不走老路。其次，要适应行业发展需求。行业自律要服务行业发展大局，顺应市场形势变化。当前，贯彻落实《国务院加快发展保险服务业的若干意见》是保险业的主要任务，协会应当着眼于提升行业整体形象、提高行业服务能力，研究出台相关自律措施。最后，要针对湖南市场突出问题。尽快调整自律重心，转移自律重点，由价格、手续费自律向依法经营、风险管控、诚信服务自律转变，如将限制费率折扣自律向依法使用条款费率自律转移，将设定手续费标准向手续费据实列支和支付对象的合法性自律转移，积极开展产品销售、理赔服务时效、人身险客户身份真实性管理等自律，完善保险合同纠纷调处机制，扩大诉调对接试点范围。同时，要注意利用现有设备和资源，运用先进科技手段提高自律的有效性。

（三）夯实基础，加强自律规则管理

首先，全面清理现有行业自律规则。按照保监会有关要求，对以往自律规则进行全面、彻底地盘查、清理，确保清理工作无死角、全覆盖，对不符合法律规定的内容逐项进行废止、修订。其次，严格行业自律规则制定管理。参照政府机关规范性文件制定管理的要求，健全自律规则制定管理制度，明确自律规则的立项、起草、征求意见、缔约、执行、监督、修订、废止等程序，维护自律规则制定、实施的严肃性和权威性。最后，引入自律规则法律风险评估机制。协会在牵头制定自律规则时，必须进行法律审核，评估法律风险，并加强与保险监管、司法及相关执法部门的协调沟通，征询法律建议。要整合利用行业法律人才资源，条件允许的协会可以引进法律人才，加强对自律规则的法律审核和风险评估。保险公司在自主实施联合行为或协同行为时，特别要注意做好事前的法律风险评估。

（四）加强指导，强化自律合法要求

保监局作为行业监管部门，要加强对协会和保险公司行业自律工作的引导，确保行业自律在法律规定的范围内进行。一是出台湖南保险业贯彻落实《反垄断法》指导意见。针对行业自律最可能触发的反垄断风险，根据结合湖南保险市场实际，尽快出台湖南保险业进一步贯彻实施《反垄断法》的指导意见，列举可能违反《反垄断法》的“负面清单”，指导保险行业协会和保险公司的自律工作。二是指导建立行业自律规则“立、改、废”制度。下发文件，指导各保险行业协会健全自律规则制定管理制度。三是尝试自律规则审核和备案制度。明确行业自律工作在保险监管部门的对口联络处室，加强对自律规则的法律审核和风险评估，尝试重要行业自律规则向保险监管部门备案的制度。

（五）统筹协调，从源头上化解法律风险

行业自律可能违反《反垄断法》的风险，是整个行业都面临的风险，要坚持行业问题行业解决的思路，从源头上化解这一风险。一是在立法层面建立保险业反垄断豁免制度。反垄断豁免在发达保险市场有很多先例。中国保监会、中国保险行业协会应当加强与立法部门的沟通，推动《反垄断法》修订工作，建立《反垄断法》部分豁免制度，对保险业的具体行为进行豁免，遏制恶性竞争，更好地促进保险业的健康发展。二是在操作层面实现保险业反垄断豁免适用。《反垄断法》第十五条规定了豁免的适用情形，在法律修订短期内难以实现之前，保险业可以整合行业法律力量，尝试在操作层面实现保险业反垄断豁免适用。如

能在某个具体案例取得司法部门和反垄断执法机构的认同,将是保险业化解反垄断法律风险的重要突破。三是在湖南辖区内建立反垄断沟通协调机制。省协会应当建立与省内反垄断执法机构的协调机制,加强行业自律规则出台前的沟通交流,取得反垄断执法机构的理解和支持。

参考文献:

[1] 湖南保险年鉴编辑部. 湖南省保险行业协会概况,湖南保险年鉴2004.

[2] 中华联合财产保险股份有限公司. 论保险行业自律公约的反垄断豁免,2013年保险法律工作联席会议交流材料.

[3] 中国人寿财产保险股份有限公司. 保险行业协会自律协议反垄断问题探讨,中国保险行业协会2013年保险法律工作联席会议交流材料.

[4] 美亚财产保险有限公司. 保险行业协会自律协议反垄断问题探讨,中国保险行业协会2013年保险法律工作联席会议交流材料.

[5] 中国太平洋财产保险股份有限公司. 反垄断与保险业豁免,中国保险行业协会2013年保险法律工作联席会议交流材料.

[6] 山东保险行业协会. 保险行业协会自律行为反垄断问题探析,中国保险行业协会2013年保险法律工作联席会议交流材料.

[7] 黄晋. 我国保险行业协会在反垄断法通过后面临的挑战——重庆市保险协会案启示[J]. 保险研究,2008(12).

[8] 王国军、庹国柱. 反垄断法在中国保险业的适用性分析[J]. 保险研究,2008(10).

[9]梁鹏. 论保险行业协会制定规则的权限——兼论反垄断法对保险行业协会规则制定的影响[J]. 保险研究,2008(11).

[10]郭宇娜. 浅谈反垄断法对保险行业的影响[J]. 太原城市职业技术学院学报,2009(3).

课题组成员:朱　正　曾　静　王　喜　黄　君　黄晓雯

费率市场化改革对湖南人身保险高现金价值业务发展的影响及监管建议

湖南保监局人身险监管处课题组

摘　要:随着人身保险费率市场化改革大幕的开启,一些人身保险总公司加大普通型高现金价值产品的开发力度,客观上进一步强化了高现金价值业务在我省人身保险市场中的主导地位。本文分析了费率市场化改革后湖南人身保险市场高现金价值业务的发展情况、存在的积极因素以及可能带来的风险,重点从保监会和保监局两个层面就如何加强高现金价值业务监管提出建议。

关键词:普通型产品;费率市场化改革;高现金价值业务;监管建议

一、费改后湖南人身保险市场高现金价值业务发展情况

高现金价值业务已经成为当前湖南人身保险市场的重要组成部分,占全省人身保险公司总保费的比例达1/3以上。2014年1月—6月,全省各人身保险公司老口径保费[①] 2633262.36万元,其中高现金价值业务老口径保费919389.37万元,占比达34.91%。全省26家人身保险公司有16家公司销售高现金价值产品,高现金价值业务保费规模居前3位的公司为人保寿险、中国人寿、中邮人寿,老口径保费分别达202298.57万元、174171.00万元、107201.40万元。全省高现金价值业务保费占公司总保费的比例超过50%的公司有7个,占比居前3位的公司分别是中邮人寿、国华人寿、华夏人寿,分别达93.36%、87.96%、81.22%。

① 报告中未注明新老口径的保费表示新老口径数据一致。

(一)普通型高现金价值业务发展迅猛

费率市场化改革以来,高现金价值产品首次以普通型寿险形态出现,在普通型人身保险费改产品保费中占主导地位。据统计,截至2014年6月底,除中宏人寿、平安养老外,全省有24家人身保险公司推出116个费改产品,有13家公司推出16个普通型高现金价值费改产品,2014年1月—6月实现保费614906.73万元,占同期全省普通型寿险保费的76.72%。普通型高现金价值业务保费规模居前3位的公司分别是人保寿险、中国人寿、中邮人寿,分别达197039.03万元、174171.00万元、107201.40万元,占同期全省普通型高现金价值业务保费的32.04%、28.32%、17.43%。10亿元以上规模的普通型高现金价值费改产品3个,分别为国寿鑫丰新两全保险(A款)、人保寿险鑫利年金保险(B款)、中邮年年好新A款两全保险,保费分别达174171.00万元、119595.75万元、107201.40万元,分别占同期公司总保费的24.88%、46.22%、93.44%。普通型高现金价值费改产品都是银保趸缴产品,迎合了银保客户短期理财需求,契合了银行柜面简单销售要求,在短时间内能迅速形成规模,预计会继续在人身保险市场占据重要位置,并成为人身保险银保市场增长的主要支撑。

(二)分红型高现金价值业务日渐萎缩

2014年1月—6月,全省分红型高现金价值业务保费34344.42万元,仅占同期全省分红型产品保费的3.25%。一些公司将分红型高现金价值产品直接转型为普通型费改新产品推向市场。如中国人寿分红型高现金价值产品"鑫丰"2013年全省实现保费12亿元,2014年转为费改新产品"鑫丰新A",仅1月份就实现保费17亿元,2014年第3季度公司计划再销12亿元。分红型高现金价值产品以"换马甲"的方式摇身一变为费改产品,这是普通型产品保费井喷式增长、分红型产品保费断崖式萎缩的重要原因。全省只有6家公司销售分红型高现金价值产品,涉及产品11个。其中,1000万元以上保费规模的产品3个,分别为吉祥人寿团体终身寿险(分红型)、农银金太阳两全保险(分红型)、人保寿险惠民理财两全保险A款(分红型),保费分别达16000.00万元、111618.46万元、3204.65万元。由于分红不理想以及产品不透明,预计分红型业务将继续呈萎缩态势,在人身保险市场的地位会降低。

(三)万能型高现金价值业务维持高位

受业务规模、公司资金需求等多种因素驱动,部分未推出普通型高现金价值费改产品的公司坚持销售高现金价值万能险。2014 年 1 月—6 月,全省万能型高现金价值业务老口径保费 270138.22 万元,占同期全省万能型产品老口径保费的 56.57%。全省有 11 家公司销售万能型高现金价值产品,涉及产品 23 个。其中,老口径保费 1 亿元以上规模的产品 4 个,分别是吉祥人寿鼎盛 1 号两全保险(万能型)、华夏一号两全保险(万能型)、生命理财一号年金保险(万能型)、华夏财富一号两全保险(万能型),分别达 169564.30 万元、33093.00 万元、27975.10 万元、13125.00 万元;老口径保费 1000 万至 1 亿元规模的产品有 4 个,分别是国华财富双收两全保险(万能型)、幸福福鑫宝一号两全保险(万能险)、合众稳赢二号两全保险(万能型)、合众双享一号两全保险(万能型),分别达 9534.00 万元、9078.00 万元、2473.00 万元、1450.00 万元。由于销售宣传的收益较高且账户比较透明,万能型高现金价值业务近年来受到市场欢迎,预计将继续扮演理财型保险的重要角色,但由于其风险保障较低,基本不计入保费,发展空间受到制约。

二、高现金价值业务发展中的积极因素

一方面,带来了透明化的保险产品。由于实际分红与预期相差较大,过去市场上的分红型产品普遍存在不透明的缺陷。随着保险消费者保险意识、投资意识的提升,对保险产品尤其是理财型保险的透明度要求越来越高。普通型高现金价值费改产品都是固定收益类产品,现金价值基本按“保费 +3.5% 年利率”设计,具有鲜明的“保本 + 保收益 + 刚性兑付”特点,相比于分红型和万能型产品,透明度更高,条款更加简单,收益更有保证。

另一方面,缓解了市场大落风险。2011 年以来,湖南人身保险市场发展一直处于徘徊状态,2012 年甚至出现负增长,业务大落风险较大。费率市场化改革在客观上刺激了普通型高现金价值业务规模的迅速增长,促进了全省人身保险市场稳步回升。2014 年 1 月—6 月,湖南各人身保险公司实现新口径保费 2144249.38 万元,同比增长 14.51%,增速较上年末和上年同期分别提高 11.23 个百分点和 9.68 个百分点。湖南人身保险市场出现近 4 年来的首次两位数增长,市场大落风险的警报基本解除。

三、高现金价值业务发展中值得关注的问题

高现金价值业务让保险公司快速吸金,让保险消费者坐享高收益,看起来实

现了双赢。但是,高现金价值业务主导的人身保险市场是一种不健康的市场,会使人身保险保障功能边缘化,并带来一系列问题。

1.容易形成集中退保高峰

高现金价值产品存续时间不超过3年,其中普通型高现金价值产品仅1年。这种业务存量过大,将会形成集中退保高峰,使公司短期内面临较大现金流压力,如果退保资金兑付不及时,退保服务跟不上,极易引发系统性、区域性风险。此外,为应付集中退保需要的现金流,总公司只能选择借新还旧,继续推出高现金价值业务,将强化业务发展趋同性,导致退保风险广泛传导并持续累积。2013年全省新口径退保率超5%的公司由2012年的5家增至11家,一些公司对退保率高习以为常,退保率指标对公司的风控警示作用越来越弱。

2.造成保障需求不足

在家庭保费支出一定的情况下,高现金价值业务的过快发展还会产生挤出效应,造成保障型产品需求不足。2014年1月—6月,全省普通型费改产品中的非高现金价值保障型产品100个,占比86.20%,但保费只有55832.17万元,占比8.32%。这说明普通型费改产品中保障型业务保费规模偏小、占比偏低。

3.诱发非理性经营行为

目前市场推出的高现金价值产品全部为银保趸缴产品,附加费用率0%—0.5%之间,手续费率1%以上,本身存在较大费差损。在各公司银保产品大同小异、同质化严重的情况下,手续费成为各公司抢占市场的唯一手段。手续费的恶性竞争将放大费差损问题,进一步削弱银行保险成本优势,使银保业务沦为"鸡肋"业务。

4.扭曲消费者保险认知

当前相当一部分消费者把保险视为投资,希望因此获得高收益。高现金价值产品客观上对这种保险认知起了推波助澜的作用。它扭曲了保险消费者对保险保障功能的认知,强化了"保险就是投资"的保险消费观念,使人们走向风险自留。一旦发生风险事故,保险没保障或保障不足,可能会导致对保险的不认同和对保险行业的不信任,引发社会对保险业存在理由的质疑。

四、进一步加强高现金价值业务监管的建议

对于人身保险高现金价值业务,要辩证看待,既不能简单地一刀切叫停,要坚决防止市场大落风险,又必须合理控制规模,提前防范集中退保风险。在监管上,要坚持"政策引导、适度规模"原则,探索完善保监会和保监局两级联动监管模式。

（一）保监会层面，重点是总量控制、加强产品源头监管

1. 引导适度发展，加强总公司现金流监测

保监会对高现金价值业务的监管导向已经比较清晰，在销售规模、销售佣金、偿付能力等多方面对总公司都提出了监管约束。下一步关键是要督促总公司将监管指标融入公司内部考核体系，将政策效应有效传导到基层机构，控制高现金价值业务盲目扩张势头，引导高现金价值业务有序健康发展。同时，要加强对总公司的现金流监测，高度关注高现金价值存量业务的短期集中退保问题，严防退保金激增背后的流动性风险。

2. 提高盈利水平，推动费率市场化改革

费率改革从普通型产品延伸到分红险、万能险等其他人身保险，假设预定利率提升至3.5%，意味着保证支付的收益将整体提高1个百分点。在当前保险业投资收益整体还不高的情况下，这种改革对总公司的经营将是一大考验。因此，在风险可控的前提下，要进一步拓宽保险资金运用渠道，释放政策红利，提高保险投资收益，同时倒逼公司加强精细化管理，控制经营成本，提高盈利能力，为费率市场化全面改革打下基础。

3. 加强产品监管，促进保障型业务发展

新会计准则下万能险和投连险基本不计入保费，分红险的发展也遭遇瓶颈。为了维持保费规模，各公司纷纷将销售重点转向普通型高现金价值产品，使得普通型产品保障性变弱、投资性增强。因此，要加强对费改产品报备和审批的管理，合理设置保单现金价值的上限和下限，重点解决趸缴产品高现金价值和期缴产品低现金价值的问题。对一些无保障或保障不足的产品适度控制，从源头调控保障型和理财型两类人身保险业务结构。

4. 破除路径依赖，鼓励开发创新型产品

大部分公司推出的费改产品只是对原有产品的小修小补或重新包装，缺乏实质创新。要引导公司完善产品开发机制，细分客户需求，设计有内涵价值、反映消费者真实需求、体现保障核心功能的产品。建立完善人身保险产品创新保护机制，设立创新型人身保险产品开发奖励基金，调动公司产品设计创新的积极性。

（二）保监局层面，重点是防范风险、加强销售行为监管

1. 加强非现场监测

受制于保监会高现金价值业务规模控制的监管规定，总公司在高现金价值业务销售计划上普遍实行配额制，销售时间上也具有很强的阶段性特点。因此，

要完善高现金价值业务动态监测机制，及时掌握各公司高现金价值产品信息、销售计划、销售渠道、销售期间等。通过加强非现场分析，对高现金价值业务保费规模大、占比高的重点公司，适时开展窗口指导和风险预警。通过加强新老口径保费数据对比监测分析，关注保费规模和增速、退保金额和退保率、新单期缴率、险种占比、渠道占比等重要指标数据差异，防止高现金价值万能险风险因统计口径变化而游离于监管之外。

2. 防范集中退保风险

高现金价值业务退保区别于非正常退保和满期给付最大的特点就是其具有可预期性。因此，要定期组织开展现金流压力测试，指导重点公司提前预估高现金价值业务退保高峰的时间节点和资金额度。继续完善退保风险分类评价制度，通过引入高现金价值业务退保指标，强化退保风险分类监管的针对性。督促省公司完善高现金价值业务退保资金保障机制，严防因兑付不到位出现群体性事件；落实退保金转账支付、退保金支付至投保人缴费账户等监管规定，严防退保资金案件风险；按照“就近、方便、安全”原则，优化高现金价值业务退保服务流程，开通银保通系统退保直接办理功能，减少客户临柜聚集，改善客户服务体验。

3. 深入治理销售误导

当前高现金价值业务销售过程中的误导问题还比较严重，存在以高现金价值诱导客户、与银行存款利率片面比较、将历史结算利率宣传为万能险的未来收益、故意模糊高现金价值产品保险期间等问题。一些基层机构、销售人员甚至弄虚作假，通过自保件、亲情件恶意退保套利。因此，要将高现金价值业务监管统一纳入销售误导综合治理工作中，重点加强销售行为监管，依法惩处销售误导、虚假投保套利等违法违规行为。督促省公司切实提高内控水平，加强基层销售人员合规培训，严格销售品质和销售行为管控。

4. 加强行业正面宣传

消费者保险意识的提高可以使保险消费趋于理性，带动保障型业务的发展，促进人身保险市场结构改善。当前我省保险宣传方式主要以各家公司广告宣传自家产品为主，对提高全社会的保险意识作用有限。因此，要充分发挥行业协会作用，整合行业宣传资源，以行业名义在主流媒体开展保险宣传，培养以需求为导向的人身保险投保习惯，引导保险消费者在风险保障充足的基础上再合理配置理财型保险产品。

课题组成员：宋晓春　谢校初　罗　晖　莫勇光　肖　潇

XBRL在湖南省的实施(试点)情况的调研报告

湖南省财政厅会计处　**杨海霞　林剑峰　刘　波**

摘　要:开展和推进可扩展商业报告语言(XBRL)在企业的应用,将为我省企事业单位会计信息化带来巨大的变革。它的作用很广泛,企业的各种信息,特别是财务信息,都可以通过XBRL在计算机和互联网上有效地进行处理,具有传统网络财务报告无法比拟的优势。推广XBRL在财务会计报告领域的应用,对我省企业贯彻实施《企业会计准则》,降低信息交换和使用成本、提高信息质量和使用效率,加强政府主管部门对财务报告信息的监管,提升企业整体财务管理水平等方面具有深远的意义。

但推广XBRL在财务会计报告的应用,对企业财务人员专业能力、计算机应用水平、英语水平以及硬件设备和网络化条件等都有较高的要求。调查发现,XBRL在企业应用中存在专业性强且跨度大、技术研发滞后问题突出、综合应用平台欠缺、专业人才奇缺、社会认知度低等问题。为此,提出加强政策指导,加快推进标准实施;加强宣传培训,培养专业人才;搭建应用平台,挖掘数据价值;突破技术瓶颈,提高工作效率等措施以推动XBRL在我省的推广应用。

关键词:XBRL;实施;调研

XBRL在湖南省的实施(试点)工作(以下简称试点)已经两年了,在财政部的统一部署下,我省有8家企业参与并完成了试点工作。但是试点情况如何,好还是不好,好在哪里,还有什么需要改进的地方,今后在我省应该怎样来推进XBRL的实施或者如何更好地推进XBRL在我省的实施,带着这些问题,我省财政厅会计处组织调查组分别于2014年9月和11月深入8家试点企业召开座谈会,实地察看,观摩操作系统,敞开进行讨论,基本上摸清了情况,查找了问题,现将调研情况报告如下:

一、基本情况

(一)试点工作的基本情况

我省于2013年开展通用分类标准实施试点工作,当年有长城信息产业股份有限公司、湘电集团有限公司、湖南轻工盐业集团有限公司3家企业作为首批试点单位,参与试点工作。2014年,我省扩大试点范围,有五矿二十三冶建设集团第二工程有限公司、吉祥人寿保险股份有限公司、湖南路桥建设集团公司、特变电工衡阳变压器有限公司、吉首市公共汽车公司等5家企业加入实施工作。经过两年的时间,我省的实施工作进展顺利,并得到财政部会计司的肯定。2013年实施工作结束后,财政部会计司专门向我厅发来感谢信,对我省的工作给予了高度肯定。2014年的实施工作,已于2014年8月31日按计划完成,并按时向财政部提交实施工作成果,于11月初通过财政部全面验收,顺利完成该年度实施工作。

在选择试点企业时,我们综合考虑了以下几个方面的因素:

1. 企业规模

在选择试点企业过程中,我们重点考虑中央在湘企业、省属大中型企业、上市公司等大中型企业。一是大中型企业会计业务处理更为复杂,能够全面体现《企业会计准则》的运用;二是国资委、证监会等监管部门对大中型企业和上市公司的内部管理有严格的要求,本身的管理水平相对较高,实施起来相对容易一些;三是大中型企业为全面提升财务管理水平,增强企业竞争力,更希望通过采用新技术来提升管理能力。

2. 行业类别

为更全面地反映《企业会计准则》及其通用分类标准在多种行业中的运用情况,我们在选择试点企业时考虑了不同行业企业的特点,尽量在试点单位数量较少的情况下兼顾多种行业。

3. 企业会计机构设置和人员配备

由于具体实施工作涉及几个领域的知识,除要求实施人员需具备会计知识外,还要有一定的计算机知识和基础,因此在选择试点企业时,我们选择会计机构健全,人才队伍素质较高的企业。

4. 其他因素

除以上因素外,一方面,我们还考虑到一项改革和新技术的推广,需要尽可能地扩大宣传力度,因此我们在试点企业的选择上没有完全局限于国有企业,选择了个别民营企业,如特变电工衡阳变压器有限公司;也考虑了地域的广泛性,在湘西自治州选择了吉首市公共汽车公司。另一方面,结合企业会计信息化工作基础,根据企业发生的各项经济业务是否会涉密等情况进行选择。

(二)试点企业行业分布及财务状况

1. 试点企业行业分布

2014 年参与实施的 8 家企业中,有 2 家企业为传统制造业,分别是湘电集团有限公司、特变电工衡阳变压器有限公司;有 2 家从事建筑业,分别是湖南路桥建设集团公司、五矿二十三冶建设集团第二工程有限公司;从事采矿业,信息传输、软件和信息技术服务业,金融、保险业,交通运输、仓储业和邮政业的企业各 1 家,分别是湖南轻工盐业集团有限责任公司、长城信息产业股份有限公司、吉祥人寿保险股份有限公司、吉首市公共汽车公司。

2. 试点企业财务状况

截至 2013 年年底,8 家试点企业经营状况良好,未出现较大波动,除少数企业受国家政策、经济环境影响出现亏损外,其他均实现了净利润增长。

3. 试点企业元素扩展情况

元素扩展是指企业根据本企业实际情况,在年度财务报告中所采用的部分概念或数据,是通用分类标准中没有的概念,需要在企业会计准则及其通用分类标准的基础上进行扩展。在 2014 年实施工作中,各企业元素扩展情况如表 1:

表 1　试点企业元素统计表　　单位:个

序号	企业名称	全部元素				实元素			
		使用元素	引用元素	扩展元素	扩展比例	实元素总数	引用实元素	扩展实元素	扩展比例
1	湖南路桥建设集团公司	1107	543	564	50.95%	527	36	162	30.74%
2	湖南轻工盐业集团有限责任公司	1266	633	633	50%	524	374	150	28.63%
3	长城信息产业股份有限公司	1522	751	771	50.66%	719	489	230	31.99%
4	吉祥人寿保险股份有限公司	812	410	402	49.51%	426	298	128	30.05%

续表

序号	企业名称	全部元素				实元素			
		使用元素	引用元素	扩展元素	扩展比例	实元素总数	引用实元素	扩展实元素	扩展比例
5	五矿二十三冶建设集团第二工程有限公司	926	603	323	34.88%	558	426	132	23.66%
6	湘电集团有限公司	1510	773	737	48.81%	709	491	218	30.75%
7	特变电工衡阳变压器有限公司	1055	594	461	43.70%	512	390	122	23.83%
8	吉首市公共汽车公司	349	224	125	35.53%	177	136	41	23.16%

根据以上表格所展示的内容,可以看出运用《企业会计准则》的程度与通用分类标准元素引用和扩展存在一致性:

1. 企业规模越大,运用《企业会计准则》更深入、更全面,所使用的元素和扩展的元素也越多;企业规模越小,使用和扩展的元素越少。

2. 企业经营范围越专业,业务越单一,使用和扩展的元素越少。如吉祥人寿从事保险服务业,相比其他传统产业更专业。

(三)省级财政部门工作部署与实施

自2013年开展实施工作以来,省财政厅先后下发了实施工作的文件,如《湖南省财政厅关于开展2014年企业会计准则通用分类标准实施试点工作的通知》(湘财会〔2014〕12号),对本年度实施工作进行部署和安排。实施工作采用省财政会计主管部门牵头、市(州)财政部门配合、各试点单位具体实施、软件服务团队提供技术支持的方式,共同推进实施工作。同时,为进一步扩大影响和培养人才,我们与湖南大学工商管理学院形成合作,由湖南大学聂萍副教授(国家级学术类会计领军人才)带队,组织湖南大学相关专业研究生以社会实践的形式进入企业、参与具体实施工作。总体而言,除做好相关工作和协调外,为做好企业会计准则通用分类标准在我省的实施,我们还开展了以下几个方面的工作:

1. 积极开展动员,大力推进信息化试点

2014年年初,我们下发了《关于推荐本地企业参与2014年企业会计准则通用分类标准实施试点工作的函》,号召省属企业和各市(州)企业参与实施工作,共同推进我省会计信息化工作进程。省属企业和市(州)财政部门积极向我们推荐试点企业,经对所推荐企业的认真研究和挑选,我们决定在 2013 年实施工作的基础上增加 5 家企业参与试点。

2. 组织培训,普及相关知识

企业会计准则通用分类标准是会计信息化领域一项新的改革,对大多数的单位和会计人员来说都还非常陌生,涉及的知识面广,自学理解的难度很大。因此,召集试点单位实施工作人员进行业务培训十分必要。2014 年 5 月 26 日至 5 月 27 日,我们举办了为期两天的“湖南省企业会计准则通用分类标准试点实施工作部署会议暨 XBRL 业务培训会”。会上,我们对实施工作进行了具体部署和安排,软件服务团队对软件具体操作进行了具体说明,湖南大学聂萍副教授根据 XBRL 的国内外形势和业界趋势阐述和分享了在 XBRL 上的重要观点。

3. 深入企业指导,稳步推进实施

为及时掌握各试点单位实施工作进度和具体情况,解决企业在实施工作中遇到的重点难点问题,保证实施工作按时按质顺利完成,在实施工作期间,我们深入各实施企业,现场参与企业实施工作,听取企业实施人员的意见和建议,适时调整工作方案,确保了实施工作的稳步推进。

4. 争取各方支持,加强经费保障

由于企业会计准则通用分类标准的实施是一项新的改革,需要通过较长时间的实施才能为企业创造价值,且目前还处于试点阶段,各项配套措施和技术还在进一步的成熟和完善。因此,为尽可能地减轻企业负担,保障实施工作的顺利进行,我们积极向厅领导汇报,与预算处、企业处等部门加强沟通,争取经费的支持。2013 年参与实施的 3 家企业,经与企业处协调,通过申报企业信息化建设项目经费安排试点所需资金;2014 年,我们在我省会计信息化专项经费中安排经费,为 5 家新参与实施的企业提供经费保障。通过多方协调取得支持,我们为项目实施争取经费近 200 万元,基本保障了实施企业在 3 年实施期间软件购置以及后续服务等经费问题,为实施工作解决了后顾之忧。

二、试点企业的做法和我们汇总的普遍看法

试点工作历时 2 年,每年每个企业均顺利完成实施工作,他们的主要做法是:

1. 试点工作得到主要领导的大力支持

通过各企业的积极汇报和沟通,试点工作得到了企业主要领导以及分管财务工作领导的高度重视,在财务部门工作繁重、人手有限的情况下,抽调专门人员负责实施工作,提供必要的场所和条件开展工作。

2. 成立实施工作小组,分工协作

为提高工作效率,实施企业采用成立工作小组的形式开展工作,每个企业的工作小组以本企业的财务会计人员为主,还包括软件服务公司工程技术人员以及参与实施工作的研究生。实施小组进行内部分工,定时进行交流,工程技术人员及时解决技术难题,极大地提高了工作效率。

3. 学用相长,及时总结实施工作中的经验和不足

企业实施的大部分工作人员都是在较短时间内接触和学习企业会计准则通用分类标准,虽经过初步的学习和培训,但实践能力与实际工作需求还有很大的差距。因此,企业实施人员在软件服务团队的带领下,通过参与实践,深入钻研,不断掌握新的知识和技能,及时进行总结,为今后实施软件的改进升级、进一步提高工作效率提供了宝贵的第一手资料。

在具体实施过程中,也发现了不少问题,企业的负责人及其他相关人员也结合本单位的实际谈了一些看法和认识,我们进行了归纳汇总,主要在以下几个方面:

1. XBRL技术的运用,是会计信息化发展的必然趋势

试点企业普遍认为XBRL技术在财务会计信息领域的广泛运用,能够有效降低数据采集的成本,提高数据交换及流转的效率;能够有效提高财务报告编制效率和数据的可靠性;同时能为财务数据提供更广泛的可比性,使用者能够更方便快捷地检索、读取和分析数据。如吉祥人寿的董事长胡军在调研中谈到,企业会计信息化特别是XBRL技术,能够帮助企业了解国际国内同行业的相关信息,提高企业的管理水平和竞争能力,希望通过XBRL的试点,促进企业提高会计信息化水平和管理水平。

2. 专业性强且跨度大,推广实施难度大

XBRL应用财务报告领域,需要将计算机语言与《企业会计准则》相结合,涵盖了会计专业知识和计算机专业知识。目前的通用分类标准和国内相关的应用软件,要求会计人员既要熟练掌握我国的《企业会计准则》等会计标准,还要能通晓和使用计算机语言的基础编程等技术,对于会计标准、计算机操作、英语水平等都有很高的要求。我国的《企业会计准则》自2006年颁布实施以来,与国际财务报告准则保持持续趋同,适时地调整和变化,大部分会计人员经过多年的

实施,能够结合本单位业务熟练使用,能够结合财务软件进行计算机基本操作。但需要使用专业英语并结合《企业会计准则》进行计算机语言编程操作,对于会计人员而言要求太高,也不切实际。

湘电集团有限公司财务经理尹凯在座谈中讲道:“我公司经过两年的试点,参与实施的人员经过多次培训和实际操作,对企业会计准则通用分类标准和 XBRL 技术有了一定的认识,熟悉了利用 XBRL 软件进行财务报表编报的程序。在去年成功实施和今年软件升级的基础上,实施的效率得到了较大幅度的提高,实施时间由去年超过两个月到今年缩短到 15 天左右。即便如此,在进行标签定义、公式关联、映射关系等操作时由于没有中英文对照,工作人员感到无所适从。特别是在自动校验出错时,由于提示报错信息是英文表示的计算机代码,工作人员更是无从下手。所以,如果没有软件公司技术人员的服务和支持,企业很难单独完成年度财务会计报表的编报。”

由此,我们可以看到,会计人员对于 XBRL 往往会经历初步接触新技术感到很新鲜,深入了解感到很困惑,实际操作产生抵触的情绪变化过程。当一项新的改革或创新使实际操作人员感到困难重重、不易上手而不愿接受时,推广和应用的难度就可想而知了。

3. 技术研发滞后问题突出,加重会计人员工作量

与 20 世纪 90 年代我国开始推广会计电算化的情形类似,目前,我国的 XBRL 运用软件的开发还处于起步阶段,技术研发力度不够,软件智能化程度低。一方面,国内该行业主要的软件供应商缺乏核心技术。XBRL 应用软件最核心的部分是分类标准编辑器和实例文档生成器,一般称为 XBRL 软件的处理引擎。最早开发此类核心部件的是美国 submatrix 公司,以及日本的富士通和日立等国际性的软件公司,技术相对成熟。因此,大部分国内企业在起步阶段都采用购买国外关键技术,通过改良装入自己产品的方式。虽然此种方式对促进 XBRL 软件行业的发展起到了一定的推动作用,但软件的本土化程度远远不够,导致软件使用困难重重,操作界面基本上是全英文的,很不好用,用户体验非常差。虽然这种局面在逐步改变,一部分企业开发出自己的核心产品,但产品还不成熟,运行也不够稳定,还远远达不到大范围推广和应用的要求。另一方面,由于 XBRL 应用软件的种种限制,会计人员在应用 XBRL 软件进行财务数据转换时,工作量大大增加。在实际操作中最为突出的问题是绝大部分 XBRL 应用软件还不能很好地兼容企业目前所使用的财务软件,无法嵌入财务软件中直接读取财务数据,导致财务软件生成的数据需要通过人工录入到 XBRL 应用软件中,再将传统格式的财务数据报表转换成为 XBRL 格式的财务报表和数据,这无疑

大大增加了会计人员的工作量,降低了工作效率。

湘西自治州吉首市公共汽车公司财务人员张祖东主要反映了三个方面的问题:一是XBRL编报软件系统稳定性有待提高,在运行过程中,程序经常出问题,与操作系统的兼容性比较差;二是编报系统的前期数据整理还依赖于纯手工操作,无法嵌入财务系统直接取数或直接读取财务系统数据,导致工作效率很难提高;三是对于中小规模的企业,能否有针对性地开发操作简便、程序简化的编报软件,能够使中小型企业既快又好地完成编报。

4. 综合应用平台欠缺,暂未创造使用价值

XBRL技术应用的一大优势是能够实时为管理层、投资者、监管部门等提供财务数据并进行财务分析,从而为管理层经营决策提供依据,为投资者提供投资决策的依据,便于监管部门提取分析结果进行有效监督。但从目前来看,由于缺乏XBRL数据应用的平台,无法对企业提供的XBRL数据进行有效的财务分析、行业对标、统计分析等,没有产生实质性的利用价值。XBRL运用基本上还停留在将传统格式财务报表转换为XBRL格式报表的低层次阶段。一方面是由于实施工作有一个逐步推进的过程,且实施难度较大,参与实施的企业较少,所采集数据也比较少,利用价值不大;另一方面是该项技术的推广还没有产生实质性的社会效益和经济效益,软件开发企业跟进开发的动力不够。

长城信息产业股份有限公司财务总监刘文彬在交流中表示,企业通过采用新技术、新方法促进内部管理的提升,是企业发展的必然需求,通过XBRL技术,便捷地加工、分析财务数据,获取行业企业数据进行对标,为企业经营决策提供有效的数据支撑。同时,作为上市公司,证券监管部门对信息披露时效和质量要求很高,能够采用XBRL技术高效便捷地编报财务报告,将大大降低企业年报成本。但从目前来看,编报软件仅仅只是为完成编报而工作,没有根据企业的需要在实际中运用,没有发挥它的真正价值。湖南路桥建设集团有限责任公司副总经理、总会计师杨宏伟也表示,财政部门和企业花费大量的人力物力推进企业会计准则通用分类标准的实施,一方面是要将企业财务人员从繁杂、琐碎的编报工作中解脱出来,将更多的精力参与到企业管理中去;另一方面将原始的财务数据通过加工整理,为企业管理和决策提供依据,从而提高企业管理水平,使企业真正受益。但从目前实施的效果来看,暂时还没有达到这两方面的目的,从技术和应用层面还有待进一步提升和挖掘。

5. 学习渠道有限,专业人才奇缺

目前,通用分类标准以及XBRL的相关专业知识学习渠道十分有限,会计人员还无法通过系统的学习掌握运用XBRL的专业知识。一是在学历教育中,各

大中专院校尚未将 XBRL 的相关知识纳入到会计类专业教学科目体系,也很少将此作为开展会计信息化科研的重点,即将进入会计人员队伍的会计类专业学生没有进行理论学习,需要在今后的工作中学习和掌握;二是作为我国当前进入会计行业门槛的会计从业资格考试,以及作为会计人才能力评价的会计专业技术资格考试都未将此作为学习和考试的内容;三是 XBRL 的专业知识需将会计知识和计算机知识紧密结合,在教学、培训等方面资源十分缺乏的情况下,会计人员通过自学而熟练掌握的难度太大;四是由于参与实施企业十分有限,大多数会计人员要通过在实际工作中学习掌握 XBRL 专业知识的可能性很低。由于科研、教学、评价、实践等方面的限制,会计人员不了解、难掌握 XBRL 专业知识,科研教学人员奇缺,既能开展理论研究,又能将之与实践相结合的人才在我省更是凤毛麟角。

6. 宣传培训力度不够,社会认知度低

由于专业人才的缺乏,财政部门在开展通用分类标准相关知识培训时,主要是面向参与实施的企业和人员,很难全面覆盖全省的会计人员。同时,XBRL 的相关知识有一定的难度,在进行宣传和培训时,接受培训的人员一时还难以深入地了解和掌握。如我省在《湖南会计报》和湖南会计信息网以 XBRL 讲堂的形式逐期登载 XBRL 相关知识,但从了解的情况来看,能够深入阅读和浏览的情况并不理想。即使历经两年的试点,我省实施企业除实际参与实施的工作人员对此有比较深入的了解外,企业财务负责人及高层管理人员对此基本不了解。

7. 政策要求不明确,企业缺乏实施动力

一是财政部在发布通用分类标准时,只要求在美国纽约交易所上市公司必须执行(因美国证券监管部门要求所有在美上市公司必须提供 XBRL 格式的年度财务报告),对其他上市公司和企业并没有强制性的要求;二是我国证监会要求上市公司提供的 XBRL 格式的年度财务报告,并未严格按照通用分类标准的要求进行编制和报送,内容不完整,数据应用也十分简单;三是各行业监管部门推进企业实施通用分类标准力度有限,虽然目前银监会、国资委根据行业特点和监管需求制定并发布了《银行业监管报表扩展分类标准》《国资委财务监管报表 XBRL 扩展分类标准》,但这些扩展分类标准还处于实施的起步阶段,主要在部分银行和央企开展试点。因此,从企业的外部政策和内部环境而言,缺乏实施的动力。

三、对进一步推动实施工作的建议

经过调研和分析,比较全面地掌握了通用分类标准在我省推进实施过程中的现状,调研组对存在的问题进行了较为深入地分析和研究,并对今后推动通用分类标准在我省贯彻实施提出以下建议:

(一)加强政策指导,加快推进标准实施

虽然通用分类标准是《企业会计准则》的重要组成部分,但对于企业执行通用分类标准并没有硬性的约束,对上市公司和大中型企业也只是鼓励执行,因此建议上级财政部门加强与各监管部门的沟通与协调,督促监管部门根据自身特点和需求制定行业的扩展分类标准。在此基础上,进一步明确执行通用分类标准的范围和时间,以推动通用分类标准逐步在企业实施。

(二)加强宣传培训,培养专业人才

财政部门作为通用分类标准贯彻实施的牵头部门,应通过加强业务培训、开展学术研究、扩大企业实施范围等方式培养人才、总结经验,并借助报纸网络等多种宣传媒介和渠道,深入开展通用分类标准及 XBRL 相关知识的推广宣传。加强与教育主管部门和高等院校的协调,将 XBRL 专业知识作为会计类专业必修课程,纳入到大中专院校会计类专业教学课程体系。同时,将 XBRL 专业知识作为会计系列相关考试大纲内容,特别要作为会计信息化方面考试考核的重点内容。

(三)搭建应用平台,挖掘数据价值

通过实施通用分类标准所生成的财务数据,必须要对企业和社会产生价值,才有存在和发展的空间。因此,搭建数据应用平台,能够提供数据存储、提取、统计、分析等系列功能和服务,进一步挖掘数据的使用价值,为企业经营决策提供财务数据分析,为投资者提供数据查询分析,为监管部门调取分析数据提供更便利的手段,是推进通用分类标准实施的关键。

(四)突破技术瓶颈,提高工作效率

在实施通用分类标准过程中,XBRL 应用软件研发的滞后,导致实施工作效

率低下,已经成为通用分类标准实施的最大障碍。因此,财政部门应加强对软件开发行业的政策引导,大力倡导技术创新,提高效率。首先要促进软件开发企业尽快解决 XBRL 应用软件与财务软件的兼容性问题,能尽量从财务软件中直接提取数据和信息,通过软件转换生成 XBRL 格式数据,大幅降低人工操作的工作;其次是提高 XBRL 应用软件的智能化程度,改善软件操作环境,使一般会计人员便捷使用、容易上手;最后要根据企业的不同规模,特别是面向中小型企业开发出成本更低、更易操作的应用软件,为通用分类标准在更大范围内实施打下良好的基础。

(五)继续开展实施试点工作

一是通过试点,扩大了企业会计准则通用分类标准在社会上的影响。参与试点的企业都认识到,XBRL 技术在财务会计报告领域运用的广阔前景,也是未来发展的必然趋势。同时,暂未实施的部分企业通过培训与交流,加强了对企业会计准则通用分类标准的认识,开始逐步接触和探讨。二是通过试点,在企业、高校、监管部门培养了一批熟悉 XBRL 基本理论,能够操作 XBRL 应用软件的专门人才。三是继续推进实施工作,有利于财政部门开展会计信息化工作的延续性。我省部署实施工作时,要求参与企业以三年为周期开展试点,相关工作部署和经费支持按三年周期进行安排,目的是在实施过程中不断总结和探索,以确保我省实施工作和会计信息化建设取得实效。

长沙“十三五”人口变化与应对措施研究

吕灵华　张友良

摘　要：本课题从人口规模、人口结构、生育水平、人口素质等方面分析长沙自改革开放以来特别是2000年以来的人口变化，剖析长沙人口发展变化的特征，并基于近年来长沙的社会、经济、人口发展趋势，在我国经济发展的“新常态下”，对长沙“十三五”以及更长时期的人口发展趋势进行预测分析，并结合预测结果，探寻长沙人口与经济、社会、资源、环境协调发展的有效途径和措施。

关键词：十三五；人口变化；应对措施

人口是社会经济发展的基础，是直接影响区域经济与社会全面、协调、可持续发展的关键性因素。党的十八大、十八届三中全会以及《国家人口发展“十二五”规划》均提出要“严格控制特大城市人口规模”的要求。近年来，随着城市化、现代化、国际化的快速推进，“城市病”在长沙市的体现日益突出，作为长沙城市功能和人口的重要承载区，对人口形势的把握是长沙实现区域功能定位的基础工作，所以，政府部门只有全面了解长沙人口变化的基本特征、问题及未来发展趋势，才能更好地抓住机遇、迎接挑战。

一、长沙人口发展变化现状分析

2013 年，长沙市常住人口 722.14 万人，其中男性 366.97 万，女性 355.17 万人，性别比（以女性为 100）为 103.32∶100；0—14 岁、15—59 岁和 60 岁及以上人口，占总人口的比重分别为 14.8%、69.6% 和 15.6%；人口城镇化率 70.6%，城镇人口 509.86 万人，农村人口 212.28 万人；15 岁及以上人口人均受教育程度 11.19 年。纵观近几年长沙人口发展变化情况，呈现如下特征：一是人口规模持续增长。其中常住人口呈波动持续性增长,户籍人口规模稳步上升,外来人口呈增长趋势,境外人口逐渐增多。二是年龄结构凸显人口老龄化倾向。特别是近几年老龄化步伐加快,且老龄人口中高龄化现象明显;劳动力人口呈日趋减少的趋势。三是人口性别比渐趋平衡。随着社会经济的快速发展、各级政府宣传和监督力度加大以及社会保障制度的进一步健全,出生人口性别比偏高的现象得到有效改善。如 2013 年全市人口性别比(以女性为 100)为 103.32∶100,与 2010 年人口性别比下降了 0.1 个百分点。四是人口再生产方式发生根本转变。其中,生育水平逐年降低,并且总体稳定;死亡水平较低,老龄化导致死亡率有回升趋势;家庭规模不断缩小。五是人均受教育水平不断提升。第六次人口普查资料显示,长沙 15 岁及以上人口受教育程度为 10.48 年,达高中二年级水平;到 2013 年全市 15 岁及以上人口平均受教育程度达 11.19 年,比 2010 年提高 0.71 年。六是人口分布渐趋合理。长沙人口密度不断增加,但空间分布开始由市中心向县区呈离心扩散趋势;同时,从户籍人口来看,非农业人口占比较低,人口城镇化质量有待提高。

二、长沙人口总量问题及年龄结构的分析和预测

随着人口红利的消失,中国的计划生育政策正在调整,其中影响最大的就是由过去的“双独二孩”政策转变为“单独二孩”政策,以试图增加未来劳动供给量。从目前公布的数据来看,政策的效果并不明显,有理由认为,人们的生育意愿发生了很大的变化,正在逐步陷入“低生育陷阱”。

(一)长沙市户籍常住人口的预测

本研究使用的数据由课题组调查得来。调查工作始于 2014 年 11 月,完成于 2014 年 12 月,样本的选择范围集中在长沙市,总共发放调查问卷 840 份,其中市区 420 份,长沙县、浏阳市、宁乡县各 140 份,收回 810 份。在收回的问卷中,有 45 个样本因生理缺陷没有生育能力,50 个样本的年龄超过 45 岁,本文把这 95 个样本排除在外,最终得到有效答卷为 715 份。内容涉及受访者的生育意愿、生育水平以及个人特征属性等。

本文运用 stata 软件,采用嵌入式 logit 模型,研究各种因素对实际生育行为的影响。

表 2-1 报告了嵌入式 logit 模型的估计结果。

表2-1　嵌入式logit模型估计结果(case=715)

	变量名	参数估计值	Z值	P>Z
第一层参数估计				
	消费水平(con)	-3.39＊＊＊	-4.01	0
	计生罚款(fine)	-0.52＊＊＊	-3.57	0.001
	收入(inc)	-0.36＊	1.83	0.08
第二层参数估计				
Y1=0((当孩子的状况与预期不一致时,额外养育孩子的数量为1))				
	教育水平(edu)	3.14＊＊＊	3.78	0.001
	年龄(age)	-1.45＊＊	2.01	0.04
	政治面貌(par)	0.92	1.18	0.28
	第一产业	-2.04＊＊	1.97	0.05
	第二产业	0.81＊＊＊	5.34	0.00
	第三产业	0.33	1.20	0.29
	户籍	-2.89＊＊＊	4.78	0.00
	常数项(cons)	(base)		
	Y2=1(当孩子的状况与预期不一致时,额外养育孩子的数量为1)			
	教育水平(edu)	-0.05	-0.36	0.74
	年龄(age)	0.36＊	1.78	0.07
	政治面貌(par)	-0.32	0.07	0.95
	第一产业	1.25	3.37	0.01
	第二产业	-0.67	2.01	0.04
	第三产业	-0.88	1.27	0.28
	户籍	-0.55＊＊	3.34	0.01
	常数项(cons)	15.62＊＊＊	5.49	0
	Y1=2(孩子状况与预期不一致时,额外养育孩子的数量至少为2)			
	教育水平(edu)	-0.69＊	-1.86	0.07
	年龄(age)	0.28＊	1.75	0.09
	政治面貌(par)	-0.26	1.12	0.28
	第一产业	1.45＊＊	2.37	0.02
	第二产业	-0.47＊＊	2.01	0.04

续表

	变量名	参数估计值	Z 值	P > Z
	第三产业	-0.52 * *	1.97	0.05
	户籍	-0.88	1.27	0.28
	常数项(cons)	15.14 * * *	4.73	0
/ko_tau	Y2 = 0 时的分支 IV	0.48	0.15	0.32
/k1_tau	Y2 ≠ 0 时的分支 IV	0.28	0.31	0.13
样本总量	712			
	对数似然值 = -255.31			
	Waldchii2(14) = 160.3	Prob > chi2 = 0.000		

注:①本研究所有计量回归分析结果直接由 stata 软件直接给出

② *、* *、* * *分别表示在 0.1、0.05 和 0.01 的水平下显著

根据模型的估计结果,可以对未来的总和生育率进行预测,结果如下:

表 2-2 总和生育率的预测结果

年 份	2015—2020	2021—2025	2026—2030
平均总和生育率	1.40	1.36	1.34

按照表 2-2 的预测结果以及人口普查的数据,我们将对 2015—2020 年、2025 年、2030 年长沙市人口总量进行测算,得到的结果如下:

表 2-3 外来人口保持不变的前提下长沙市未来常住人口总量预测值 单位:万人

年 度	2015	2016	2017	2018	2019	2020	2025	2030
人口总量	732.24	734.16	736.07	737.99	739.90	741.34	742.89	740.87

根据表 2-3,在外来人口保持不变的前提下,长沙市常住人口在 2025 年左右达到峰值,约为 742.89 万左右,以后将绝对减少,到 2030 年时,将降低为 740.87万。

(二)长沙市非户籍常驻人口预测

由于统计口径的问题,我们使用 AR(1)模型对 2005—2009 年长沙市外来人口进行了重新估计,其估计结果如下:

表2－4　2005—2009年长沙市外来人口估计值

年　度	2005	2006	2007	2008	2009
人口总量(万人)	40.2	43.1	46.2	49.9	53.7

据表2－4的估计数据以及2010后的统计数据，本文建立模型并进行估计，结果如下：

$$\log(y_t)=9.43+(3.38\times10^{-4})\log(x_t)$$
$$(10.75)(3.51)$$

其中，y_t：第t年长沙市外来人口总量，x_t：第t年长沙市人均收入水平与湖南省人均收入水平之差。

根据上式，可以对长沙市未来非户籍常住人口总量进行预测，预测结果见表2－5。

表2－5　长沙市未来非户籍常住人口总量估计值　　单位：万人

年 度	2015	2016	2017	2018	2019	2020	2025	2030
人口总量	64.58	67.15	69.72	72.29	74.86	77.58	90.01	100.64

（三）常住人口总量的预测

根据表2－3和表2－5，可得未来常住人口，具体见表2－6。

表2－6　长沙市未来常住人口总量预测值　　单位：万人

年 度	2015	2016	2017	2018	2019	2020	2025	2030
人口总量	738.82	743.31	747.79	752.28	756.76	760.92	774.9	783.51

根据省里和市里的要求，到“十三五”期末，长沙市人口至少要达800万，力争1000万，从目前的发展态势看，是不可能实现的。因此，长沙市面临的人口不再是控制人口，而是要设法吸引外来人口，以弥补即将到来的劳动力缺口压力。

（四）长沙市未来人口老龄化问题的预测

长沙市人口老龄化问题也同样突出。统计调查表明，2013年，长沙65岁及以上人口76.65万人，比2010年的63.53万人增加13.12万人。三年之内65岁及以上人口增长20.7%，老龄人口高龄化现象明显，人口老龄化的比例为

10.61%。

根据2010年人口普查的数据，假定各年龄段人口的死亡率保持不变，根据相关的计算，再结合表2-6，我们可以估计未来长沙市人口老龄化的情况。

表2-7 长沙市人口老龄化的预测(65岁以上)

年 度	2015	2016	2017	2018	2019	2020	2025	2030
老龄人口(万人)	79.55	81.13	82.71	84.29	85.87	87.45	98.49	118.41
老龄化比率(%)	10.79	10.95	11.12	11.29	11.45	11.62	13.26	15.32

(五)小结

本部分研究的政策含义：第一，适时全面放开“二孩”政策。“单独二孩”政策已经放开，但符合政策条件的相当部分家庭在现阶段不愿意养育第二个孩子，部分理由是独生子女的家庭背景已经形成独生子女文化，因此须全面放开“二孩”政策以缓解人口红利的急剧下降和老龄化的趋势。第二，进一步完善社会保障措施，增加就业的机会，缓解大部分年轻家庭的不确定性。第三，完善老龄人口的服务工作，以适应老龄化的需要。

三、长沙劳动人口就业结构和年龄结构的分析及预测

劳动力产业结构的变化实质上是生产要素的部门转移，它与经济增长一样，是现代经济的显著特征。据相关的统计资料，2001年，长沙市第一产业增加值占长沙市生产总值的比例为9.7%，到2012年降低为4.3%。与此同时，第一产业从业人员占整个就业人口的比重由51.8%降为24.4%。第二产业占长沙市生产总值的比重2001年为38.7%，2012年为56.1%，但就业人口的比重增加的幅度明显小于增加值比重增长的幅度，2012年仅为33.2个百分点。第三产业增加值占长沙市生产总值的比重却一直下降，但是就业人口占总就业人口的比重稳步地增加，2001年为24.9%，2012年上涨至42.4%。

(一)长沙劳动结构的分析和预测

长沙市劳动力结构的变化状况为模型分析提供了思路，本部分将建立两个模型来预测长沙市第一产业就业人口比重和第三产业的就业人口比重，模型的估计结果如下：

$$x_t = 42.55 - 0.08(\log(y_t)) \tag{1}$$
$$(9.50) \quad (-2.67)$$

$$\log(y_{3t} - y_{3t-1}) = -36.55 + 10.05\log(x_3) \tag{2}$$
$$-2.89 \quad (5.82)$$

其中：y_t：第t年的长沙市生产总值；x_t：第t年第一产业就业人口占总就业的比重，y_{3t}：第t年的第三产业增加值；x_{3t}：第t年第三产业就业人口总量比重。

根据模型1和模型2的回归结果估计值，我们可以对未来长沙市劳动结构进行预测，预测结果见表3－1。如果长沙市未来15年内生产总值保持8%的增长率，到2020年，劳动结构的三次产业分布状况大致是17.79%∶34.11%∶48.1%，2030年为12.79%∶32.96%∶54.25%；如果生产总值保持10%的增长速度，2020年为13.58%∶32.49%∶53.93，2030年大致为9.06%∶28.97%∶61.97%。

表3－1　长沙市未来劳动结构预测值　　单位：%

年度	生产总值增长率年均增长率8%			生产总值增长率年均增长率10%		
	第一产业	第二产业	第三产业	第一产业	第二产业	第三产业
2015	20.98	33.99	45.03	20.47	32.63	46.9
2016	20.31	34.09	45.6	19.64	32.05	48.31
2017	19.64	34.1	46.26	18.86	31.43	49.71
2018	19.05	34.07	46.88	18.01	30.87	51.12
2019	18.39	34.12	47.49	17.37	30.11	52.52
2020	17.79	34.11	48.1	13.58	32.49	53.93
2025	14.59	34.22	51.19	11.01	30.04	58.95
2030	12.79	32.96	54.25	9.06	28.97	61.97

（二）长沙市劳动人口年龄结构的预测

人口年龄结构指一定时点、一定地区各年龄组人口在全体人口中的比重，又称人口年龄构成，通常用百分比表示。一般而言，可以通过下式计算某一地区的某一时期内劳动力人口的年龄结构：

$$k_{it} = \frac{x_{it} + n_{it}}{y_t} \tag{3}$$

其中：k_{it}：第t年度第i个年龄段劳动人口的占比；x_{it}：第t年度第i个年龄段自然转移劳动人口总量；n_{it}：第t年度第i个年龄段外来劳动人口总量；y_t：

第 t 年度人口总量。

对于外来人口，假定其都是年轻的，其中 16—20 岁的外来人口占总外来人口的比例为 25%，21—25 岁的为 50%，26—30 岁的为 25%，其他年龄段的忽略不计。根据上面的假设以及前面的分析，长沙市劳动力人口年龄结构见表3－2。

表 3－2　长沙市劳动力年龄结构的预测　　单位：%

年度	16—20	21—25	26—30	31—35	36—40	41—45	46—50	51—55	56—60
2015	4.28	6.55	12.47	7.87	6.96	8.19	9.43	8.16	5.20
2020	4.75	5.25	6.95	12.21	7.65	6.72	8.80	9.23	8.00
2025	4.84	5.43	5.55	6.71	11.90	7.45	6.54	7.80	9.00

各年龄段劳动力人口年龄分布情况如下表所示：

表 3－3　长沙市劳动力年龄分布状况　　单位：万人

年度	16—20	21—25	26—30	31—35	36—40	41—45	46—50	51—55	56—60
2015	31.62	48.39	92.13	58.15	51.42	60.51	69.67	60.29	38.42
2020	36.14	39.95	52.88	92.91	58.21	51.13	66.96	70.23	60.87
2025	37.92	42.54	43.48	52.57	93.23	58.37	51.24	61.11	70.52

表 3－3 表明，到 2015 年，退休的人口总量将大于新增劳动人口总量，所以如果我们仍然维持目前的退休政策，2015 年，长沙市的人口红利将彻底消失，未来劳动力缺口将大幅度增加。

（三）小结

本部分的研究具有重要的政策含义。第一，加大农村劳动力的转移力度。随着经济的增长，第一产业的逐步萎缩不可避免，农村居民的收入呈相对下降的态势，为缓解城乡差别，提高农村居民收入水平，加大农村人口的转移力度不失为提高农村居民收入水平的有效途径。第二，大力发展第三产业。发达国家的经验表明，经济的发展乃至就业水平的提高主要依赖第三产业的发展。但目前长沙市第三产业发展滞后于经济发展的总体水平，因此，第三产业发展尚有较大的潜力，这对提高长沙市的就业水平具有重要的意义。第三，应适当吸引外来人口，以缓和劳动人口老龄化的态势。

四、长沙“十三五”期间人口空间结构的预测

（一）市区人口规模的估计

自2008年以来，长沙市区人口（户籍）在快速增长，2010年市区人口为289.53万，2011年为296.79万，增加了7.24万人；2012年为297.90万，比上年度增加了1.21万人；2013年为299.25万，增加了1.35万。市区人口的增长与城镇化水平的提高存在着直接的联系，因此，建立回归方程，模型估计及如果如下：

$$y = -230751.7 + 43924.03(u_t) \quad (1)$$

$$-5.60 \qquad 6.91$$

其中：y：市区人口总量，ut：城市化水平。根据模型回归结果可以对长沙市未来市区人口规模进行预测，结果如下：

表4－1　长沙市市区常住人口预测值（含非户籍常住人口）

年 份	2016	2017	2018	2019	2020
市区人口规模（万人）	372.38	380.64	387.92	397.2	405.62

（二）县（市）人口规模的估计

假定各县（市）的人口比例保持不变，结合表2－6，可得“十三五”期间各县（市）的常住人口规模（见表4－2）。

表4－2　长沙市各县（市）人口预测值　　单位：万人

年 份	2016	2017	2018	2019	2020
长沙县	83.62	82.76	82.13	81.05	80.09
浏阳市	147.01	145.51	144.41	142.51	140.82
宁乡县	140.30	138.88	137.82	136.00	134.39

（三）小结

从长沙人口的地区结构来看，其核心是主城区人口规模。本部分预测了长

沙主城区人口总量，到2020年，长沙市主城区常住人口将达到405.62万人。由于主城区人口大幅度地增加，各县(市)人口规模会减少：到2020年，长沙县、浏阳市、宁乡县人口规模将分别为80.09万、140.82万和134.39万人。

五、长沙“十三五”应对人口变化的对策分析

从以上各部分的分析可以看出：人口低生育、低死亡、高增长状态的持续，引起长沙市户籍人口年龄结构的转变，长沙又将出现新一轮的人口问题。未来15年内，总人口数增加趋缓、劳动年龄人口比重快速降低、老年人口比重不断增加，从“十三五”时期来看，长沙面临的人口问题，已不再是单纯的人口数量问题，而是人口数量、结构和素质相互交织的人口问题。对此，我们必须在我国经济社会发展的“新常态”的大背景下，对长沙的人口、社会和经济作充分的调查、分析和研究，从多个方面出发，及早提出切实可行的应对措施，以长沙社会经济长远发展和人口的全面发展为目标，及时调整人口发展战略。

(一)调节产业结构，增强城市承载力

1.转变经济发展方式，有效利用好劳动力资源

要大力发展一些技术含量高的新型产业、高新技术等行业，通过技术革新、信息互通、提高开放程度和引进外资，提高整个生产运作的效率和潜力，尽可能地少用劳动力，减少劳动力需要的绝对数量，弥补劳动资源的不足。

2.优化产业结构，拓展更多的就业空间

必须加大农村人口的转移力度，调整产业结构，着力发展就业容量弹性最大的第三产业，继续发展生产性服务业，培育新型消费产业，引导发展服务于社会管理和发展的社会组织、社会工作等服务性行业。第二产业的发展则要大力提高劳动生产率，加快发展知识和技术密集型产业，扩大大学生就业机会。同时，要大力支持民营经济的发展，鼓励劳动者通过自主创业发展中小型企业，通过创业带动就业岗位的增加。

3.要加大城市基础设施建设，增强城市承载能力

加强城市基础设施建设必须坚持先规划、后建设，先地下、后地上等原则，着力解决城市基础设施中的薄弱环节。具体来讲应重点抓好以下工作：一是加强市政地下管网建设和改造。完善城镇供水设施，提升城市防涝能力。二是加强污水和生活垃圾处理及再生利用设施建设。三是加强燃气、供热老旧管网改造。四是加强地铁、轻轨等大容量公共交通系统建设，增强城市路网的衔接连通和可

达性、便捷度;加快建设步行、自行车“绿道”;做好城市桥梁安全检测和加固改造,确保通行安全。五是加强城市配电网建设,推进电网智能化。六是加强生态环境建设,提升城市绿地蓄洪排涝、补充地下水等功能。

(二)规划城市布局,优化人口分布

长沙的城市规划要正确协调城市中的土地、经济布局与人口分布的关系,有计划地调整人口的城乡和地区分布,优化空间结构,促使区域间的流动和人才输送,引导人口的科学合理分布,加快城镇化进程。

1.做大城区人口规模

长沙要尽快做大城区人口规模,除了人口的自然增长外,主要是要依靠人口的机械增长,所以,长沙必须制定有利于人口流入的制度和政策,加快外来人口的流入和农村转移人口市民化进程;同时,通过加大对交通拥堵、环境恶化的整治力度,把长沙打造成具有良好的生态环境,干净的空气、安全的用水、便利的交通、发达的休闲旅游以及可以消费的历史和文化的城市,以此来吸收外来人口特别是外来人才的流入。此外,还可通过适当调整行政区划尽快增加城区人口数量,可把长沙城区周边的一些重要的卫星镇划为城区,还可采取县改区的办法,如把长沙县划入长沙市区。通过这些措施可以快速扩大长沙城区人口规模,使长沙尽快进入新的特大城市行列,做大做强长沙。

2.促进人口有序流动

应以转变经济发展方式,调整产业结构为契机,带动长沙人口在全市区域内有序流动。在人口密度较低的地区,以产业集聚进一步带动人口集聚,主要以发展劳动密集型企业吸引劳动力向该地区迁移;对于人口密度较高且稳定的地区,要以优化区域内人口和劳动力素质结构为目标,通过产业升级带动劳动力素质的提高,大力发展技术密集型产业和建立高科技企业,吸引高素质人才的流入。

(三)引进和安置外来人口,普惠公共服务成果

1.制定引进外来人口的制度和政策

一要改革户籍制度。长沙的户籍改革的方向是人口管理方式由“户籍管理”向“口籍管理”方向过渡,最终以口籍管理代替户籍管理,以“居住地人口管理模式”取代“户籍属地管理模式”。二要建立城乡统一的就业制度,消除劳动力市场的分割和就业歧视,保障外来人口的自由流动和平等就业,充分发挥劳动力市场的资源配置作用。三要建立合适的城市住房制度。要根据外来人口的工作特点和收入状况,以及长沙市的实际情况和财力,建立多种供应渠道、多种供

应形式的住房供应体系，逐步改善外来人口的居住条件，逐步放宽对他们的城市购房限制，切实保障外来人口的住房权利。

2. 构建积极的激励机制引进优秀人才

政府要实施人才引进战略，帮助企业引进国际高端人才。每年可以到全国“985”“211”高校引进优秀毕业生到长沙就业，选拔一批优秀人才进行专业培养，为经济社会发展重点领域储备人才；要根据长沙经济发展产业规划和企业的用工需求，有针对性地引进人才，尤其是产业“缺口”人才；要建立人才引进绿色通道，在户口、税收、住房上给予高素质人才以优惠。同时，还要加强外来劳动力的高端职业技术培训，以使其适应产业结构调整与升级的需要，提高外来人口的素质。

3. 加快外来人口本地化进程

要完善流动人口社会融入机制，创造有利于外来人口生存发展的环境，增加就业岗位和创造更加公平的向上流动机会，保障合法劳动权益，优化工作和生存环境；要重点解决外来人口的社会保障、子女教育等社会需求，将外来人口纳入城镇社会保障的覆盖范围，将正规就业的来长从业人员全部纳入城保体系，逐步提升社会保险待遇水平；对于灵活就业的外来人员，允许其自愿参加本市城镇职工基本社会保险，尽快享受市民化待遇和城市的基本公共服务；要大力拓展外来人口私人关系型社会资本，积极培育外来人口组织型社会资本，通过成立工会组织、城市社区的吸纳和民间非政府组织的培育，促进外来人口（特别是农民工）职业、社会身份、自身素质和意识行为等的市民化；要多途径提高外来人口的社会参与度，广泛开展社区层面的、形式多样、针对性强的融合活动，增进社区内本地居民和外来人口的理解与友谊，使外来人口逐步融入社区生活和社区管理；要鼓励有稳定就业和住所的外来人口落户。

4. 加强对外来人口的社会化管理

首先，要按照“政府领导、综治牵头、多方参与、综合治理”的方针，建立党政领导挂帅的流动人口管理机构和办事机构，并要落实专项经费、人员，实行综合治理。其次，要严格实行有关职能部门的“谁主管谁负责”和“分级负责”的工作责任制，进一步落实职责，并要加强督促检查，确保各项责任目标真正落到实处。再次，要明确镇、街道在流动人口管理中的主体地位，建立健全基层第一线的日常管理办事机构，落实相应的资金和人员；同时，要改变流动人口多头管理的现状，重点抓好基层管理队伍建设，由基层流动人口综合管理队统一对治安、消防、计生、劳动、卫生等事务进行管理和服务。最后，要抓好暂住人口网上办证工作，劳动、工商、计生等部门要建立健全流动人口计算机管理系统，进行带有共性意义的信息资源互连,提高管理的整体效能。

(四)提高劳动者素质,增加人力资本存量

1. 均衡教育资源,缩小城乡差距

必须提高农村教育投入,缩小区域之间、城乡之间教育资源配置的差距,推进义务教育均衡发展,提高劳动者素质。

2. 鼓励社会力量办学

长沙可以制定一系列政策,鼓励社会各方面力量开办中高等院校,减轻政府负担,促进教育全面发展。对于职业教育,则可鼓励有经济实力的企业尤其是大型企业集团根据企业自己的需要采取企校融合的方式办校,培养高技能、高素质的实用型高技能人才。

3. 加强职业培训,提高劳动者就业能力

要按照"政府主导、企业参与、学校实施"的工作思路,通过加强职业培训,进一步开发和合理利用人力资源,满足产业结构升级对提高劳动力素质提出的迫切要求。要立足于用人单位的现实需求和长远规划,有针对性地加强职业培训,逐步消除教育供给和需求的结构性差异,既满足企业、经济发展的要求,又不造成教育"浪费"。一要建立一批职业培训学校;二要培育产业园区培训基地;三要加强企校联合,推行"三方合作"的培训模式。

4. 不断提高医疗卫生服务,提高劳动者的身体素质

5. 建设健康向上的城市精神文明,促进社会的法制化、道德规范化,彰显城市的文明魅力

加快推进湖南新型城镇化对策研究

来亚红

摘　要:湖南省是典型的农业大省和人口大省。当前我省城镇化面临资源短缺、环境污染、就业压力、基础设施与公共服务供给不足等制约。加快推进新型城镇化是解决这些问题的根本途径。本研究在界定新型城镇化内涵和特征的基础上准确认识湖南推进新型城镇化的优势、劣势、机遇与威胁,提出推进人口市民化、城镇布局和形态优化、城镇化建设两型化、城乡发展一体化、提升产业支撑力和完善基础设施承载力等对策,并提出推进城镇行政管理体制改革,创新城镇建设和社会发展资金筹措机制,推进户籍、土地、社保等配套制度改革,建立两型城镇建设促进机制,深化规划建设管理体制改革创新等相关改革建议。

关键词:湖南;新型城镇化;改革;对策

湖南省是我国中部地区典型的农业大省和人口大省。近年来,湖南省城镇化率由2006年的38.7%迅速增加到2013年的47.96%,年均增长超过1.2%。现代城镇体系逐步完善,城镇综合承载能力持续增强,城镇龙头带动作用日益显现,城乡统筹发展格局初步形成。尽管湖南城镇化建设取得了一定的进展,但与全国平均水平相比、与“四化两型”建设的要求相比,仍然存在不少差距。在“十三五”时期,如何准确认识湖南推进新型城镇化的优势与劣势、机遇与威胁,如何采取积极有效举措探寻推进路径,如何创新湖南新型城镇化的推进模式,如何进行体制机制改革,如何在加快推进新型城镇化步伐的同时提升城镇化质量,这些问题都是亟待解决的重大课题。

一、新型城镇化综述

（一）新型城镇化的提出背景

1.时代背景

改革开放以来，中国的城镇化摆脱了以往长期徘徊不前的局面，经历了世界历史上规模最大、速度最快的城镇化进程，出现了长达30多年的爆炸性增长阶段。但是，快速城镇化的推进已经面临多方面的严峻挑战。与欧美国家主要依托市场机制自主发展的城镇化推进模式相比，我国城镇化率之所以能够快速提升，相当程度上依凭政府强力主导且低成本的推进模式。这种低成本主要体现在土地的低成本、劳动力的低成本以及基础设施和公用事业等大量的欠账。从前改革时代的“政治工具型的城镇化”到改革时代的“经济工具型的城镇化”，我国城镇化之路的主脉络就是过分倚重城镇化的工具倾向却忽视了城市社会应有的本真。

2.国情背景

一是以相对不高的环境承载力支撑世界最大规模的人口城镇化。尽管我国国土面积巨大，但是宜居程度较高的土地只占19%。我国在城镇化率达到70%时，需要城镇化的人口将突破10亿人。因此，城镇化不可能走传统的以大量资源消耗支撑的蔓延式城镇化道路。

二是在体制转轨环境下推动城镇化。我国的城乡二元管理制度，以户籍制度及附着的公共服务和社会保障制度为重点的制度障碍极大地制约了农业转移人口转化为城镇人口。

三是在经济全球化过程中推进城镇化。中国当前的城镇化处于一个更加开放、更为复杂的国际环境中，经济全球化深度和广度都有了明显的提高，全球气候变化、国际关系失衡、贸易争端等全球治理问题也进一步凸显，推进城镇化面临的约束因素更多更复杂。

（二）新型城镇化的涵义

关于新型城镇化的内涵的探讨主要有以下观点：孙久文等认为，新型城镇化是以科学发展观为指导，实现从速度型向“又好又快”的质量型转变，走集约型城镇化道路。牛文元认为，中国特色的城镇化应该更加注重城乡一体化、均等化，更加注重集约发展、和谐发展，提升农民和新增城镇居民的生存条件和生活质量，转变经济发展方式，实现资源节约、环境友好、大中小城镇协调发展。仇保兴则强调，和传统城镇化相比，新型城镇化从城市优先发展的城镇化转向城乡互补协调发展的城镇化;从高能耗的城镇化转向低能耗的城镇化;从数量增长型的城镇化转向质量提高型的城镇化;从高环境冲击型的城镇化转向低环境冲击型的城镇化;从放任式机动化的城镇化转向集约式机动化的城镇化;从少数人先富的城镇化转向社会和谐的城镇化。魏后凯提出,新型城镇化是人本城镇化、市场城镇化、文明城镇化、特色城镇化、绿色城镇化、城乡统筹城镇化、集群城镇化和智慧城镇化等的统一。

综合以上观点,结合党中央国务院对新型城镇化的要求,新型城镇化的概念可以归纳为:新型城镇化就是坚持以人为本,全面提高城镇化质量,以城乡统筹、产城互动、节约集约、生态宜居、和谐发展为基本特征的城镇化,是大中小城市、小城镇、新型农村社区协调发展、互促共进的城镇化。

(三)新型城镇化的特征

与传统的城镇化相比较,新型城镇化在目的、城乡关系、质与量关系、资源利用、与环境关系、产城关系、城镇体系、可持续性等方面都有非常明显的特点,如表1所示。

表1　传统城镇化与新型城镇化对比

	传统城镇化	新型城镇化
目的	以物为本,产业非农化,土地非农化,高楼大厦	以人为本,提高城镇居民的生活质量,让农村转移人口获得同样的幸福感受
城乡关系	城乡分离,重城轻乡,优先发展城镇;城市像欧洲,农村像非洲	统筹城乡协调发展,城乡一体化,城乡差距缩小,基本公共服务均等化
质与量关系	重数量、重规模、重速度	重质量,重结构、重效益
资源利用	粗放,土地城镇化远远快于人口城镇化	集约使用,土地城镇化与人口城镇化基本同步
与环境关系	高污染、高排放,高碳	低污染、低排放、低碳
产城关系	产城分离,力争互促	产城融合互动
城镇体系	或强调中小城镇优先发展,或优先发展大城市	大中小城市和小城镇统筹协调发展;特色发展,充分发挥城市群的作用
可持续性	不可持续	可持续

二、湖南新型城镇化发展SWOT分析

（一）湖南省新型城镇化发展优势分析

1. 全省上下高度重视，为新型城镇化提供了有力保障

湖南省委、省政府历来高度重视新型城镇化建设，将此作为推动科学发展、实现富民强省的重大战略举措来研究部署。2006年，省第九次党代会提出大力推进城镇化进程；2008年，召开了全省新型城市化工作会议，进行全面部署；2012年11月，省政府正式公布《湖南省推进新型城镇化实施纲要（2012—2020年）》；2014年6月，启动和部署《湖南省新型城镇化规划（2014—2020）》编制工作。在实践中，全省上下普遍形成了“新型城镇化是加快湖南发展的主平台”的共识和共为。

2. 现代农业蓬勃发展，为新型城镇化提供了直接动力

新型城镇化与农业现代化同属“新四化”，两者之间是相辅相成的关系。湖南是传统的农业大省、“鱼米之乡”，近年来，省委、省政府出台了一系列政策措施，有效地推动了现代农业发展。一是农业结构调整稳步推进，现代农业布局初步形成；二是产业化水平进一步提高，现代农业经营组织有序发展；三是农业科技创新和物质装备达到新的水平，现代农业生产要素条件显著改善；四是农业基础设施建设取得实效，现代农业建设能力显著提升；五是农业政策落实到位，现代农业建设的软环境有效改善。

3. 新型工业化快速推进，为新型城镇化提供了产业支撑

新型城镇化离不开新型工业化作为产业支撑。一方面，新型工业化是开启新型城镇化发展的动力源泉；另一方面，新型城镇化的发展有利于推动新型工业化的进程。湖南新型工业化快速推进为新型城镇化奠定了坚实的基础。自从2006年省九代会作出了把新型工业化作为富民强省第一推动力的重大决策后，新型工业化实现跨越式发展，主要体现在5个方面：一是综合实力显著提升；二是主导作用日益凸显；三是发展方式持续优化；四是创新能力不断提升；五是发展后劲明显增强。

4. 综合交通体系不断完善，为新型城镇化提供了先行引领

湖南高度重视交通基础设施建设，目前已经形成了水、陆、空立体的交通运输体系。高速公路、高速铁路、机场、码头等设施的不断完善，进一步缩短了湖南与全国重要城市的“时间距离”。综合交通运输体系日益完成将进一步促进湖南相关城市群发展壮大，扩大对外开放，加快开放型经济发展。

5. 多层次城市群积极发育,为新型城镇化提供了战略依托

在新型城镇化发展进程中,中央提出要走以城市群为主体形态,大、中、小城市和小城镇协调发展的城镇化之路。近几年,通过各级政府努力,湖南逐渐形成了以长株潭城市群为主,邵阳东部城市群、郴州大十字城镇群、衡阳西南云大经济圈、怀化鹤中洪芷经济圈等不同类型、不同层次的城市群共同发展的格局。

(二)湖南省新型城镇化发展劣势分析

1. 城镇化进程相对滞后

(1)城镇化发展滞后于全国和中部其他地区。从城镇化发展水平看,湖南城镇化发展一直落后于全国平均水平,2012 年比全国低 5.95 个百分点,居全国第 22 位,城镇化水平与湖南在全国的经济总量水平排位不太相称。在中部六省中,湖南的城镇化发展水平也处于中等偏下,上升幅度不仅比全国低 1.46 个百分点,而且也滞后于中部其他五省,在中部六省中发展最慢。

(2)城镇化发展滞后于产业结构和就业结构。产业结构、就业结构和城镇化是城乡关系最为重要的构成部分,正常的情况应该是三者相互协调发展,其中城镇化水平高于工业化水平,非农就业比例与产业的非农化水平相一致。当前湖南城乡结构失衡,其实质是就业结构的非农化滞后于产业结构的非农化、城镇化滞后于就业结构的非农化,这意味着工业化没有有效地带动更多的农村人口城镇化,产业的非农化又没有创造更多的非农就业机会。无论是第二产业的发展还是第三产业的发展,对劳动力的非农化转移影响有限,导致城乡结构转型迟缓。

(3)城镇化对工业化、信息化、农业现代化的承载能力不佳。一是城镇化总体水平偏低,不利于工业化、信息化的快速推进。二是城镇化步伐慢,城市承载能力低,不利于农业现代化的快速发展。另外,当前湖南城镇化的质量仍然比较低,城镇化水平是建立在许多农村流动人口市民化问题没有获得彻底解决的基础上的,在城市居住的许多人并没有真正融入城市社会,处于"半城镇化"状态,在制度上没有享受完全的市民权,还不能被视为真正的城市人口。

2. 公共服务难以满足城镇化需求

社会服务水平是衡量城镇化质量的重要指标,当前湖南城镇化发展仍然存在着社会服务数量和质量不能满足广大居民需求的问题。一是社会服务功能总体偏弱,二是公共服务供给城乡失衡。

3. 城乡资源配置严重不合理

近几年,中央出台了一系列支农惠农政策,不断增加对农村的公共投入。但

由于利益刚性化，各级政府要在确保城市既得利益的前提下对农村配置更多的公共资源是具有较强的财政约束性的，城乡资源配置的不平衡问题依然突出。以基础设施投入为例，2012年，湖南固定资产投资14576.6亿元，其中农村投资1374.3亿元，仅占固定资产投资9.4%，投资不足严重制约了农村基础设施的建设步伐。

4. 省域内城镇化发展不平衡

由于历史、地理等原因，湖南城镇化水平的地区差异非常明显。2013年，长株潭地区城镇化率达到64.54%，比全省平均水平47.96%高出16.58个百分点，城镇化率次于长株潭的是洞庭湖和湘南地区，分别为46.36%和45.70%，而最低的大湘西城镇化率仅有39.59%，比长株潭地区低了近25个百分点。地区差异使周边城市和中西部地区接受长株潭辐射、融入城市群发展的难度加大，为新型城镇化的全面健康推进埋下了隐患。

5. 资源环境约束日益严峻

当前湖南城镇化发展面临着环境保护压力、绿化压力、交通压力不断增大的困境。

6. 居民贫富分化持续扩大

一是城乡贫富悬殊。城乡居民收入比在2012年仍达2.87∶1。二是城市内部贫富悬殊。数据表明，湖南城镇居民10%最高收入户收入与10%最低收入户收入差距已由2005年的23978元扩大到2011年的41241元，提高了72%。三是农民工与市民贫富悬殊。由于城市经济接纳与社会排斥的双重态度，农民工群体在市区工作机会、薪资待遇、社会保障等方面与“市民”存在着极大的差距，导致该群体与城市居民之间的贫富差距持续扩大。

（三）湖南省新型城镇化发展机遇分析

当前，我省城镇化正处在一个加快发展的重要战略机遇期，面临着来自国家战略、区域发展和两型建设等多重机遇。

1. 国家区域发展战略：湖南新型城镇化发展的新动力

一是中部崛起战略。国家实施中部崛起战略是在我国经济进入新的发展阶段实施的又一重大决策，是统筹区域发展的重大举措。中部崛起战略指导和支持中部六省以中心城市和交通要道为依托，加快发展城市群、经济带等经济密集区，支持中部加快结构调整，促进新型工业化的新型城镇化进程。

二是“一带一部”新定位。2013年11月，习近平总书记在湖南视察时指出,希望湖南发挥作为东部沿海地区和中西部地区过渡带、长江开放经济带和沿海开放经济带结合部的区位优势,抓住产业梯度转移和国家支持中西部地区发展的重大机遇,提高经济整体素质和竞争力,着力推进经济持续健康发展。"一带一部"正成为湖南改革发展的新坐标和区域发展的新棋局。

三是长江经济带大发展。长江开放经济带是中国经济版图中的重要轴线,是我国最具经济增长潜力的地带,也是中国新型城镇化战略主战场。作为长江开放经济带上的重要一员,湖南紧紧抓住这一重大机遇,抢占新一轮全面深化改革的发展先机,主动对接上海自贸区,对接国家"一带一路"(丝绸之路经济带、21 世纪海上丝绸之路)对外开放战略,主动融入长江中游城市群和长江经济带中去。

四是武陵山片区和罗霄山片区扶贫开发。湖南省作为两个扶贫开发片区的主战场,无疑为覆盖区域的经济社会带来了千载难逢的发展机遇,同时更为新型城镇化建设提供了新的战略支撑点,注入了强大动力。

2. 承接产业转移:加快湖南新型城镇化的新支撑

湖南濒临珠江三角洲,连接长江三角洲,区位优势明显,劳动力资源丰富。衡阳、郴州、永州三市是湖南改革开放的先行地区,具有区位条件优越、资源要素丰富、产业基础和配套能力较好等综合优势。加速承接产业转移将进一步推动湖南新型工业化,为农民就地城镇化提供有利的条件。从区域发展格局看,东部沿海地区经济已经进入优化发展阶段,而湖南省仍然处于加速工业化阶段,产业加速向内地转移,外地务工人员开始回流,我省作为中部省份将会成为新一轮城镇化发展的重心。

3."两型社会"建设:推进湖南新型城镇化的新导向

长株潭城市群是全国"两型社会"建设综合配套改革试验区,国家明确要求试验区要走出一条有别于传统模式的工业化、城市化发展新路。以"两型社会"建设为导向,以长株潭城市群为依托,加快推进湖南全省的新型城市化,有利于湖南在更广领域、更高层次、更大程度上调整优化产业结构,完善基础设施,增强资源环境承载力,拓展新型工业化发展的空间。

(四)湖南省新型城镇化发展威胁分析

1. 新型城镇化发展软环境有待进一步优化

近年来湖南城镇化发展的软环境在不断努力改善,但依然存在一定的问题,突出表现在:政审批效率总体偏低、违规执法现象比较严重、行政部门主动服务意识淡薄、违规收费较为严重等问题。2012年，三一重工提出搬迁至北京在一定层面上反映了湖南经济发展环境的差距。因此，这是湖南工业化前进道路上的一道障碍，在一定程度上必将影响湖南新型城镇化发展。

2. 新型城镇化资源要素竞争日益激烈

新型城镇化的竞争事实上是要素在区域之间的竞争。从全球范围来看，周边国家竞相采取低价策略与中国争夺各种资源与要素市场；从国内看，长三角、珠三角、京津冀地区起步较早，城市化基础较好，发展势态良好，产业经济发达和吸引力较强，区域整体竞争力不断增强。湖南省在推进新型城镇化过程中必然面临与周边地区的竞争。

3. 新型城镇化发展的体制障碍依然存在

就湖南而言，尽管阻碍乡村人口流入城市的体制性障碍有较大松动，但城乡二元的户籍管理体制、就业制度、社会保障体系以及向城市倾斜的财政金融政策等还未从根本上得以消除，城市和农村在户籍、就业、教育、医疗、福利、保险等领域，都存在着政策差异。

（五）SWOT矩阵表

表2　湖南新型城镇化发展swot矩阵表

	优势S	劣势W
	1. 全省上下高度重视； 2. 现代农业蓬勃发展； 3. 新型工业化快速推进； 4. 综合交通体系不断完善； 5. 多层次城市群积极发育。	1. 城镇化进程相对滞后； 2. 公共服务难以满足需求； 3. 城乡资源配置不合理； 4. 省域城镇化不平衡； 5. 资源环境约束严峻； 6. 贫富分化持续扩大。

续表

机遇 O	SO 战略	WO 战略
1. 国家区域发展战略; 2. 承接产业转移; 3. 两型社会建设。	1. 积极对接国家各项区域发展战略,准确定位,科学谋划,有序推进; 2. 主动承接产业转移,促进农业现代化和新型工业化,以此推进新型城镇化进程; 3. 以"两型社会"建设为契机,带动湖南中心城镇群——环长株潭城市群的发展; 4. 以国家区域发展促进政策为动力,发挥便捷完善的交通网络和基础设施条件促进多层次城市群的发展,带动全省新型城镇化发展。	1. 抓住国家促进新型城镇化发展机遇,以及中部崛起、长江经济带建设、武陵山片区扶贫开发等机遇,迅速提升城镇化水平和公共服务水平; 2. 以加快产业结构调整和承接产业转移为突破口,平衡省内产业布局和城乡资源要素配置,逐步缩小贫富差距; 3. 以全面"两型社会"建设破解资源环境约束,促进新型城镇化健康发展。
威胁 T	ST 战略	WT 战略
1. 发展软环境不优; 2. 资源要素竞争激烈; 3. 体制障碍依然存在。	1. 注重新型城镇化顶层设计和配套改革,逐步优化发展环境; 2. 以农业现代化和新型工业化的加速推进提高湖南资源要素市场竞争力,支撑新型城镇化发展; 3. 以城市群作为新型城镇化主体形态,破解行政区划、资源配置等体制机制障碍。	1. 改善社会经济发展软环境,推进湖南城镇化水平的提高和质量的提升; 2. 全面深化改革开发,逐步化解体制机制障碍,推进城乡资源要素合理配置。

三、加快推进湖南新型城镇化主要对策

按照《国家新型城镇化规划(2014—2020 年)》和《湖南省推进新型城镇化

实施纲要(2012—2020年)》的要求,加快推进新型城镇化进程要以推进农业转业人口市民化、提高城镇建设用地使用效率、建立多元资金保障体制、优化城镇化布局和形态、提高城镇建设水平和加强对城镇化的管理为主要任务和工作重点。湖南省与全国城镇化平均水平相比较,在数量和质量两个维度均有一定差距。湖南必须从自身实际出发,明确下阶段主要任务,加快推进新型城镇化进程。

(一)推进农业转移人口市民化

按照尊重意愿、自主选择,因地制宜、分步推进,存量优先、带动增量的原则,努力推进符合条件的农业人口落户城镇、推进农业转移人口享有城镇基本公共服务、建立健全农业转移人口市民化推进机制等。一是推进符合条件的农业人口落户城镇,构建同权同利的户籍制度。二是推进农业转移人口享有城镇基本公共服务。推进城镇基本公共服务由主要对本地户籍人口提供向对常住人口提供的转变。保障农民工随迁子女平等享有受教育权利,完善公共就业创业服务体系,扩大社会保障覆盖面,改善基本医疗卫生条件,拓宽住房保障渠道,完善农民工市民化进程中土地权利保障机制。三是建立健全农业转移人口市民化推进机制。建立健全由政府、企业、个人共同参与的农业转移人口市民化成本分担机制,以转移人口数量合理确定各级政府职责,完善农业转移人口社会参与机制,加强政府服务和社会管理。

(二)推进城镇布局和形态优化

经过多年的发展,湖南已基本形成了以长沙、株洲和湘潭为核心,地级市、县及重点镇协调发展的城镇空间格局,但仍然存在城镇空间网络不明显、交通网络不完善、地域分布不均衡、中心城市辐射带动能力不强、数量多但平均规模小等问题。因此,从湖南城镇空间布局的现状及产业布局特点出发,根据城镇空间布局的基本理论,按照统筹规划、合理布局、分工协作、以大带小的原则,优化湖南省的城镇布局形态,构建城镇体系多元化的空间格局,提升城镇基础承载能力,继续实施中心城市带动战略,坚持扩大规模与提高质量并重,产业为基,就业为本,向心布局,集群发展。完善空间规划体系、优化湖南城镇体系、着力培育辐射带动力强的地区性中心城市,注重发展小城镇。

(三)推进城镇化建设两型化

湖南的新型城镇化是以“两型”为特质的城镇化。依山傍水、临江靠湖、山水在城中、城在山水中，是湖南省城镇的最大特色。进一步突出这种生态优势，增添城市的魅力，在稳步推进、确保发展质量的基础上，加强政府管理与社会监督，把生态文明融入到城镇化的全过程之中，突出资源集约、节约生态、环境友好，走节约低能、绿色低碳的生态发展道路，大力发展绿色经济、循环经济、低碳经济等，共同创建两型化的新型城镇。

（四）推动城乡发展一体化

湖南是个农业大省，正处于城乡分割向城乡交融发展的阶段，在经济发展进入“快车道”的新的历史时期，加快形成城乡发展一体化新格局是加快经济发展方式转变的重要内容，是建设“两型社会”，实现富民强省、科学跨越的根本要求。坚持尊重规律、惠民为本、协调发展、有序推进的基本原则，按照“城乡有别，特色互补；功能分区，财政平衡；点面结合，全域推进”的工作要求，切实加强组织领导、制度建设、人才开发、专题研究等方面的保障措施，通过发展规划、基础设施、公共服务和管理体制等方面的城乡一体化建设，基本建立起“以工哺农，以城带乡”的长效机制，进一步缩小城乡发展差距，消除城乡二元结构，在全省实现城乡经济、政治、文化、社会、生态以及党的建设等全方位的城乡一体化发展。

（五）提升城镇化产业支撑力

湖南要在实现新型城镇化过程中提升产业支撑力，必须通过促进经济转型升级，增强经济活力，优化产业结构，提升自主创新能力来实现。一是加快农业现代化的进程。立足省情，坚持走具有湖南特色的农业现代化道路，加快转变农业发展方式，提高农业综合生产能力、抗风险能力、市场竞争能力和可持续发展能力。二是进一步推进新型工业化。加强工业中心建设，发展多层次多功能的工业增长极；工业部门优化调整应以资源和市场作为双重导向；在工业产业结构优化调整中，要以高科技部门为“龙头”；狠抓人才建设，加强科技在工业中的作用。三是大力发展服务业。推动生产性服务业专业化、市场化、社会化发展，引导生产性服务业向长沙、株洲、湘潭等中心城市和工业园区集聚；加快观光休闲农业、乡村旅游业发展，努力拓展非农产业；加快服务市场的培育和市场秩序的整治。

(六)完善基础设施建设,提升城镇承载力

未来湖南要以更高的标准和更严格的要求不断完善基础设施的建设。一是抓好高效便捷的城市内外交通基础设施建设,建设立体交通网。二是抓好供应充分的市政公用设施建设。三是抓好体现社会事业发展水平的公共服务设施建设。四是抓好保障性住房等民生工程建设。五是抓好城市防灾减灾和应急设施建设。六是抓好智慧城镇建设。

四、湖南推进新型城镇化的体制机制改革建议

加快推进湖南新型城镇化要充分发挥优势,抓住有利机遇,用改革来破解制约,因地施策、分类指导、精细管理,推进体制改革创新。

(一)推进行政管理体制改革

行政级别决定一个城市发展水平和质量,是传统城镇化过程中存在的最大问题。要加快推进新型城镇化进程,必须首先对行政管理体制进行改革。一是探索改变以行政级别来配置资源的管理模式,通过制度设置将资源配置和常住人口直接挂钩。二是推动县改市和镇改市改革,增加城市数量。三是以“省管县、县辖市”为重点,建立完善城镇化统筹管理体制。

(二)创新城镇化资金保障机制

首先,在财政转移支付方面,按照事权财权相匹配原则,合理确定各级政府在教育、基本医疗、社会保障等公共服务方面的事权,建立健全城镇基本公共服务支出分担机制,减轻地方财政压力。其次,培育地方主体税种,增强地方政府提供基本公共服务能力。再次,要建立规范透明的城市建设投融资机制。最后,通过财政资金杠杆作用带动社会资本参与。

(三)深化规划建设管理体制改革

新型城镇化规划体系涵盖不同部门、不同区域、不同形式的规划,如国民经济与社会发展规划、主体功能区规划、区域发展规划、土地利用总体规划、城乡规划、城市总体规划以及人口、产业、城建、环境、科技与创新等规划形式。科学的规划,要做到以人为本,把人口规划、产业规划、空间规划、土地利用规划和城市文化遗产规划进行有效整合,实现“五规合一”。以人口规划为基础、以产业规

划为核心、以空间规划为引导、以文化遗产保护规划为重点、以土地利用规划为保障。

（四）构建两型城镇化推进机制

建设两型城镇是我国解决资源和环境双重压力的内在要求，也是促进经济与生态协调发展的有效举措。构建两型城镇化建设推进机制就是试图将"两型社会"、生态文明理念和原则全面融入城镇化全过程，走集约、智能、绿色、低碳的新型城镇化道路。两型城镇化推进机制包括：资源节约型城镇化推进机制、城乡环境保护和治理机制、财税支持两型城镇化机制和协调发展的绿色产业体系。

（五）加快相关配套制度改革进度

城镇化是一系列公共政策的集合，要实现"以人为本"的城镇化，真正确保每个公民都享有公平的权利和义务，必须加快在体制上的改革步伐，加大创新力度，实行配套制度的改革突破。一是统筹推进户籍制度改革。二是要深化土地管理制度改革。三是完善社会保障制度改革。四是完善住房保障制度改革。

参考文献：

[1]李克强.协调推进城镇化是实现现代化的重大战略选择[J].行政管理改革,2012(11).

[2]厉以宁.关于中国城镇化的一些问题[J].当代财经,2011(1).

[3]刘艳文,曾群华.湖南省2012—2013年城镇化发展形势分析与展望[G].中国中部地区发展报告(2013)新型城镇化与中部崛起.社会科学文献出版社2013年版.

[4]杨长明.论中国特色新型城镇化发展的体制机制[J].城市观察,2014,(1).

[5]王小双.湖南新型城镇化 SWOT 分析及对策研究[J].湖湘论坛,2014,(1).

[6]来亚红.长株潭城市群"两型社会"综合改革试验区刍议[J].湖南行政学院学报,2008,(2).

财税体制改革与审计策略

湖南省审计学会课题组

摘　要:本文从财税体制改革的内容着手,分析了财税体制改革对国家审计的影响、需求,并在此基础上阐述了财政审计推动财税体制改革的着力点。

关键词:全口径;预算公开;事权;支出责任;政府性债务;审计策略

十八届三中全会通过了《中共中央关于全面深化改革若干重大问题的决定》(以下简称《决定》)。《决定》将全面深化改革的目标定位于推进国家治理体系和治理能力的现代化,同时,财政的定位也被提到了"国家治理的基础和重要支柱"的高度,财税体制在治国安邦中始终发挥着基础性、制度性和保障性的作用。因此,为实现全面深化改革的总目标,作为国家治理基础和重要支柱的财政自然要充当全面深化改革的突破口,财税体制改革必须先走一步。《深化财税体制改革总体方案》作为十八届三中全会确定的改革事项中首个出台的总体方案,可见财税体制改革在全面深化改革中的"排头兵"地位。

一、预算法修改与财税体制改革的内容

(一)预算法修改的主要内容

历时十年、跨越三届人大,预算法修正于2014年8月31日画上句号,十二届全国人大常委会第十次会议表决通过了修改预算法的决定,并将于2015年1月1日正式生效。新预算法主要在立法宗旨、全口径预算、预算的公开透明、地方债务、专项转移支付、加强全国人大的监督和审议等方面都有了进一步的修订,搭建了现代财政制度的框架。

1. 实行全口径预算管理

全口径预算被认为是新预算法最大的亮点。实行全口径预算管理,是建立现代财政制度的基本前提。新预算法删除了有关预算外资金的内容,并明确规定:政府的全部收入和支出都应当纳入预算;预算包括一般公共预算、政府性基金预算、国有资本经营预算、社会保险基金预算,并对四本预算功能定位、编制原则及相互关系作出规范,使四本预算成为有机衔接的整体。同时,将地方政府债务也纳入预算管理,避免地方政府债务游离于预算之外,脱离人大监督。

2. 预算公开首次入法

公开透明是现代财政制度的基本特征,是建设阳光政府、责任政府的需要,也是依法理财、防范财政风险的需要。新预算法增加规定,除涉及国家秘密的事项外,经本级人大或其常委会批准,预算、预算调整、决算、预算执行情况的报告及报表,应当在批准后20日内由政府财政部门向社会公开,并对本级政府财政转移支付的安排、执行情况以及举借债务的情况等重要事项作出说明。各部门预算、决算及报表应当在本级政府财政部门批复后20日内由各部门向社会公开,并对其中的机关运行经费的安排、使用情况等重要事项作出说明。

3. 全面规范转移支付

十八届三中全会召开以来,中央明确了“减少专项转移支付,增加一般转移支付”的改革方向,因此转移支付的改革也成为此次预算法修正的亮点之一。新预算法从多个方面增加了转移支付制度的内容,明确规定:转移支付以一般转移支付为主体,用以均衡地区间基本财力、由下级政府统筹安排使用。上级政府安排专项转移支付时一般不得要求下级政府承担配套资金,同时严格规范专项转移支付的设立,建立健全专项转移的绩效评估和退出机制,明确要求竞争性领域的事项不得设立专项转移支付。

新预算法对于专项转移支付的改革可以说较好地体现了财税体制改革总体方案对于专项转移支付改革的精神,在减少“跑部钱进”现象、优化转移支付结构、提高转移支付资金效益等方面将发挥较大的成效。

4. 地方举债权有限放开

为体现对地方政府债务的从严管理和控制,按照疏堵结合,“开前门,堵后门,筑围墙”的改革思路,新预算法从举债主体、用途、规模、方式、监督制约机制等多个方面做了明确规定。新预算法增加了允许地方政府举借债务的规定,“经国务院批准的省、自治区、直辖市的预算中必需的建设投资部分资金,可以在国务院确定的限额内,通过发行地方政府债券举借债务的方式筹措”。但同时从五个方面作出限制性规定:一是限制主体,经国务院批准的省级政府可以举借债务；二是限制用途，举借债务只能用于公益性资本支出，不得用于经常性支出；三是限制规模，举借债务的规模，由国务院报全国人大或者全国人大常委会批准，省级政府在国务院下达的限额内举借的债务，列入本级预算调整方案，报本级人大常委会批准；四是限制方式，举借债务只能采取发行地方政府债券的方式，不得采取其他方式筹措，除法律另有规定外，不得为任何单位和个人的债务以任何方式提供担保；五是控制风险，举借债务应当有偿还计划和稳定的偿还资金来源，国务院建立地方政府债务风险评估和预警机制、应急处置机制以及责任追究制度。

（二）财税体制改革的内容

财税体制改革着力构建现代财政制度，即建立统一完整、法制规范、公开透明、运行高效，有利于资源优化配置、维护市场统一、促进社会公平、实现国家长治久安的可持续的现代财政制度。总体来讲，在体系上要建立全面规范、公开透明的预算制度，公平统一、调节有力的税收制度，中央和地方事权与支出责任相适应的制度。在功能上要适应科学发展的需要，更好地发挥稳定经济、公共服务、分配调节、环境保护、国家安全等方面的职能。在机制上要符合国家治理体系和治理能力现代化的新要求，实行权责对等、有效制衡、公开透明、可持续的制度安排。

《深化财税体制改革总体方案》确定了新一轮财税体制改革要重点从三个方面推进：改进预算管理制度；深化税收制度改革；调整中央和地方政府间财政关系，建立事权和支出责任相适应的制度，以实现现代财政制度的建立。

1. 改进预算管理制度

现代预算制度是现代财政制度的基础，因此改进预算管理制度，是建立现代财政制度的首要任务。改进预算管理制度，强化预算约束，规范政府行为，实现有效监督，加快建立全面规范、公开透明的现代预算制度。首先，积极推进预算公开。预算公开本质上是政府行为的透明，是建设阳光政府、责任政府的需要，也是依法行政、防范财政风险的需要。实现预算公开是让群众能看懂、社会能监督最有效的途径。推进预算公开就是要进一步扩大预算公开范围、细化预算公开内容，除涉密信息外，中央和地方所有使用财政资金的部门均应公开本部门预算。其次，实行全口径预算管理。所有政府性收支，包括政府性基金、社会保障基金、国有资本经营预算、财政专户资金以及政府性债务资金，均应纳入预算管理，不允许存在预算外收支和体制外资金，增强预算的完整性和全面性。再次，改进年度预算控制方式，审计预算的重点由平衡状态、赤字规模向支出预算和政策拓展。与此同时，收入预算将从约束性转向预期性，弱化对收入预算的考核。最后，建立跨年度预算平衡机制，实行中期财政规划管理，确保财政的可持续。

2. 建立事权与支出责任相适应的制度

事权划分是现代财政制度有效运转的基础。只有在明晰政府间事权划分的基础上，才能界定政府间的支出责任，在此基础上明确划分政府间财政收入，不足部分再通过转移支付等手段调节，健全财力与事权相匹配的财政体制。首先是完善中央和地方政府事权和支出责任的划分。在转变政府职能、合理界定政府和市场边界的基础上，合理划分中央和地方事权。在明晰事权的基础上，进一步明确中央和地方的支出责任。其次是进一步理顺中央和地方的收入划分。理顺中央和地方的收入划分，收入划分调整后，地方形成的财力缺口由中央财政通过税收返还、转移支付等方式解决。中央对地方的转移支付是政府间财政关系的核心内容，一要增加一般性转移支付规模和比例，完善一般性转移支付的稳定增长机制；二是要大幅度减少专项转移支付项目，清理压缩、归并重复交叉的项目；三是要完善省以下转移支付制度建设。

3. 防范化解政府债务风险

防范和化解地方政府债务风险的关键是规范政府举债融资制度，开明渠、堵暗道，建立以政府债券为主体的地方政府举债融资机制，剥离融资平台公司政府融资职能。对地方政府债务实行限额控制，分类纳入预算管理。推行权责发生制的政府综合财务报告制度，建立考核问责机制和地方政府信用评级制度。建立健全债务风险预警及应急处置机制，防范和化解债务风险。

4. 深化税收制度改革

税收是国家存在与公共治理的基础，税收制度是国家财政制度的重要组成部分。目前的税收体制与科学发展主题、转变经济发展方式的要求还有些差距，需要进一步深化改革。深化税制改革的目标是优化税制结构，推进依法治税，理顺国家与企业、个人之间的税收分配关系，在保持宏观税负总体稳定的基础上，充分发挥税收筹集财政收入、调节分配、促进结构优化的职能作用，形成科学发展、社会公平、市场统一的税收制度体系，更大程度、更大范围发挥市场在资源配置中的决定性作用。

二、财税体制改革对财政审计的需求

党的十八届三中全会作出全面深化改革的战略部署，提出了建立现代财政制度的财税体制改革目标，明确了改进预算管理制度、完善税收制度、建立事权和支出责任相适应的制度等重点任务，推进法治财政、民生财政、稳固财政、阳光财政、效率财政建设。财政是国家治理的基础和重要支柱，审计作为国家治理的重要工具，就财税体制改革而言，两者根本目标高度关联。因此，改进预算管理制度、建立事权和支出责任相适应的制度，强化财政民生导向，必将对审计提出新的现实需求。

（一）改进预算管理制度对财政审计的需求

改进预算管理制度既是建立现代财政制度的首要任务，也是解决现行预算管理弊端的现实需要。我国预算管理普遍存在一些问题：一是预算收支不够完整。政府性基金、社会保障基金、国有资本经营预算以及财政专户资金未全面纳入预算管理，存在预算外收支及资金体制外循环的现象。二是预算公开不够充分。预算分配、项目安排、资金使用及政策执行等诸多环节不够透明，预算和决算公开不细，基本支出和项目支出普遍未向社会公开。三是预算编制不够细化。尤其是支出预算编制，方法不够科学，依据不够充分。四是预算执行不够有效。解决这些问题，需要审计针对性地加强监督，同时摸清情况，深入揭示问题，查找分析机制制度方面的缺陷和管理上的薄弱环节，为完善预算制度、改进预算管理提供依据。

（二）理顺财政分配关系对财政审计的需求

理顺财政分配关系，主要是理顺中央和地方以及地方各级政府间的财政分配关系，建立健全事权与支出责任相适应的财政分配制度。由于中央和地方以及地方各级政府间事权与支出责任不相匹配，中央通过安排转移支付来调节。现行转移支付制度带来的主要问题，一是地方尤其是基层政府公共财政支出，过多依赖上级转移支付；二是中央为承担和分担地方事权，设置过多专项转移支付；三是转移支付资金流经环节太多，影响资金安全和效益；四是由于各地事权与财力的不均衡性，中央对各地分配转移支付资金难以做到公平和合理。要解决这些问题，就要准确界定中央与地方以及地方各级政府间的事权和支出责任，根据事项完善转移支付制度，理顺财政分配关系，确保事权、财力与支出责任相匹配；也需要审计检验和评价转移支付资金的效益、效率和效果，揭示财政资金管理和使用过程中存在的普遍性问题，提出从机制和制度上解决问题的办法。

（三）强化财政民生导向对财政审计的需求

强化财政资金的政策导向性作用，尤其是民生导向作用，建设民生财政，是深化财税体制改革的重要目标之一。财政资金取之于民,用之于民。强化财政的政策导向性作用,降低行政成本,促进财政资金更多地用来保重点保民生,是全体人民共享改革成果、促进社会公平、实现国家长治久安的必然要求。当前,财政支出结构不优和专项资金分配机制不够完善、方法不够科学、结果不够理想等问题比较突出,基本支出规模仍然较大,行政成本较高,财政资金尤其是专项资金被挤占挪用等现象仍然存在,影响公共财政尤其是民生专项资金政策目标的实现。改进预算管理,优化支出结构,整合专项资金并进一步规范资金管理,已成当务之急。这要求审计检查和评价财政资金分配机制完善,依据充分,方法科学,分配结果合理,分配后资金的跟踪监管到位,促进完善分配机制和制度体系,确保相关政策目标有效实现。

三、财政审计推动财税体制改革的着力点

推动改革是国家审计的现实目标之一。财政审计必须适应财税体制改革的要求,找准推动建立现代财政制度的着力点。这是确保审计发挥"免疫系统"功能,促进国家治理体系和治理能力现代化,体现自身核心价值而需要首先解决的问题。财政审计推动深化财税体制改革,应该找准以下着力点:

(一)着力于促进完善预算管理制度

完善现代预算管理制度,是建立现代财政制度的首要任务。现代预算管理,首先是预算体系统一而完整的预算管理,即全口径预算管理。所有政府性收支,包括政府性基金、社会保障基金、国有资本经营预算、财政专户资金以及政府性债务资金,均应纳入预算管理,不允许存在预算外收支和体制外资金。其次,现代预算管理是透明的预算管理。公共财政运行的各个环节和整个过程,包括财政政策、预算分配、项目安排、资金使用,均要公开透明。最后,现代预算管理也是法治化的预算管理。预算编制和调整必须依法、规范、科学,预算执行必须严肃、严格并接受监督。促进完善现代预算管理制度,应该从预算收入的完整性、预算执行的严谨性、预算执行的严肃性和预算管理的公开性入手。

1. 关注预算收入的完整性

这是把所有政府性收入纳入、实行全口径预算管理的要求。审计主要关注两个方面:一是政府性收入是否应收尽收,包括税收收入、非税收入、基金收入、国有资本经营收益、政府性资源资产处置收入等,是否应征尽征,应收尽收,审查政府性收入的真实性,揭露违规减免、返还税费及国有收益流失等问题。二是政

府性收入是否全部纳入预算，尤其是政府性基金、社会保障基金、国有资本经营预算、财政专户资金以及政府性债务资金，是否纳入预算管理，评价预算收入的完整性。

2. 关注预算编制的严谨性

党的十八大报告，提出加强对政府全口径预算决算的审查和监督，对预算编制的严谨性提出了更高要求。预算编制要依法、科学、精细化。审计要关注预算编制依据是否合理，方法是否合适，论证是否充分，程序是否合规；要关注年初预留规模，项目支出的细化程度，避免大量财政资金闲置或改变用途。要对比分析年度预算执行结果，揭示预算编制存在的普遍性问题，分析原因，提出改进预算编制的审计建议，促进预算编制的科学化和精细化，从源头上保障财政资金效益。

3. 关注预算执行的严肃性

严格执行预算，避免年中过多调整和追加，避免违规改变资金用途，是法治财政的基本要求。审计对预算执行情况的检查和评价，重点是发现和揭示随意调整预算、反复追加预算、违规使用资金等问题，深入分析原因，一方面为预算编制进行信息反馈，另一方面为预算审查和监督提供途径。

4. 关注预算管理的公开性

推进预算公开，让公众监督预算管理，监督财政收支，是建设阳光财政的必然要求。针对财政使用不规范、效率不高以及资金沉淀等问题，审计要重点关注预算公开范围，检查政府预算和决算，不仅包括公共财政收支，还包括政府性基金预算、社会保障基金预算、国有资本经营预算以及政府性债务资金预算，是否公开透明；审计还要重点关注预算公开内容，检查政府收支预算科目体系是否完善，公开项目是否精细有度。通过审计监督，提高预算编制和执行透明度，做到政府性收支公众能看懂、社会能监督，实现阳光财政，提升财政资金绩效。

（二）着力于促进理顺财政分配关系

中央与地方以及地方各级政府间财政分配关系包括两个方面：一是收入划分，二是支出责任。在财力格局总体稳定的情况下，明晰事权与支出责任，实现财力与事权相匹配，是理顺财政分配关系的重点任务。针对事权与支出责任不相匹配的现状，中央通过转移支付制度来调整。审计可以对转移支付资金的设置、分配、运行及效果进行检查分析，评价转移支付对中央和地方财力的影响，对相应事权所需支出的保障程度，转移支付资金尤其是专项转移支付设置是否科学合理，分配是否公平公正，拨付是否及时，使用是否及时有效，以及资金政策目标的实现程度,找出政策设计和机制制度方面的缺陷,实现促进完善转移支付制度、理顺财政分配关系的目标。促进理顺财政分配关系,应该从转移支付资金分配的公正性、资金拨付的及时性、资金运行的规范性入手。

1. 关注资金分配的公正性

财政资金尤其是转移支付资金的安排分配,应该与各级政府事权相匹配,符合实际,合法合理,体现公平公正的原则。审计要关注财政和有资金分配权的部门管理的财政资金的分配情况,审查分配的前期论证是否扎实有效,参考了哪些分配因素,采用怎样的分配方法,分配的结果怎样。要揭露安排人情资金、关系资金等违规违纪行为,揭示专项资金的分散分配、"撒胡椒面"等随意分配的现象,促进财政资金分配公平公正,确保资金用在该用的地方。

2. 关注资金拨付的及时性

转移支付资金,尤其是用来保运转、保重点、保民生的资金,应该及时拨付,尽早产生效益。审计要跟踪资金流程,监督资金及时拨付到位,避免资金拨付进度上的严重失衡。对各级财政第四季度转移支付资金支出比重过大、突击拨付资金的现象以及造成的资金浪费,审计要分析原因,界定责任,对资金审批制度进行客观评价,促进提高工作效率。

3. 关注资金运行的规范性

监督财政资金规范运行,确保财政资金安全和效益,是审计的重大职责。审计要关注转移支付资金运行相关制度和关键环节是否完善和有效。要关注银行开户问题,确保国库资金数安全;要对预算核算系统进行审计,审查计算机管理系统是否存在缺陷和漏洞;要检查资金调度制度是否健全并有效执行,内部控制和监督制度是否完善并正常运行。要从制度上和管理上提出审计建议,促进完善制度、规范管理 ,防范套取、挪用财政资金等违规违纪行为的发生。

(三)着力促进强化财政民生导向

建设民生财政,是建立现代财政制度的重要目标之一。强化财政民生导向,发挥财政资金的政策导向性作用,是实现民生政策目标的基础性保障。对此,财政审计的重点体现在两个方面:一是财政支出结构。公共财政支出,该压缩的必须压缩,例如行政基建、"三公"经费以及人员经费等,应该严格控制;该保障的必须保障,例如公共服务和民生领域的重点项目,应该加大财政投入力度。二是专项资金整合。专项资金设置应该突出民生,突出重点,要围绕中央政策特别是民生政策目标,进行调整整合,确保专项资金的政策效应。审计可以通过揭示财政支出结构和专项资金设置分配及其政策效应,实现促进优化财政支出结构和专项资金配置的目标。促进强化财政民生导向，应该从预算支出的合理性、资金使用的效益性和资金的政策导向性入手。

1. 关注预算支出的合理性

合理的预算支出结构，应该按照公共财政的要求，财政资金退出一般竞争性领域，缩减“三公”经费和行政基建投资，控制人员经费，降低行政成本，重点保运转、保民生、保稳定。审计要对年度预算支出结构进行对比分析，对支出结构的优化情况进行评估，检查公共支出是否更加有效地满足了公共需求，保障了重点项目，保障了民生。对公共财政支出中存在规律性、倾向性的问题，深入分析，提出对策，促进财政宏观调控职能的有效发挥。

2. 关注资金使用的效益性

提高财政资金使用效益，是建设效率财政的本质要求。对财政资金，特别是涉及民生的专项资金，审计要把握资金使用的整体情况，对资金使用所产生的经济效益、社会效益、环境效益以及政策效果，进行宏观分析，查找影响资金效益的各种因素，提出优化资金配置、整合专项资金、完善资金管理、强化绩效考核等方面的审计建议。

3. 关注资金的政策导向性

财政作为国家治理的基础和重要支柱，作为经济社会运行的调控工具，本身具有明显的政策导向性。特别是专项资金，包括扩大消费、拉动内需、民生改善、基层建设、环境治理、教育科技、医疗卫生、支农惠农等方面的专项资金，均设置了相应的政策目标。审计通过对资金使用的监督，要分析资金的政策导向性作用发挥情况，揭露和查处影响资金政策效果的各种问题，监督党和国家相关政策落到实处，确保人民群众真正得到实惠，促进社会公平，维护社会稳定。

湖南省投资创业主体情况分析报告

湖南省工商行政管理局课题组

摘　要：市场主体是创新创业的载体、经济发展的基础、财源建设的支撑，其数量多少、规模大小、结构优劣，直接反映了全省创新创业状况的好坏。当前正在进行的商事制度改革，是激发市场活力、提升创业激情的有效手段，通过放宽市场准入、推进简政放权，极大地促进了全省市场主体发展，有力地促进了全省大众创业、万众创新。2014 年以来，在全国经济增速放缓的形势下，全省市场主体投资创业呈现出大幅增长的态势。但受区域经济结构、经济水平等因素制约，我省的市场主体仍存在分布不均、结构不优、发展不平衡等问题。本文通过对 2014 年以来全省各市（州）、县（市、区）和四大经济区域的市场主体数量、规模、结构情况进行综合分析，将我省市场主体情况放到全国和中部地区进行了对比，并在认真分析差距和问题的基础上，提出了促进我省市场主体投资创业的对策建议。

关键词：市场主体；投资创业；完善制度

今年以来，全省认真落实中央和省委、省政府关于全民创业、鼓励创新的系列政策，采取有力措施应对经济下行压力，通过改革工商登记制度等手段大力支持投资创业，市场准入"门槛"大幅降低，社会投资和大众创业热情迸发，在全国经济增速放缓的形势下，全省市场主体投资创业仍然保持了平稳较快增长。

一、全省投资创业基本情况

（一）市场主体新登记注册情况

2014 年前三季度，全省新登记注册企业 7.24 万户，同比增长 98.9%，注册资本 3301.24 亿元，增长 144%；新登记注册个体工商户 22.59 万户，同比下降 9.1%，出资金额 236.35 亿元，增长 17.8%；新登记注册农民专业合作社 8537 户，同比增长 59.9%，出资金额 232.62 亿元，增长 81.1%；共计新登记注册各类市场主体30.68万户,同比增长5.7%,资本总额3770.21亿元,增长123.6%。

(二)全省实有市场主体情况

截至2014年三季度末,全省实有各类市场主体244.49万户,同比增长12.5%,资本总额25447.56亿元,同比增长31.7%。其中企业43.04万户,同比增长22.9%,注册资本23476.15亿元,同比增长31.6%;个体工商户198.1万户,同比增长10.1%,出资金额1146.67亿元,增长20.9%;农民专业合作社3.35万户,同比增长46.2%,出资金额824.74亿元,增长52.7%。

(三)全省各市(州)、县(市、区)投资创业分布情况

1.各市(州)投资创业情况

从市场主体户数看,长沙、岳阳、常德依次以45.8万户、25.14万户、21.14万户居全省前三强;张家界、湘西自治州、湘潭均不足十万户,分别以6.44万户、6.99万户、9.66万户居全省后三位。从市场主体资本总额看,长沙、株洲、岳阳依次以11323.87亿元、1733亿元、1415.32亿元居全省前三强;自治州、张家界、怀化以382.08亿元、401.57亿元、879.13亿元居全省后三位。从市场主体密度看,全省前三强每万人市场主体均超过400户,依次为长沙634.23户、株洲499.43户、岳阳452.24户;衡阳、永州、湘西自治州分别以216户、243.49户、268.83户居全省后三位。

全省市场主体在各市(州)分布呈现两个明显的集聚效应。一是在全省,长沙是全省市场主体集聚中心。长沙作为省会城市,长株潭城市群的中心,市场主体数量、资本总额、市场主体密度都远远领先于其他市(州)。2014年前三季度,全省新登记注册市场主体的四分之一、资本总额的四成多集中在长沙,其中企业集聚效应更为明显,分别为38.5%、44.6%。二是在市(州),城区是各地市场主体集聚的中心。各市(州)城区由于基础设施完善、人流、物流、信息流集中,促使市场主体和资本向城区汇聚。截至2014年三季度末,城区每万人拥有市场主体650.74户,是县的2.4倍、市的2倍。截至2014年三季度末,全省35个区实有市场主体100.3万户,占全省的41%,资本总额16996.37亿元,占66.8%;73个县实有市场主体110.07万户,占45%,资本总额6264.4亿元,占24.6%;16个市实有市场主体34.13万户,占14%,资本总额2186.79亿元,占8.6%。其中企业在城区的集聚度更高,六成企业、七成企业注册资本汇聚在城区。截至2014年三季度末,城区实有企业25.6万户,占全省的59.5%,注册资本16511.14亿元,占70.3%。

2. 各县(市、区)投资创业情况

从市场主体户数看,雨花区、岳阳楼区、芙蓉区、岳麓区、赫山区分别以 9.44 万户、9.47 万户、6.71 万户、5.28 万户、5.19 万户居全省前五强;武陵源区、洪江区、古丈县、南岳区、大通湖区分别以 3089 户、3152 户、3325 户、4161 户、4381 户居全省后五位。从市场主体资本总额看,前五强全部在长沙城区,依次为岳麓区 2246.13 亿元、雨花区 2140.96 亿元、天心区 1793.03 亿元、芙蓉区 1778.34 亿元、开福区 1069.56 亿元;南岳区、洪江区、通道县、江永县、古丈县分别以 15.68亿元、18.02 亿元、20.55 亿元、20.75 亿元、21.36 亿元居全省后五位。从市场主体密度看,全省前五强每万人市场主体均超过 1000 户,依次是芦淞区 1335.65 户、雨花区 1261.31 户、芙蓉区 1258.37 户、北湖区 1160.56 户、岳阳楼区 1021.47 户;邵阳县、祁东县、新邵县、宁远县、衡阳县分别以 128.15 户、137.16户、151.14 户、155.09 户、157.23 户居全省后五位。

各区县市市场主体发展呈现典型的不平衡特征,主要体现在两个方面:一是分布不均衡。市场主体户数最多的十个区县市共有市场主体 59.6 万户,占全省总数的 24.4%,市场主体最少的十个区县市共有市场主体 4.68 万户,仅占全省的 1.9%,为最多的十个区县市的 7.9%;资本总额最多的十个区县市共有资本总额 12445.7 亿元,占全省总数的 48.9%,最少的十个区县市共有资本总额 213.37 亿元,仅占全省总数的 0.8%,为最多的十个区县市的 1.7%。长沙包揽了市场主体户数前十的 5 个、资本总额前十的 6 个。排名第一的雨花区实有市场主体 94371 户,高于湘西自治州(69912 户)全州、张家界市(44431 户)全市的市场主体总量;排名第十的邵东县实有市场主体 46713 户,高于张家界全市的市场主体总量。后十位分布相对分散,户数最少的十个区县市分布在永州、湘西自治州、湘潭、益阳、衡阳、怀化、张家界 7 个市(州),注册资本最少的十个区县市分布在益阳、怀化、湘西自治州、郴州、永州、衡阳 6 个市(州)。二是增长不均衡。全省 124 个区县市,有 52 个区县市新登记注册户数同比增长,新登记注册 17.41 万户,同比增长 44.3%,其中洪江区、冷水滩区、宁乡县、洪江市 4 个区县市实现倍增。但也有近六成的区县市同比下降,新登记注册 13.27 万户,同比下降22.8%,岳阳县、湘乡市、北塔区、衡阳县、新邵县、茶陵县下降幅度超过 40%。从类型看,茶陵县、江永县、永顺县 3 个县企业数下降,衡阳县、新邵县、茶陵县等 86 个区县市个体工商户数下降,南岳区、北塔区、岳塘区等 14 个区县市农民专业合作社数下降。

3. 四大经济区域投资创业情况

从市场主体户数看,长株潭地区是全省的投资创业的高地,实有市场主体户数7.51万户,占全省的30.7%,其他依次为环洞庭湖地区、泛湘南地区、大湘西地区,分别占全省的25.5%、23.6%、20.2%。从市场主体资本总额看,长株潭地区是全省的资本集聚的洼地,实有资本总额14419.61亿元,占全省的56.7%,其他依次为泛湘南地区、环洞庭湖地区、大湘西地区,分别占全省的18.7%、14%、10.6%。从市场主体密度看,长株潭地区是全省市场主体密集区,每万人市场主体538.23户,为全省平均水平的1.48倍;环洞庭湖地区是全省市场主体次密集区,每万人市场主体393.54户,为全省平均水平的1.08倍;大湘西地区、泛湘南地区每万人市场主体户数低于全省平均水平,分别为305.56户、273.9户。

(四)企业增长与经济发展的关联情况

在各类型市场主体中,企业是经济活动最主要的参与者,与经济发展的关系最为密切。通过1997年以来企业和宏观经济有关数据的相关分析,企业数量、注册资本与生产总值、财政总收入高度正相关,企业户数与生产总值、财政总收入相关系数分别为0.8338和0.8501,企业注册资本与生产总值、财政总收入相关系数分别为0.993和0.9971,均接近1,表明企业注册资本与生产总值、财政总收入发展几乎同步。

通过对企业注册资本与生产总值、财政总收入进一步采取回归分析,可以比较清晰地看到它们之间数量关系,全省企业注册资本每增加1亿元,全省生产总值将增加1.4414亿元,财政总收入增加1988万元。

二、全省投资创业的主要特点

受工商登记制度改革等政策红利影响,全省投资创业活力得到有效激发,市场主体蓬勃发展,呈现出"增长加快、活力初显、创新增强、结构优化"四大特点:

一是市场主体增长速度明显加快。2013年10月国务院部署推进注册资本登记制度改革后,全省新登记注册企业明显放量,提前预热;到2014年登记制度改革正式实施,社会投资和创业热情迸发,政策红利集中释放,企业发展出现"井喷"。

在新登记注册企业"井喷式"增长带动下,市场主体总量加快增长,从2013年四季度开始,增长速度拐头向上,改变了2011年以来市场主体增速下滑势头,市场主体注册资本、企业总量、企业注册资本增速均创"十五"以来新高。

二是民间资本投资活力有效激发。工商登记制度改革等政策的实行,放宽了注册资本、住所等登记条件，私人投资办企业的门槛进一步降低，使民间投资活力得到有效激发。2014 年前三季度，共有 13.11 万投资者创办私营企业，同比增长 81.3%，共创办企业 7.01 万户，同比增长 1.03 倍，高出内资非私营企业、外商投资企业增幅 86.3 个和 82.2 个百分点；注册资本 2859.32 亿元，增长 1.65 倍，高出内资非私营企业、外商投资企业增幅 55.3 个和 80.2 个百分点。私营企业户数、注册资本占全部新登记注册企业总数的 96.9% 和 86.6%，是投资创业的绝对主力，经济增长的主要引擎。截至 2014 年三季度末，实有私营企业 36.27 万户，同比增长 30.7%，注册资本 13969.35 亿元，同比增长 44.7%，分别占全部企业总数的 84.3% 和 59.5%。

在私营企业中，独资企业和自然人独资有限责任公司因注册简单、管理方便、经营灵活，受到私人投资者的青睐。2014 年前三季度，新登记注册独资企业 1.07 万户，同比增长 3.01 倍，注册资本 50.52 亿元，同比增长 1.16 倍；新登记注册自然人独资有限责任公司 1.53 万户，同比增长 4.19 倍，注册资本 411.09 亿元，同比增长 6.79 倍。截至 2014 年三季度末，实有独资企业 6.5 万户，同比增长 89.1%，注册资本 283.08 亿元，同比增长 60.1%；实有自然人独资有限责任公司 3.42 万户，同比增长 87%，注册资本 879.44 亿元，同比增长 1.54 倍。

三是新兴网络经营主体蓬勃发展。电子商务近年来已成为中国经济发展的新增长点和新动力。国务院明确工商部门为网络商品交易市场发展和监管的主体部门后，全省工商系统坚持“一手抓发展、一手抓规范”的网络市场培育发展和监督管理思路，争取到了国家工商总局将我省确定为全国第一个“国家移动电子商务试点示范省”。全省网络商品交易市场迅速扩大，市场主体呈现出爆发式增长的态势。截至 2014 年三季度末，全省共有网络经营主体 41.94 万户，同比增长 11.5 倍，网络经营主体占到了全省市场主体总数的六分之一，年网络商品交易额已接近社会商品零售总额的 10%。目前，我省的网民数、网站数、域名数等网络基础资源在中部地区居首位，支付宝金额居全国第 9 位，网络商品交易活动已渗透到经济社会生活的方方面面。

四是产业结构发展方向不断优化。从增长速度看，现代服务业成为投资热点。新登记注册户数增幅前五的行业是信息软件业、居民服务业、文化娱乐业、农林牧渔业、住宿餐饮业，分别增长 2.34 倍、2.24 倍、1.88 倍、1.67 倍、1.43 倍，其中有四个行业属于现代服务业；新登记注册企业注册资本增幅前五位的行业是信息软件业、教育业、卫生社会工作、居民服务业、文化娱乐业，分别增长 7.77 倍、5.3 倍、4.95 倍、4.34 倍、3.65 倍，全部是现代服务业。

从市场主体数量看，服务业仍占最大比重。由于批发零售业门槛低，无论是创办企业,还是进行个体经营,都将其作为首选行业。2014 年前三季度,新登记注册批发零售业企业 2.39 万户,占新登记注册企业 33.2%;批发零售业新设个体工商户 14.82 万户,占新设个体工商户的三分之二。租赁和商务服务业、科学研究和技术服务业分别居创办企业行业选择第二、三位。2014 年前三季度,新登记注册租赁和商务服务业企业 12915 户,占新登记注册企业的 17.9%;新登记科学研究和技术服务业企业 5859 户,占 8.1%。住宿餐饮业、居民服务业分别居个体经营的第二、三位。2014 年前三季度,新设住宿餐饮业 2.7 万户,占新设个体工商户的 11.9%;新设居民服务、修理和其他服务业个体工商户 2.1 万户,占 9.3%。

从品牌分析上看,企业的创新意识不断增强。2014 年前三季度,全省注册商标 22327 件,同比增长 39%。截至 2014 年三季度末,全省有效商标 161532 件,占全部市场主体户数的 6.6%,同比提高 0.5 个百分点。新申请驰名商标 12 个,新增地理标志证明商标 13 个。同时,积极实施走出去战略,全省马德里国际商标注册申请 78 个。企业对商标权的运用开始进步,怀化华氏饲料有限公司、湖南贵之步工贸有限公司、湖南五祥新材料科技有限公司、湖南平桂制塑科技实业有限公司、湖南童梦文化传媒有限公司开展了商标权质押权登记。

三、全省投资创业与全国及兄弟省份的比较

1. 从总量看,处于中等水平

我省市场主体总量无论是在全国还是在中部六省,整体上处于中等水平。截至 2014 年三季度末,全省实有市场主体占全国的 3.7%,进入全国前十行列,居第 9 位,居中部地区第 3 位;资本总额占全国的 2%,居第 16 位,居中部地区第 4 位。其中企业户数、注册资本分别占全国的 2.5% 和 2%,居全国的第 15 位和第 16 位,均居中部地区第 4 位;个体工商户在全国排位比较靠前,户数和出资金额居全国第 8 位和第 12 位,均占全国总数的 4.1%,在中部地区居第 3 位和第 5 位;农民专业合作社户数和出资金额居全国第 16 位和第 11 位,占全国总数的 2.7% 和 3.2%,居中部地区第 5 位和第 3 位。

2. 从均量看,发展还不充分

截至 2014 年三季度末,我省每万人拥有市场主体 364.85 户,居全国第 29 位,仅高于河北、河南,在中部地区居第 5 位,发展很不充分,只有全国平均水平的 74.4%、江苏的 51%、浙江的 49.9%、上海的 54.4%、广东的 59.8%、湖北的 55.5%。其中企业的发展差距更大,全省每万人拥有企业 64.22 户,居全国末

位,仅为全国的50.4%、上海的12.7%、北京的14.2%、江苏的29.5%、浙江的29.3%、广东的32.1%、湖北的51.8%。

3.从增量看,发展势头良好

2014年前三季度,我省新设市场主体户数、资本总额分别居全国第9位和第13位,均居中部地区第3位。其中企业登记制度改革成效显著,新登记注册户数居全国第13位,增速居全国第2位;注册资本居全国第13位,增速居第14位;企业户数、注册资本增速分别居中部地区第1位和第3位。农民专业合作社发展势头强劲,新增户数、出资金额均进入全国前十,分别居全国第10位和第7位,均居中部地区第2位;个体工商中户数和出资金额增幅分别居全国第5位和第4位,均居中部地区第1位。

四、大力促进我省全民创业

一是要把创新创业作为重大战略来规划。新形势下,要从战略高度深化对创新创业重要性的认识,将其作为提升经济发展的内生动力,推动我省经济发展方式转变,稳增长、促改革、调结构、惠民生的根本举措。创新创业既是民生工程,又是系统工程,要制定创新创业发展专项规划,在“顶层设计”上科学谋划,把激发全民创新创业活力、培育创业型经济作为一项长期性的重点任务来抓。要顺应市场变化,重点引导培植像网络经营主体等新的增长点,在业态上推动由传统“打工经济”向“创业经济”的转变,着力建设“创业湖南”“创新湖南”。要加强对创新创业工作的领导,成立创新创业工作推进机构,加强创新创业规划管理、政策宣传、统筹协调、考核评价等,强力推进全省创新创业工作。

二是要把政策落实作为重要环节来考核。近年来,从中央到省市县各级都出台了不少鼓励创新创业的政策,财政也投入了不少资金,但由于政策宣传不到位,群众知晓面不广,没有发挥应有的作用。要以工商登记制度改革为“先手棋”,进一步加大简政放权力度,继续稳步扩大扩大工商登记前置审批制度改革试点范围,强化部门配合,在加快、放宽营业执照发放的基础上,推动相关许可证制度的改革,减少、放宽各种许可,使“先照后证”改革落到实处,最大限度释放改革红利。要针对不同的创业主体、创业类型分别建立和完善相应的政策扶持体系,对个体工商户、生存型创业,主要着眼于少管放活,取消一切不必要的管制和收费,给民众提供最宽松的政策条件和最便利的经商空间,充分发挥“放水养鱼”的政策效应;对机会型创业、创新性创业,要高看一眼、厚爱一层,打造创业资源整合平台,为资金找项目、项目找资金、产品找市场等各类要素对接创造条件。同时,要加大督促检查力度,加强对政策落实情况的考核测评和效果评估,开展"办事最难部门""吃拿卡要最严重部门""服务最差部门""乱收费、乱罚款、乱检查最严重部门"评选活动。

三是要把中小企业发展作为重点方向来突破。中小企业是创新创业的主要基础载体,创新创业既需要航母引领,更要有百舸争流,特别是小微企业既是解决全省就业的主要渠道,也是企业做大做强的前提条件。当前,随着国家各项鼓励性政策的出台,特别是工商登记制度改革的深化,给各类投资主体提供了便利的创业条件,全省小微企业增量大幅提高,呈现出良好的发展趋势。但是,小微企业也存在技术含量低、创新能力差、融资贷款难等一系列发展瓶颈,制约了其在扩大就业、带动创新上的作用。要在政策施行过程中进一步加大对有产品、有市场、有发展前景的符合国家产业政策的小微企业的扶持,对经营困难的初创企业实行"能免则免,能减则减"的特殊呵护,切实保护他们的原始创业动力,激发干事创业的积极性,提高小微企业的市场竞争力。要积极鼓励专业型的人才参与创业,深入开展企业战略发展宣传与培训,对进行技术创新的小微企业予以一定奖励与政策倾斜,着力提高小微企业负责人的创新和研发意识。要下力气解决小微企业融资难的问题,在风险可控的范围内,出台尽量降低小额担保贷款"门槛"、提高小额担保贷款额度和贷款年限的政策措施,更好地发挥小贷在促进小微企业发展中的作用。要积极运用市场主体信用监管机制,尝试让创业者在无须担保的情况下,凭借工商部门公示的良好信用度进行贷款,为有信用的创业者提供一项稳定的融资保障。

四是要把丰富载体作为重要抓手来推进。鼓励各类投资主体利用存量土地和闲置场地、专业化市场等适合创业场所,因地制宜建设具有滚动孵化功能的创业基地、创业大厦、创业市场,打造各具特色的创业载体。鼓励社会各类资本参与兴建创业基地标准厂房,提高创业园区承载水平,政府主办和享受政府资金扶持兴办的各类创业基地标准厂房,可采取减免一定年限租金的办法,引导和扶持更多有创业愿望、有创业条件的创业人员入园创业。鼓励、支持产业聚集明显乡镇建立特色产业创业园、现代农业创业园。深入推进创业型城市创建,启动省级创业型街道和创业型乡镇建设。在主要大中专院校逐步建立创业就业指导站台,建立大学生创业俱乐部,组建"就业指导专家团",把各类创业就业的辅导、招聘、洽谈活动安排进校园。定期举办小额贷款创业项目、创业技能、创业挑战赛等创业项目竞赛,搭建创业者交流平台,为创业者寻找合作伙伴和投资人创造条件。组织创业示范店、优秀创业项目、创业明星评选,让创业者名利双收。

《小企业会计准则》在湖南省执行情况调查研究

《小企业会计准则》在企业中的实施情况研究课题组

摘　要:《小企业会计准则》于2013年1月1日起正式在全国范围内实施,本文以湖南省小企业为样本,采取问卷调查、实地走访、座谈等方式,对《小企业会计准则》在我省的执行情况和效果进行了分析研究。从调查的结果来看,培训工作不到位,小企业会计人员从业水平不够是执行过程中的主要困难,同时还发现在执行过程中存在准则没有执行到位,相关细节规定不够完善等问题。本文从制度、规则以及信息化等方面提出了完善和改进建议。

关键词:小企业;会计准则;执行情况

根据财政部的要求,《小企业会计准则》于2013年1月1日起正式在全国范围内实施,湖南省内小企业也于2013年开始执行《小企业会计准则》。《小企业会计准则》在执行过程中会遇到什么问题?执行情况如何?小企业负责人和财务人员对《小企业会计准则》的具体执行有些什么意见和要求?为进一步了解《小企业会计准则》在湖南省的执行情况,促进《小企业会计准则》的进一步完善,《小企业会计准则》在企业中的实施情况研究课题组在湖南省长沙、常德、郴州、邵东四个地区开展小企业问卷调查,并进行实地调研,与小企业负责人和财务人员座谈,了解《小企业会计准则》的具体执行情况,听取小企业对其的评价,分析执行过程中遇到的困难和阻力,并对《小企业会计准则》的修订和完善提出合理建议。

一、调查的主要内容

本课题组针对小企业设计了调查问卷,共发放调查问卷600份,收回416份,有效问卷391份。问卷共分三个部分,25个问题,重点关注以下方面:

1.《小企业会计准则》在小企业中的执行情况如何；

2. 小企业负责人和财务人员对《小企业会计准则》的态度与评价；

3. 执行《小企业会计准则》对小企业经营业绩及企业纳税的影响；

4. 小企业执行《小企业会计准则》的困难与问题。

从调查问卷的情况来看，尽管财政部已经正式发布《小企业会计准则》，但目前各小企业正在执行的准则仍然五花八门，并没有完全统一。《小企业会计准则》《小企业会计制度》《企业会计准则》都有小企业在执行，甚至还有小企业在用早已废止的《行业会计制度》和《企业会计制度》，有的小企业干脆什么准则也不用，自行制定适用本企业的会计核算办法。但从总体情况上来看，执行了《小企业会计准则》的小企业占到了74%左右，相对比例较高。

调查显示，大多数小企业负责人和财务人员对《小企业会计准则》是支持和赞成的，超过80%的小企业负责人对《小企业会计准则》的重视程度在“比较重视”或以上。

在“执行《小企业会计准则》对企业会计核算及经营业绩的影响”方面，30%的小企业认为影响很大或比较大，而70%的小企业认为影响一般或没有影响。统计的情况表明，大多数小企业并不认为《小企业会计准则》的执行会对其会计核算和经营业绩产生重要影响。

在“执行《小企业会计准则》的困难”方面，大多数小企业认为培训工作不到位，小企业会计人员从业水平不够是主要困难，其次是与相关法规不配套，特别是税法，容易导致与税务当局之间的纠纷和大量的纳税调整工作。还有部分小企业反映新的《小企业会计准则》某些条款过于原则，不易操作。

除了发放问卷，课题组还进行了实地走访。在被走访的31家企业中，配备专门财务机构并有2人以上财务人员的小企业仅有2家，聘请兼职会计的有19家，大多数小企业仍然采取的是代理记账或委托记账的方式。实地调查还发现，许多企业还是“穿新鞋走老路”，按老的《小企业会计制度》做账，按新的《小企业会计准则》报表框架填制报表，对有冲突的部分则凭会计人员理解随意填列。

二、调查中发现的问题

1. 准则执行尚未严格到位

从数量上看，25%的小企业未执行《小企业会计准则》，同时有6.9%的小企业仍在执行已废止的《小企业会计制度》。从质量上看，在以邵东为样本的小企业中有34.9%因为执行质量不高仍被税务部门核定征收税款，说明准则执行尚未严格到位。主要原因一是职能部门强制执行的力度不足，二是会计人员素质和能力欠缺，三是小企业执行准则的主动性不够。

2. 尚未达到小企业会计准则的制定目标

制定《小企业会计准则》的目标主要是规范小企业会计基础工作改善其经营管理，缩小与税法的差异满足税收征管信息需求，提高会计信息质量改善小企业融资环境。但从调研的情况来看，这一目标尚未完全实现，尤其是改善小企业融资环境方面，显得很不够。

3. 准则细节有待继续完善

调查中我们发现，认为"《小企业会计准则》实施范围不易把握"的企业中，有半数认为不易把握；而认为"《小企业会计准则》没有消除与税法之间差异"的，则全部认为没有消除差异。由此可见，《小企业会计准则》还需在细节上加以完善。

三、思考与建议

1. 以"规则导向"制定《小企业会计准则》

小企业规模小，业务量少，同时财务人员力量相对薄弱，因此，建议《小企业会计准则》应尽量减少会计人员的职业判断，增加量化判断标准，提高准则执行的准确性和可操作性。

2. 提升小企业会计人员的职业判断能力和实务操作能力

应加强小企业会计准则的培训和后续教育，并重视培训质量。

3. 提高小企业执行准则的主动性

通过多形式、多渠道的宣传，小企业负责人将认识到执行准则在提供决策有用信息、加强企业内部控制、减轻纳税负担、提高自身信誉度等方面的优势，真正在思想上重视会计核算，并为企业执行准则营造良好的制度环境和物质条件，加大小企业实施准则的外部推力。

4. 建立税银会计信息比对系统

通过建立连接国税、地税与银监三家的储存系统，将所有小企业报送的财务报表数据都进入该系统，银行和税务部门可以根据比对结果判断小企业是否提供真实的会计数据，加强对小企业会计信息的监督。

5. 进一步完善《小企业会计准则》

适当修正准则的过于简化部分并增加财务报告的披露内容。

6. 建议制定微型企业会计准则

由于准则只界定了小企业的上限，而没有界定下限，执行准则的"小企业"中有大量属于微型企业。可以参考国际财务报告准则（ISAR）采取一套与现金交易密切相关的简单权责发生制会计制度，并规定在企业首次建立其会计制度时，允许在一定期限内暂时使用现金记账法。这个标准对资产较少，管理不正规，人力资源不充分的微型企业更加适用。

课题组成员：陈　敏　杨海霞　林剑峰　刘　波　李志云　易可欣
杨　帆　闫伟伟

全系统视角的审计组织方式创新研究

湖南省审计学会课题组

摘　要:当前,审计任务日益繁重与审计资源严重不足的矛盾日益严峻,同时,信息化技术手段这一生产力的大变革也深刻影响审计生产关系,审计组织方式的创新被提上日程。本文认为审计组织方式包含审计机关的组织结构(静态)和审计项目的组织方式(动态),并从多级审计机关全盘统筹考虑的角度,从上述两方面,提出了审计机关可采取契约型、垂直管理等的组织结构方式,项目组织方式可按分类并优化组合等思路进行。

关键词:全系统;审计组织方式;创新;契约型组织结构; 垂直管理

第一部分　绪论

审计组织方式是审计机关组织开展审计的方式,它随着审计的发展而发展,是审计工作质量和效率的保证。近年来审计机关开展的行业或系统审计日益增多,以某省审计厅某处为例,据不完全统计,近年来,采取新的审计组织方式的审计项目占该处参与的全部审计项目的近一半。审计机关跨行业、跨地域、跨层级"一盘棋"作战的趋势日益明显,大规模的审计项目逐渐增多。为实施开展好这些大型化、复杂化、集群化的项目,各级审计机关探索实施了一些新的审计组织方式。

本课题将从审计组织方式的概念入手,在明确其内涵和外延的基础上,深入分析当前审计组织方式需要创新的背景原因、理论基础及基本原则等。同时,借鉴管理学上的组织结构和项目管理理论,调整、设计适宜全审计系统、全方位视角的审计组织方式,并建立相关配套措施,以此勾画出未来一个时期审计系统审计组织方式的思路和理想模式。

本课题创新之处在于,一是提出了全新的审计组织方式的定义,将审计机关的组织机构和审计项目的组织方式统一到审计组织方式上来，对审计组织方式进行系统地考量。认为审计组织方式既包括静态的审计机关的相关组织结构，也包括动态的审计项目的具体组织方式，并且整个研究将从这两个层面逐一展开。二是超越以往仅从人力资源配置整合的角度来谈审计项目组织方式的做法，而是从项目提前优化组合的角度、从全系统全盘统筹考虑的角度来论述分析审计项目的组织方式，从时间和空间最大范围上实现最优的组织安排。三是在矩阵型组织结构基础上，进一步提出了一种全新的审计组织方式——契约型审计组织结构，指出这种强调契约、弱化权力、服务外包的组织方式是将来审计机关审计组织方式的可选项之一。

第二部分　审计组织方式创新的背景原因

一、审计组织方式的含义

“组织方式”中的“组织”，是作为动词，意指有目的、有系统集合起来。“组织方式”一般用于指项目的管理等，是一个管理学上的概念。

本课题组认为，审计组织方式是指国家审计机关为完成既定的审计任务（一个或多个审计项目），有效配置组合项目、人力、时间、财力、信息等各项审计资源，使之发挥一定效用，达成既定目标的一种模式、形式或渠道。它既包括静态的审计机关的相关组织结构，也包括动态的审计项目的组织方式。它是一个剔除了诸如审计机关的党建、外联、工会等其他综合事务管理的单纯的审计业务管理范畴。

本课题将研究范围定位于全系统视角的审计组织方式，即不只局限于单个审计机关某个审计项目的组织方式，而是在信息化背景下，面向多级多个审计机关、多类多个审计项目。因此，有必要从审计机关组织结构和审计项目组织方式两方面，来探讨如何发挥审计系统的组织合力，提高审计工作的质量和效率。

二、审计组织方式创新的背景原因

（一）审计机关面临新的职责和使命加剧了审计任务量与审计资源的矛盾

改革开放以来，在中国特色社会主义理论指引下，国家审计快速发展，为全面深化改革、推进国家治理现代化、推动依法治国作出了积极贡献。随着审计公信力日益攀升，人民群众对审计的期望越来越高，党中央、国务院对审计工作越来越重视。十八届四中全会《中共中央关于全面推进依法治国若干重大问题的决定》和《国务院关于加强审计工作的意见》（国发〔2014〕48 号），进一步明确了审计监督的定位和职责任务，为审计监督提供了制度保障。李克强总理所作出的指示为审计未来发展指明了方向，同时对审计工作提出了更多的新要求和新挑战。面对新时代新使命，为了更快适应新形势新常态，在审计资源有限的情况下，审计机关必须以改革创新的精神推动审计工作，加大改革创新的力度，进一步完善审计组织方式，提高审计效率，有效解决审计任务量大与审计资源不足的矛盾，发挥国家审计在国家治理中的基石和重要保障作用。

（二）审计信息化的快速发展逼迫传统的审计组织方式转型升级

在信息化环境下，审计对象的整体信息化程度不断提高，国家审计运用信息化手段的能力日益增强，审计署数据中心的建立、金审三期工程规划的 5 大应用系统的建设等使得非现场审计成为可能，传统的审计组织方式遇到了挑战。如派遣审计组进驻被审计单位现场检查会计账簿凭证与审计机关具有远程审计作业实施能力不相适应；“N 年审一次，一次审 N 年”的审计周期与可以“亚实时”检查经济活动的联网审计环境不相适应；按照财政资金分配类别设置的审计机关内部机构与开展跨行业的综合数据分析不相适应；按照行政层级设立审计机关与审计机关信息化指挥的扁平化发展趋势不相适应等。信息化对审计组织方式的触动不仅仅是对审计项目组织方式改革的需求，还囊括了对审计机关内部机构调整的需求。

（三）传统审计组织方式存在弊端

当前，在政府审计部门内部机构设置上，大部分采取的是根据审计内容的类型、被审计对象的行业类别、被审计资金的类别等不同的标准，将从事相似活动的人组织在一起，形成财政、金融、经贸、投资、外资、行政事业等审计业务部门的职能型结构。在审计机关发展的初期，审计项目规模较小，传统组织方式有其必然性，对保障我国国家审计系统的正常运转发挥了巨大作用。然而，在当前审计项目日益大型化、复杂化、集群化的形势下，这种组织方式存在明显不足：一是该部门只开展属于该行业领域的项目，容易产生垄断项目界限意识，出现一段时间内审计项目过紧或过松现象，导致部门间工作任务量不均，产生整体审计资源分配不合理的问题。二是业务部门人员一段时间的职能固定在该部门中，只对所在部门负责，习惯各自为战，容易形成部门职能孤立，审计机关整体利益与目标容易被忽略。三是审计人员只注重某一领域业务知识的积累，不利于复合型人才的培养，难以适应当前复杂性和技术性强的项目要求。四是在抽调人员从事行业项目、板块项目、大项目时，难以解决审计任务繁重与审计人力资源不足之间的矛盾，部门管理与项目管理在工作内容和时间上难免存在冲突。

第三部分　审计组织方式创新的内容

本课题组认为审计组织方式既包括静态的审计机关内部的组织结构，也包括动态的审计项目的组织方式，因此，审计组织方式创新的内容也分别从以上两方面阐述。

一、审计机关内部的组织结构创新

（一）审计组织结构的含义和类别

管理学上认为，组织结构是指组织的全体成员为实现组织目标，在管理工作中进行分工协作，在职务范围、责任、权利方面所形成的结构体系，主要是为了保证有效的通信和协调，其本质是为实现组织战略目标而采取的一种分工协作体系，它首先运用在企业的组织结构上。审计机关同是一个组织，因此其组织机构的形式可参照企业的组织结构，大致有直线型审计机构、职能型审计结构、矩阵型审计结构等。

除了以上三种常见的组织结构形式外，本课题拟提出契约型组织结构。契约型组织结构是一种只有很精干的中心机构，以契约关系的建立和维持为基础，依靠外部机构进行业务经营活动的组织结构形式。被连结在这一结构中的各经营单位之间并没有正式的资本所有关系和行政隶属关系，只是通过相对松散的契约（正式的协议契约书）纽带，通过一种互惠互利、相互协作、相互信任和支持的机制来进行密切地合作。

（二）审计机关组织结构的构想

审计机关也是一种组织。在实践中，我国现行国家审计系统中大部分审计机关采用的是职能制审计组织结构，即一个审计项目从提出立项计划，到现场审计，再到最后的整改，全由一个部门负责处理，审处未能分离，部门垄断性很强，资源共享不够。有部分审计机关采用的是矩阵制，即审计业务人员可以从原来的部门抽调出来参加某个具体的项目审计组，项目完成后仍回到原来的部门，且业务流程上分离出计划立项（不由原业务部门提出项目计划）、审计查处、审计审理等环节和部门，审处分离。

课题组认为，信息化背景下，目前及不久的将来，审计机关组织结构可以有如下几种设置构想：

1. 单一审计机关内部机构设置——职权分离，机构整合

审计业务职权，指审计机关及其审计人员围绕审计业务工作的各个不同阶段，行使制订计划、实施审计、复核审理、跟踪执行等四项主要的业务职权，不涉及如组织人事、行政事务、党团工会、财务后勤等其他非审计业务职权。

由于新的《国家审计准则》明确了审计计划的事项和职权，因此，至少审计机关可以进行“二分离”，实现立项和其他几个事项职权的分离。在信息化背景下，审计机关审计业务组织管理这一块的组织结构至少应该设置如下几个部门：

（1）设置项目计划部门，负责审计项目计划的编制、人力、经费等审计资源的配置、项目进度的统筹、经费成本的控制等。

（2）设立各行业审计业务（实施）部门，负责向审计项目组提供专业资源（技术、人员、设备、标准、规范、方法等），下有熟悉本行业审计的审计组成员人选，各行业审计业务（实施）部门的审计组成员负责具体审计，精确打击。

（3）在原审计信息技术部门基础上设立新的审计技术部门，承担数据中心管理、审计模型开发、数据分析、联网审计数据预警处理等一系列职能；作为项目强大而稳定的综合统筹指挥部，负责大型项目计算机数据的调查、分析、可疑线索的提供等，从而形成“总体指挥—数据分析—延伸核查”的审计业务组织机构。

2. 多级审计机关系统性机构设置——垂直管理，统一调配

十八届四中全会通过的《中共中央关于全面推进依法治国若干重大问题的决定》，提出要“强化上级审计机关对下级审计机关的领导。探索省以下地方审计机关人财物统一管理”，表明中央希望加强地方审计执法、实现审计机关省以下垂直管理，确保地方审计机关不受同级政府的过多干预，保持独立客观。

从组织方式的角度看，省以下审计机关垂直管理完全符合全系统视角的理念，能更好地整合全区域各级审计机关的人财物等资源，能更好地发挥审计服务于国家治理的作用。

省以下审计机关实行垂直管理后，审计机关内部的机关设置权交给地方审计机关，由其根据业务需要确定机关框架，而不必对应于上级审计机关。在审计

业务较多的地方,审计机关的设置可以采取审计办事处或者审计分局等形式向县以下政府延伸。具体来讲,市级和县级两级审计机关不再由本级政府行政领导,统一由省级审计机关进行领导。

在人事任免上,实行分级管理,省厅统一任免,对地方审计机关负责人的任免可采取相对严格和规范的程序,比如对政府拟解职的审计机关负责人应向人大陈述理由,并接受质疑等,以避免发生因审计触怒行政长官而被免职的情况。在人员编制上,管理权限上收到省,县市级以上审计局按目前现有人员编制数上划,由省厅根据工作需要和编制余缺情况,提出人员配置的具体意见,由省编办审核同意后统一下达。

全省审计机关的业务经费,应由省级地方财政统一编列预算并实行单列。实施起来可以由省财政部门比照省工商和技术监督部门,提出审计业务经费的意见,由省审计厅统一管理。

业务管辖方面,进一步划分地方各级审计机关之间的职责,加强沟通与协调,避免重复审计和过度审计。审计结果的通报权、披露权明确由地方审计机关掌握,即由地方审计机关决定是否以及用何种方式通报或披露审计结果,而不需要行政审批。另外,可以改变直接的主要通过下达大量审计项目的管理方式,通过间接的诸如制度规范、确定重点、检查地方工作质量、传递审计信息、组织重大项目协作、为地方提供业务咨询等方式来进行管理。

3. 未来审计机关机构设置可能的发展方向——网络外包,契约管理

本课题组认为,为避免矩阵型的“多头领导”的弊端,审计机关应采取契约式,即突出审计的职业特征,以契约代替权力,以团队完成工作、部门提供资源的方式,以完成众多审计项目这一结果为导向,寻求机构设置与项目管理、资源投入之间的最佳结合点,对审计机关的资源配置实行动态的开发式管理。具体做法可从两个方面来理解:

一方面,在机关内部,可以进行审计事务的内部外包,即将某审计项目外包给某各处室或某几个处室的某些审计人员。本方式适合财政、经责等对人员专业需求广泛的大项目、集群项目和板块项目。以省一级审计机关为例,这种设置方式可产生如下几种契约关系:厅长与审计项目组长的“业主—任务完成者”关系,审计项目组长与审计业务(实施)处室处长的“使用者—供应者”关系,厅长与审计业务(实施)处室处长的“业主—资源育成者”关系,审计项目组长与审计组成员的“雇主—雇员”关系,审计组成员与审计业务(实施)处室处长的“专业资源—资源育成者”关系。

另一方面,审计事务可以面向社会进行外包。2014 年 10 月出台的《国务院

关于加强审计工作的意见》(国发〔2014〕48 号)中提出“根据审计项目实施需要,探索向社会购买审计服务”,这实际是官方给出的国家审计服务可以面向社会进行外包、契约管理的信号。在西方,20 世纪 80 年代以来,发达国家纷纷展开被称为“新公共管理运动”的行政改革,将公共服务“外包”给企业或非营利性社会组织,在节省成本与提高服务质量上都大有收获。在审计服务外包方面,将适合市场化方式提供的审计服务事项,如大量的投资审计项目可以交由具备条件、信誉良好的社会审计组织或抽调社会审计人员进入审计组等方式,但与公平公正联系紧密的经责审计等不宜采取此种方式。

二、审计项目的组织方式创新

(一)已确定的多个项目的优化组合

此处的多项目的优化组合是指年初审计计划项目确定后,在安排审计资源给各个项目之前,可以对多个项目进行组合合并、统筹安排,以便节约安排人力物力。具体有以下几种项目组合方法:

1. 按“3 + N”方式将零散项目整合成板块项目统一组织实施

传统的审计项目都是一个个零散的,在当前强调审计的宏观性、建设性、开放性,积极发挥审计“免疫系统”功能和服务国家治理的作用背景下,审计机关有必要以资金性质、审计结果服务对象等为分类标准,整合零散的审计项目为各大集群项目,形成项目板块效应。目前整合的方向可考虑为“3 + N”,“3”指财政、经责、投资这三大完全不同性质的审计,“N”指专项,即归集成财政审计、经济责任审计、投资审计和专项资金审计四大类,形成四大板块。每个板块项目由几个处室联合统一组织实施,实行统一的审计方案、统一的报告模板等,注重审计组之间横向互动的信息交流机制,实施信息共享。

2. 积极开展“1 + N”审计组织方式

“1 + N”审计组织方式,是指同一个审计机关在同一个年度审计计划内需对同一被审计单位不同类型的事项进行审计或审计调查,将所有审计事项交由一个审计组实施的审计组织方式。这样既减少交叉审计、重复审计,又便于在同一个时间点上完整地揭示被审计单位在不同领域存在的问题。具体做法是,审计机关在制定年度审计项目计划时,对一个被审计单位不同类型的审计事项分别立项,分别制定审计实施方案,综合确定实施时间和工作量,从相关业务部门抽调专门人员组成一个审计组组织实施;现场审计结束后,审计机关可在一份审计决定书中对所有审计事项做出审计决定;所有审计资料由审计组归入一个审计档案。譬如,某个审计机关将要对一个被审计单位开展经济责任审计项目的同时,可以对被审计人所在单位的财政财务收支、部门预算执行、政府投资项目、专项资金管理使用及绩效等项目同时立项、同步实施、分别报告。

3. 积极探索"业务审计与信息系统审计同步组织"方式

信息系统审计是一种新的审计类型,是指通过对被审单位的信息系统组成部分的审查来获取和评价审计证据,由此对信息系统的安全性、可靠性、数据的完整性以及信息系统能否经济地使用组织资源并有效地实现组织目标发表审计意见。信息系统审计与传统的手工审计不同,对于信息化程度高的重要领域或重要部门审计,可以将审计业务与信息系统分别立项,同步实施,以此达到审计项目之间的优化统筹,提高审计工作效率的目的。

(二)单个项目的新的项目组织方式

这里所提的新型的项目组织方式是与传统的单一业务部门负责某项审计项目的审计项目组织方式相区别的,是在近年来实践中推行的方式。一般有"上审下"" 同级审"" 交叉审"等方式。

此外,近两三年来,在全国或者全省的大型专项审计中,多采取上级审计机关与下级或多级审计机关联合派出人员统一编组的方式,我们一般称之为统一组织项目审计方式。典型项目有2011年的全国地方政府性债务审计和2012年全国社会保障资金审计。这些大规模的项目采用了以审计署、省(市)为主组织开展全面行业性审计的方式,将"同级审""上审下"和"交叉审"有机结合,上下联动,实行"五统一",即统一项目计划、统一审计方案、统一审计实施、统一处理口径、统一报告模式的"五统一",提高审计质量和审计处理处罚力度。这一方式坚持了审计署与省厅,省厅与各市、县的上下联动,增强了审计的宏观性、整体性、全局性和时效性,优化了审计成果利用的新方法、新途径,树立了审计工作"一盘棋"的思想,实现了审计组织方式由"松散型"向"集中型"转变,审计质量控制由"事后监督"向"全程监控"转变,信息资源管理由"单点分散独享"向"全面辐射共享"转变。

其缺点是审计组之间相互不了解,业务开展配合需要时间磨合,上级机关和下级机关在如何和谐有效共事、开展工作方面需要花费更多的精力来协调。

(三)信息化背景下项目组织方式的转型升级

在审计信息化快速发展的背景下,审计组织方式转型升级主要体现在以下几个方面:

1. 审计管理系统(OA)“一拖 N”版本模式

即在原系统为一个审计机关提供审计业务管理和行政办公基本业务功能,并在构建基础资源数据库的基础上进行扩展,从而能为下属多个审计机关提供审计业务管理和行政办公的服务。“一拖 N”模式使县一级审计机关不用安装服务器等设备,就能通过网络访问并使用市审计局的审计管理系统(OA),既节省了县(市、区)级审计机关的投资,又解决了县(市、区)审计机关计算机管理人员短缺,维护力量薄弱等问题,这一“模式”十分适合于市、县二级审计机关,特别是欠发达地区审计部门。

2. 在线实时联网审计模式

在线实时联网审计模式即对于国库集中支付、预算核销、非税收入、银行账户管理、税务、政府采购、土地出让金、产权交易、交易市场、行政审批、低保、卫生、残疾人、社保、工商、户籍、车辆、婚姻登记等重要业务管理系统,建设审计综合管理平台(包括审计监督指挥中心、联网实时审计中心和审计数据中心),对联网单位数据采集的自动抓取、清理、转换。通过分析整合联网数据资源,筛查审计疑点和线索,为现场审计准确锁定问题提供数据支撑;创立“无项目”审计模式,通过设立审计主题和内容,对联网数据进行远程批量分析处理,查找“异常”,并通过向联网单位出具疑点核查函或现场核查进行问题确认;建立审计模型自动执行模式,开展实时监控,实现过程监控和动态预警。

3. 数字化审计业务组织方式

典型代表为审计署金融司提出的“总体分析与分散核查”模式,即“1 个平台、2 个渠道、3 个中心、N 个核查小组”的未来发展新模式。“1 个平台”是指综合信息管理平台;“2 个渠道”是指信息交互渠道与资源共享渠道;“3 个中心”是指决策指挥中心、数据分析中心和宏观研究中心;“N 个核查小组”是指依托信息管理平台和渠道,根据数据分析中心发现的审计疑点,在总体把握的基础上,统筹安排全国金融审计力量,围绕审计目标和重点,组织若干个审计核查小组有针对性地分散实施,精确核查。

第四部分　湖南省审计厅审计组织方式创新的实践

2007 年以来,湖南省审计厅按照创新改革的要求,开始实行国家审计权能分离改革,将审计监督运行过程,划分为“审计项目计划安排”“现场审计查证”“审计复核审理”“审计结论执行”四个控制环节,并在审计实践中不断加以完善。采取多种手段创新审计组织方式,审计工作的质量和效率得到显著提高。

一、审计机关内部机构审计职权的四分离改革

在组织机构设置上,该厅将内部机构按"计划、查证、审理、执行"四个环节对应划分成四类职能部门:增设独立的综合计划部门,将原来的各业务部门整合为审计查证处,将原法制处新增审理职能部门改为法制审理处,还新增专门的审计执行处。目前该厅与审计组织方式相关的内部职能部门有人事处、办公室、审计技术处、审计计划处、审计实施处(多个)、审计审理处、审计执行处等。这与以前传统的"一竿子插到底"的审计组织方式相比是一大进步。

在新的模式下,年度项目计划由综合计划部门紧扣经济社会的热点、重点提出,做好预算、人员等资源调配,设置计划任务完成进度表,随时掌握项目审计情况。原来的"审计组"全部被"审计查证组"取代,打破了各业务部门界限,实现了集中精力专门打"歼灭战"。不再负责审计结论性文书的拟定,也不负责该文书的送达及执行工作,而专门由审理部门和执行部门负责,扼制了人情处理和权力滥用,发挥了监督与服务的双重职能,提高了执行效果。总之,这种设置有效地提升了计划立项的高度、现场实施的深度、项目审理的法度、审计执行的力度,以及审计成果的公信度。

二、审计项目组织方式创新

该厅审计计划管理部门从整合审计资源入手,以项目需求为主导,通过设置管理层次和控制跨度,实现跨地域、跨部门之间的联合作业,不同级次审计机关的纵向互动,探索多专业融合、多视角分析、多方式结合的审计组织方式。为实现大项目的核心价值提供了组织保障。具体做法有:

一是构建"全省审计一盘棋"的工作格局。由于审计机关行政与业务"双轨制"管理模式,在统一组织的大型项目中,往往容易出现信息不对称的现象。因此,对于板块项目和大项目,他们在统一计划、统一组织、统一方案、统一处理、统一报告"五统一"的前提下,注重制度顶层设计,建立领导机制,出台实施细则;采取"大兵团"作战的方式,实行审计项目组长负责制,强化业务的纵向管理,统筹地域、项目组的横向协调,从而构建"全省审计一盘棋"的格局。

二是推行"1+N"组织方式。湖南省积极探索"1+N"审计组织管理方式,出台了《"1+N"审计组织管理方式实施办法》。即年度审计计划中,对同一个

被审计单位不同类型的事项分别立项,交由一个审计组实施。即“派一个审计组”“出一份决定书”“并一个审计档案”。

在大项目执行过程中,计划管理部门对可能出现的关联事项进行评估,合理处理项目之间对象交叉、资金关联等审计事项,以达到节省成本与减轻被审计单位负担的效果。

三是探索其他组织实施方式。一是“项目试审”:即全省统一实施、或者几个业务部门、部分市(州)县参与的项目,牵头业务部门提前试审,制定统一的审计工作方案。二是“业务审计与信息系统审计同步组织”:即对于重要领域或重要部门审计,将审计业务与信息系统分别立项,同步实施。三是“交叉审计”:即年度统一授权项目、政策或行业性强且要求高的项目,全省统一调配力量,采取回避方法,实行异地交叉审计。这些方式都在大项目中进行了运用。此外,正在创造条件试行联网审计。

三、审计组织方式创新的配套措施

一是加强项目计划统筹力度。主要包括加强对市、县审计计划编制的指导与衔接,督促检查计划执行进度与质量,动态反映计划项目投入与产出等。二是优化人力资源整合。抓紧编制全省审计体系人才信息库,实行分类管理。三是加大审计能力建设。采取集中培训、跟班学习、网上授课、送教上门、对口辅导等多种方式,尽快提高市、县审计机关队伍素质。四是明确相关事项。即在市、县两级审计机关人财物统一支配之前,市、县两级政府及审计机关不得违规调拨、划转审计机关资产,不得违规超编进人、超职数配备领导干部,不得调入不具备审计及相关专业的人员进入审计机关,不得将不具备经济、法律、管理等工作背景的调任审计机关负责人。

参考文献:

[1]马玉珍.政府审计资源整合与利用问题研究[J].审计与经济研究,2007(7).

[2]聂新军,张立民.政府审计资源整合与利用[J].中国行政管理,2008(5).

[3]刘玉波,桑海林.国家审计与社会审计资源整合应把握的关键环节[J].审计月刊,2010(7).

[4]陕西省审计学会,西北大学课题组.审计机关审计资源整合研究[J].现代审计与经济,2007(4).

[5]张阳,刘俊.国家审计资源整合的经济学分析与效果评估[J].企业经济,2008(6).

[6]王玉智.审计信息化与审计组织方式[J].审计研究,2011(4).

[7]许存格.政府审计组织的创新——矩阵结构组织形式[J].会计之友,2010(6).
[8]肖晗.加强和改进经济责任审计工作的对策——基于组织方式创新的思考[J].经济研究导刊,2012(32).
[9]阎北方.浅析“上下结合”——审计组织方式的新探索[J].改革与理论,2000(10).
[10]赵劲松.推进大型审计项目管理之思考——基于全国地方政府性债务审计和社会保障资金审计大型项目管理实践[J].审计月刊,2013(4).

课题组成员:胡吉祥　尹秀兰　伍剑波　李爱娟　傅　烨

统一战线服务湖南科学发展“五大平台”建设促进“五大关系”和谐的实践与思考

湖南省人大常委会　何平地

省委常委、省委统战部部长李微微同志重要批示：

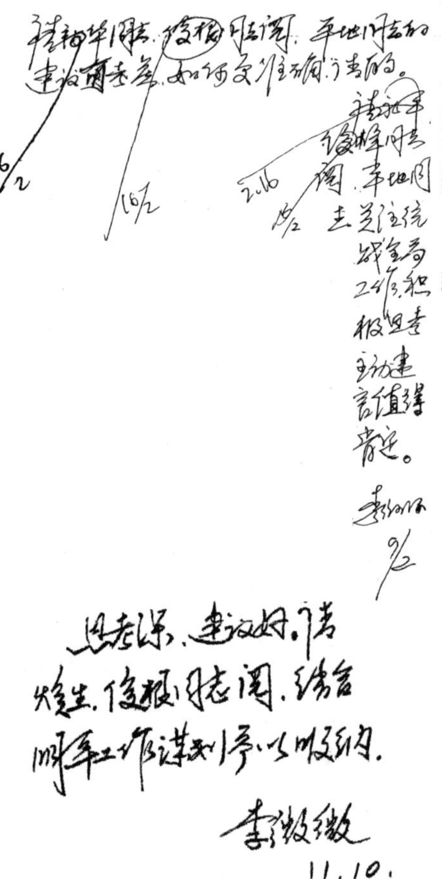

摘　要：近年来，湖南省委统战部创造性地提出着力搭建统一战线服务湖南科学发展“四大平台”，促进“五大关系”和谐。笔者建议深化和拓展“四大平台”，充实“民族宗教界人士促进湖南科学发展平台”，省委常委、省委统战部长李微微同志就建议作出重要批示：“平地同志关注统战全局工作，积极思考主动建言值得肯定。”同时就健全和完善平台建设组织专题研究并采纳了建议，形成“五大平台”。前不久，笔者又慎重提出《关于巩固和提升统一战线服务湖南科学发展“五大平台”建设促进“五大关系”和谐的建议》，李微微部长再次作出重要批示：“思考深，建议好，结合工作谋划予以吸纳。”根据党的十八大报告关于政党关系、民族关系、宗教关系、阶层关系、海内外同胞关系“五大关系”的重要论述，为适应新的形势和任务对各级统战部门提出的新要求，笔者就统一战线服务湖南科学发展平台建设进行深入调研，分析探讨统一战线服务科学发展“五大平台”与促进“五大关系”和谐的辩证关系，客观评价近几年来湖南统一战线服务科学发展平台建设取得的成效，并紧密结合实际就巩固和提升统一战线服务湖南科学发展平台建设提出行之有效的对策和建议，力争不断提高统战工作科学化水平，进一步促进“五大关系”和谐向纵深发展，为推动全省经济社会科学发展作出积极贡献。

关键词：统一战线；服务；科学发展；五大平台；五大关系

党的十八大报告指出，“巩固和发展最广泛的爱国统一战线。统一战线是凝聚各方面力量，促进政党关系、民族关系、宗教关系、阶层关系、海内外同胞关系的和谐，夺取中国特色社会主义新胜利的重要法宝”。湖南是统战资源大省，历届省委高度重视统战工作。2008年年初，省委统战部围绕全国统战工作会议精神要求和富民强省目标，从时代发展和战略全局的高度，结合实际创造性地提出着力搭建统一战线成员献计湖南科学发展、非公有制经济人士投身湖南科学发展、港澳台和海外人士参与湖南科学发展、党外知识分子助推湖南科学发展“四大平台”，促进“五大关系”和谐。2009年年初，省委统战部在深入调研和充分论证的基础上深化和拓展“四大平台”，充实了“民族宗教界人士促进湖南科学发展平台”，形成统一战线服务湖南科学发展“五大平台”。

实践证明，“五大平台”大有可为，运行卓有成效，为促进湖南科学发展、富民强省作出了重要贡献。它是统一战线服务湖南科学发展和促进“五大关系”和谐的重大创举和生动实践，是在全国统一战线具有重大深远影响的战略品牌，充分彰显了决策层的政治智慧和领导艺术。这一理论获得了省委、中央统战部的充分肯定和高度评价，也赢得了社会各界的广泛认同和好评，湖南连续五年在全国统战部长会议上作大会发言。湖南省创新党外干部工作机制、非公有制经济组织深入学习实践科学发展观活动，“万企联村，共同发展”活动等工作先后

26 次受到习近平等党和国家领导同志的批示肯定。笔者主要从理论、实践层面和历史、现实角度分析探讨统一战线服务科学发展“五大平台”与促进“五大关系”和谐的辩证关系。

一、统一战线服务科学发展“五大平台”建设与促进“五大关系”和谐是辩证统一、一脉相承的

首先,统一战线服务科学发展“五大平台”建设是促进“五大关系”和谐的客观要求和现实需要。统一战线涉及政党、民族、宗教、阶层、港澳台和海外等多个方面,它们是“五大关系”和“五大平台”的基本要素和重要内涵。搭建“五大平台”与促进“五大关系”和谐,关乎经济、政治、文化、社会、生态等各个领域,其结合点和着力点实质上均统一于重视彰显和发挥统一战线在促进经济发展、社会和谐中的独特优势和积极作用,与科学发展观都有着必然的内在联系。统一战线服务科学发展和实现自身科学发展,既是统一战线贯彻落实科学发展观的必然要求,也是统一战线功能所决定的。从这个意义上来说,搭建“五大平台”和促进“五大关系”和谐在本质上是一致的,两者具有相同的哲学基础、逻辑终点和理论依据。

其次,统一战线服务科学发展“五大平台”建设是促进“五大关系”和谐的具体体现和实践途径。正确认识和处理我国政治社会方面的“五大关系”是新时期统一战线的基本内容。“五大关系”既相互关联又相互影响。促进“五大关系”和谐离不开巩固我国多党合作的政治格局、全面正确贯彻落实党的民族政策、全面贯彻党的宗教工作基本方针、积极协调社会各阶层利益、巩固全体中华儿女的大团结等战略举措。统一战线服务湖南科学发展“五大平台”是一个有机整体,涵盖多党合作、民族、宗教、新的社会阶层人士、非公有制经济人士、党外知识分子、港澳台和海外人士、党与党外人士的合作共事等各领域统战工作。省委统战部着力搭建“五大平台”,不仅按照科学发展观的要求深化和拓展了上述战略举措,而且其范畴蕴涵和体现了新时期统一战线的性质、地位、作用、任务、范围、对象、主题、定位、理念等内容,与“五大关系”的本质、要义、内涵与特色彼此呼应,并从实际操作层面将正确认识和处理统一战线“五大关系”和谐的功能定位和价值取向具体化、程序化。

再次,统一战线服务科学发展“五大平台”建设与促进“五大关系”和谐相辅相成、相得益彰。统一战线作为不同阶级、阶层、政党、民族、团体和社会成员构成的政治联盟,其相互之间也构成了基本的稳定的关系和联系。“五大关系”是

事关党和国家工作全局的重大政治社会关系，也是统一战线内部的基本关系。这一概念的提出，充分体现了党中央对统一战线的高度重视，也体现了对统一战线与和谐社会内在联系的规律性认识。发展是统一战线广大成员团结奋斗的第一要务，维护团结稳定、促进社会和谐是统一战线的突出任务。统战工作，论其本质是做“和谐”的工作。但就和谐谈和谐是远远不够的。发展（即搭建服务科学发展“五大平台”）与和谐（即促进统一战线“五大关系”和谐）是辩证统一、一脉相承的，发展为和谐提供物质基础，和谐为发展创造良好条件，和谐是发展的目的之一，发展是和谐的重要保障。在改革开放和现代化建设过程当中，很多有关和谐的问题必须依靠发展来解决。而统一战线在搭建服务科学发展“五大平台”和促进“五大关系”和谐中具有不可替代的独特优势和重要作用。

二、着力搭建统一战线服务湖南科学发展“五大平台”，促进“五大关系”和谐卓有成效

理论的重要价值和巨大作用在于对实践的指导和推动。通过近五年的实践，统一战线服务湖南科学发展“五大平台”促进“五大关系”和谐卓有成效，符合广大统战成员和统战干部的愿望和期盼，进一步增强了他们的荣誉感、成就感和幸福感，赢得社会各界的高度评价和广泛赞誉。

一是着力搭建统一战线献计湖南科学发展平台，促进“五大关系”和谐。探索建立的“党委出题、党派调研、政府采纳、部门落实”参政议政专题调研模式，被写入《中国政党制度白皮书》。组织民主党派、工商联和无党派人士，围绕“富民强省”“四化两型”“四个湖南”等湖南经济社会发展的重大问题，深入调研、积极建言。近五年共向省委、省政府提交重大调研成果150余篇、意见建议1400多条，为省委、省政府科学民主决策提供了重要参考，促进了湖南有关决策部署进入国家战略层面。如，组织开展武陵山区经济社会发展情况大调研，推动湖南7个市（州）的37个县（区、市）进入国家《武陵山片区区域发展和扶贫攻坚规划》；组织开展环洞庭湖生态经济圈发展大调研，环洞庭湖生态经济圈有望近期进入国家发展战略层面，成为湖南经济的“第四大板块”。

二是着力搭建非公有制经济人士投身湖南科学发展平台，促进阶层关系和谐。深入开展“万企联村、共同发展”活动，组织引导广大非公有制企业和海内外工商界人士，通过产业联村、项目带村、智力扶村、捐助帮村等形式，围绕产业延伸、连锁经营、资源开发、基础设施、劳动力转移等重点，与广大农村开展深度合作对接。目前，共有6400多家非公有制企业和一大批港澳台与海内外工商界

人士、2000多名统一战线代表人士、1000多名高等院校及科研机构专家学者参与，对接湖南9800多个行政村，实施项目6800多个，投入各类资金410亿元，覆盖全省1100多个乡镇、1300多万农业人口，有力地推动了新农村建设、农民增收致富和城乡统筹发展。积极做好新的社会阶层人士工作，引导他们投身社会公益事业，先后开展“十万招工扶贫”“温暖工程”“感恩行动”等活动，帮助困难群众解决就业、脱贫等实际问题。

三是着力搭建港澳台和海外人士参与湖南科学发展平台，促进海内外同胞关系和谐。开展“湖南海联理事三湘行”和“推荐一批好朋友，引进一个好项目，提出一条好建议，办一件好实事”情系湖南“四个一”活动，引进重大项目100多个，引进资金700多亿元，捐建海联学校83所、乡村卫生室208个。先后80多次组团赴50多个国家和地区开展多领域交流活动，邀请来自60多个国家和地区的重要人士和团体5000多人次来湘考察交流，与120多个港澳台和海外社团建立了友好关系，有力地促进了湖南对外开放和交流交往。运用湖南省海外联谊会、台联会、湖南欧美同学会、湖南中国和平统一促进会、香港湖南商会、澳门湖南联谊总会等，密切与港澳台和海外社团的联系，加强对外联络与交往，认真做好港澳台同胞、海外侨胞的沟通、协调、服务工作，进一步增强中华文化的凝聚力和向心力。

四是着力搭建党外知识分子助推湖南科学发展平台，促进“五大关系”和谐。组织动员党外知识分子、无党派人士向袁隆平同志学习，大力开展“科技创新、贡献湖南”活动，推动高校和科研院所的党外知识分子500多项科研成果与非公有制企业实现“联姻”，促进了科技成果转化和企业自主创新能力提升。

五是着力搭建民族宗教界人士促进湖南科学发展平台，促进民族关系、宗教关系和谐。整合统一战线资源推动武陵山区扶贫开发，组织实施爱德基金项目，加强民族地区人才培养，促进各民族共同团结进步、共同繁荣发展。2009年，湖南省委统战部被国务院授予“全国民族团结进步模范集体”称号。扎实推进“和谐寺观教堂”创建活动，引导宗教界人士奉献社会，支持开展佛文化节、道文化节、国际道教论坛等活动，促进宗教界和谐稳定。

三、巩固和提升统一战线服务湖南科学发展“五大平台”建设，进一步促进“五大关系”和谐向纵深发展

新时期统一战线面临诸多新情况新问题。当前，湖南正处在加快科学发展、全面建成小康社会的关键时期，对统一战线提出了新的更高要求。为此，建

议各级统战部门认真贯彻落实党的十八大、省第十次党代会精神，紧紧依靠党委领导，以积极作为赢得党委重视，以作用发挥赢得各方支持，认真履职，创新工作，全面提高统战工作科学化水平，巩固和提升统一战线服务湖南科学发展“五大平台”建设，进一步促进“五大关系”和谐向纵深发展，为推动湖南经济社会又好又快发展作出新的更大贡献。

第一，巩固和提升统一战线服务湖南科学发展“五大平台”建设，进一步促进“五大关系”和谐向纵深发展，要注重把握规律。必须在掌握统一战线长期以来形成的经验基础上，结合新的发展实践，研究探索和准确把握统一战线服务科学发展的规律、自身科学发展的规律和各领域工作的规律，努力减少工作中的盲目性，克服片面性，增强实效性。例如，把握党外代表人士成长规律对于提高党外代表人士的代表性、实现统一战线可持续发展至关重要。新一代党外人士成长于改革开放时期，在社会分工越来越细的情况下，即使在某一领域或行业有造诣，也很难单凭个人努力积累起较大的政治影响力和社会影响力。这就需要我们研究社会环境、时代特点、成长经历对党外代表人士的影响，把握新的历史条件下各领域党外代表人士的成长规律，加强有组织、有计划的培养，不断提高党外代表人士的代表性。

第二，巩固和提升统一战线服务湖南科学发展“五大平台”建设，进一步促进“五大关系”和谐向纵深发展，要注重统筹谋划。统一战线涉及国际国内两个大局，尤其需要开阔眼界、统筹谋划，增强工作的战略性和系统性。要始终围绕中心，服务大局，把统战工作置于党委、政府工作大局中来定位、来谋划、来推动，把对接党委、政府发展战略，人民群众利益需求作为主攻方向，注重整体规划，找准关键环节，彰显自身价值。要充分发挥各级统战部门的优势，善于运用社会化、市场化工作机制，调动各相关方面的积极性，合理协调各方力量、集合各方优长，努力形成纵向互动、横向联动、多方齐动的全省一盘棋格局，实现各方资源的优化配置和“五大平台”品牌的优势叠加。比如，省委统战部牵头承办的“2009年资源节约、环境友好国际合作高层论坛”和“国际道教论坛”等重大活动都是汇聚海内外资源、促进湖南发展和向世界推介湖南、加强国际交流合作的“大手笔”。

第三，巩固和提升统一战线服务湖南科学发展“五大平台”建设，进一步促进“五大关系”和谐向纵深发展，要注重改革创新。随着国际国内形势发生深刻变化，过去的工作方法已经不能适应新形势的需要，难以达到预想的效果，因此必须以创新的思维去研究问题，以改革的精神去解决问题。例如，通过“一根头发”去影响“一把头发”，是统战工作的一个基本方法，但这种方法的一个重要前提就是代表人士必须具有代表性、受到群众的支持和拥护。在当前的非公有制经济人士统战工作中，由于激烈的市场竞争，非公有制企业生命周期一般在2.9年，对代表人士队伍建设造成了一定的影响，即使是目前培养出来的代表人士也很难发挥“一呼百应”的作用。这就需要我们探索形成一整套科学的办法，在发挥代表人士作用的同时，通过扩大政策覆盖面、发挥行业组织作用等途径，直接去做“一把头发”的工作。又比如，如何运用现代化网络手段开展统战工作，才能既扩大影响力，又提高工作效率。省委统战部非常重视运用网络搭建党和政府与统一战线成员沟通的平台，已经在三湘统战网开通“部长直通车”，更好地实现了部长与统一战线成员的沟通、交流，认真听取他们的意见建议，及时反映社情民意，努力协调解决实际问题和困难，取得了很好的效果；与省工商联开发了“万企联村”项目合作网上洽谈对接系统，1100多个合作项目或村企实现网上对接。

第四，巩固和提升统一战线服务湖南科学发展“五大平台”建设，进一步促进“五大关系”和谐向纵深发展，要注重完善载体。要创造性地把载体打造成为整合资源的依托、汇聚力量的平台、推动工作的抓手。例如，在搭建“五大平台”方面，积极探索开展“纵向三级联动，横向多方互动”参政议政专题调研活动、“万企联村、共同发展”活动、“湖南海联三湘行”活动、“科技创新、贡献湖南”主题活动、“民族团结进步”创建活动、创建“和谐寺观教堂”活动等为载体，都取得了可圈可点的丰硕成果，实现了预期目标。要在完善已有载体的基础上，发现兴奋点，找准着力点，创造生长点，精心设计各具特色、务实管用的新载体。坚持将统一战线服务科学发展“五大平台”战略品牌与“创先争优”活动、“同心”工程有机结合起来，充分体现“思想上同心同德、目标上同心同向、行动上同心同行”的“同心”思想，在全省组织实施“同心·助力”“同心·汇智”“同心·聚才”“同心·致和”“同心·固本”五大“同心”工程，助推“四化两型”和“四个湖南”建设。

第五，巩固和提升统一战线服务湖南科学发展“五大平台”建设，进一步促进“五大关系”和谐向纵深发展，要注重健全机制。要以加强党对统战工作的领导为根本，坚持党总揽全局、协调各方的原则，推动完善党委统一领导、统战部门牵头协调、各有关部门和人民团体各负其责的体制机制。例如，湖南省在全国率先实现省、市、县三级全部由党委常委担任统战部长，在这次县(市、区)党委换届中又探索出由党委常委同时担任组织部长、统战部长，宣传部长、统战部长，或副县(市、区)长、统战部长的好模式，为统一战线更好履行职责、发挥作用提供强有力的组织保障。要以形成工作合力为重点，不断建立健全各种联席会议制度、协调配合和专项工作机制，做到相互配合、各司其职。要着力健全综合协调、信息沟通、绩效评估、督查落实等工作机制，并加强相互之间的衔接配套，切实增强系统性、协调性和科学性。健全和完善“五大平台”建设长效机制，逐步形成各领域统战工作实践创新体系，在更高起点上科学谋划和扎实推进统战工作。

实践证明，统一战线服务湖南科学发展“五大平台”建设的理念和举措高瞻远瞩、总揽全局、务实管用，它同“五大关系”一样，以深刻内涵和严密逻辑构成了一个系统的、先进的科学理论，也是在实践中与时俱进不断丰富发展的开放的科学理论；它把世界观与方法论、唯物论与辩证法、认识论与实践论、策略性和战略性有机结合起来，不仅成为统一战线围绕中心、服务大局的重要抓手，将促进“五大关系”和谐具体化、程序化，而且必将对各领域统战工作产生重大深远影响。

我省公路货物运输量统计数据的合理性研究

湖南交通运输统计学会课题组 **谭 可 张雍雍**

摘 要:本课题从公路运输实施全行业统计以来我省历次公路货物运输量计算方法变革着手,分析了改革开放后,特别是2007—2011年近5年我省公路货物运输量发展变化趋势,并对公路货物运输量数据进行了合理性评价,指出了公路货物运输量调查统计中存在的问题,对现行货物运输量的统计方法提出建设性意见,使现行货物运输量的统计方法更趋科学可靠。

关键词:公路货物;运输量;统计数据;合理性;研究

道路运输业是交通运输业的重要组成部分,是国民经济行业分类中96个行业大类之一。2011年,湖南道路运输业增加值达到571.88亿元,占交通运输业的比率达63.9%,占全省生产总值的2.9%。

公路货物运输量是反映道路运输业生产成果的一个重要指标,是核算道路运输业增加值的基础数据,也是各级政府统计机构用来计算评估生产总值数据的重要依据。因此,搞准公路货物运输量数据对于准确计算道路运输业增加值,真实反映交通运输业发展状况及客观评价生产总值都具有十分重要的意义。

1979年以前,公路货物运输市场单一、封闭,各级交通部门独家经营公路运输业,统计方式采用全面报表制度;1979年改革开放后,运输市场的特征是多种经济成分并存、多层次、多渠道。不少企业实行了承包、租赁等不同形式的经济责任制,工厂、矿山等企业的车辆由过去的自货自运转为社会服务,个体车辆运输更是异军突起成为主力军。交通管理由部门管理向行业管理转变,由微观管理向宏观管理转变。统计方法也经历了由全面调查向全面调查与抽样调查相结合的体系转变的过程。"十一五"以来,湖南高速公路跨越式增长,农村交通发展迅速,路网结构明显改善,运输保障水平快速提升,公路运输在整体运输中的地位不断提高,公路货物运输量数据也日益受到重视。

由于公路货物运输存在业户散、小、多,运输方式灵活的特点,决定了公路货物运输量统计成为公路运输统计中的重点难点。近十年来,为适应货物运输市场经济发展和各项相关统计制度的改革,我省也经历了三种货物运输量统计方法的演变。

本课题将探讨研究我省货物运输量数据的合理性,并对现行货物运输量的统计方法提出建设性意见,以提高货物运输量数据的科学可靠性。

一、我省公路货物运输量统计原则和计算方法

1992 年,交通运输部和国家统计局以 36 号部令颁布了《公路、水路运输全行业统计工作规定》,按规定,公路货物运输量的统计原则是:①按运输工具经营权统计;②按到达量统计;③货物按实际重量统计;④按重车实际行驶里程统计。

1998 年,交通运输部制定了《公路运输定期抽样调查方案(试行)》。我省按以上规定和方案,明确了采用报表制度、抽样调查、典型调查等多种调查方法相结合的方法,进行公路货物运输量统计。范围包括营业性货物运输量和非营业性货物运输量。其中,营业性货物运输量由货车、其他机动车和拖拉机三种车辆的运输量组成,分别以最近一次的抽样调查月度数据为基数,用当月波动系数计算得出,并用当期各种车辆所占的吨位比例推算交通部门、个体户及社会单位分别的货物运输量。波动系数的依据为交通企业、主要车站、交通量、主要货站以及规模货运企业的数据。非营业性货物运输量依据省统计局提供的民用车辆比例并根据营业性货物运输量进行推算。

2009 年开始,我省不再计算非营业性货物运输量,同时营业性货物运输量的计算也在 2008 年全国公路运输量专项调查数据的基础上进行了改进。计算公式为:

货物运输量 = 报告期内 1000 个货车跟踪样本货物运输量 ÷ 2008 年 11 月 1000 个货车跟踪样本货物运输量 × 2008 年 11 月全社会货物运输量

通过每个月对 1000 个货车跟踪样本的调查,可以获取最前沿的最鲜活的货物运输量数据,能够真实反映出现实的货物运输量波动变化情况,使计算的货物运输量真实可靠。

2010 年至今,采取以公路货运车辆交通流量计算波动系数进行推算为主,以抽样调查方法为辅的方法统计月度运输量。计算方法如下:

(1)货运量

采取以公路货运车辆交通流量计算波动系数,以上年同月货运量为基数,进行推算。

报告月货运量 = 上年同月货运量 × 波动系数

波动系数 = 报告月公路货运车辆交通流量 ÷ 上年同月公路货运车辆交通流量

公路货运车辆交通流量 = ∑公路交通量调查点货运车辆流量

(2)货运周转量

采取以平均运距进行推算。通过本年的 4 月、9 月开展抽样调查,取得平均运距。

报告月货物周转量 = 报告月货运量 × 平均运距

该方法简单明了,利用已有的交通监测设施获取数据,并采用了科学的抽样调查方法,用较低的成本达到了获取货物运输量的目的。

二、我省公路货物运输量现状

自新中国成立至今,我省公路货物运输持续快速增长,尤其是改革开放以后,我省公路货物运输一直保持着持续高速增长的趋势,其在交通运输中所占的比重大幅提高。

近五年来,我省公路货运量及周转量每年均呈十个百分点以上的增长趋势。五年的年均增长速度分别达到了 15% 和 26% 。

2011 年,全省共完成公路货运量 14.42 亿吨,货运周转量 1878.57 亿吨公里,其中个体运输占 71% 和 71.2% 。2011 年我省公路货运量和货运周转量分别占全国总量的 5.1% 和 3.7% ;在公路、水路、铁路、民航和管道五种运输方式中,公路货运量和周转量分别占到 85.5% 和 56% 的比重,居五种方式之首。在运输货类中,矿物性建筑材料、煤炭及制品以及轻工医药产品居首位。

三、现行公路货物运输量数据的合理性评价

1. 方法评价

现行方法以波动系数和平均运距为变量分别计算货运量和货物周转量。

(1)采用公路货运车辆交通流量来计算波动系数,是我省公路运输量统计方法上的一个突破和亮点。利用交通流量计算波动系数的优势体现在:

①公路货运车辆交通流量的统计范围广

目前全省范围内已形成了经常性、正规化的交通量调查网络。到2009年年底，全省共建有1487个公路交通量观测站点，包括了高速公路及国、省、县、乡道现有调查点（含连续式和间隙式）的全部调查数据，货运车辆包括了货车、拖拉机和其他机动车辆。这些条件满足了公路货物运输的所有范围。

②交通流量与运输量统计范围一致

按方法规定，高速公路交通流量为本省车辆，不包括外省车辆。高速公路本省货运车辆流量根据月度抽样调查取得的比例数进行推算。这个规定与货物运输量按运输工具经营权统计原则是相符合的。

③节约成本

交通流量监测点已由公路管理部门建立完善，无需增加新的投入，大大节约调查成本，减轻了运管部门调查员的工作负担。

（2）按《公路主要统计指标及计算方法规定》中的计算公式，货物周转量为报告期内运输车辆实际运送的每批货物重量与其相应运送距离的乘积之和。实际情况中不可能统计到每批货物的重量及距离，因此我们利用平距运距乘以货运量来得到货物周转量数据。现行方法规定，货运车辆平均运距利用抽样调查方法获得。抽样调查的优势体现在以下几点：

①各级统计人员熟悉抽样调查方法

目前我省公路非专业运输企业的营业性货运车辆占绝大比重，要对分散在非交通系统各部门以及个体经营的货车完成的运输量进行调查，只能采取抽样调查的方法。我省从20世纪80年代就开始采用抽样调查，行业统计人员已基本熟悉这种方法。

②可用少数样本反映出总体趋势

货车抽样调查是从全省的货车总体中，按吨位分层的原则，从各吨位层随机抽取若干样本进行调查，并根据对抽取到的样本调查的情况推断货车总体特征的一种调查方法。抽样调查可以把调查对象集中在少数样本上，并获得与全面调查相近的结果。

按随机原则取样，是抽样推断的前提。随机抽样才能使抽取的样本保持与总体有类似的结构，才能对被估计的总体有更大的代表性。我省目前编制的《湖南省公路运输抽样调查处理系统》，可以直接从全省营运车辆数据库中，按分层原则抽取全省样本下发到市（州），这样既满足了随机抽样的前提，又减少了人工抽样的主观性。

③抽样调查误差可以控制

由于抽样推断运用的是不确定的概率估计法，必然有抽样误差。抽样误差是根据随机原则抽取的样本计算的样本指标在代表总体指标时而产生的离差。这种误差是可以计算并加以控制的，从而使推断结果达到一定的准确度和可靠程度。我省目前制定的抽样调查方案中要求："在置信度为95%的情况下，抽样调查目标量估计的极限误差不超过10%。"

总体各单位标志值的差异程度、样本数目、抽样方法、抽样组织方式是影响抽样误差的四个因素。我们在布置样本时一般要求地市抽取多于最低样本量的数量，一方面从样本数目上提高精度；另一方面，我们的抽样调查方式是类型抽样（即分层抽样）和等距抽样相结合。类型抽样是通过分组，将总体中标志值比较接近的单位归为一组，再从各组抽取样本，使样本分布更接近总体分布，这样就减少了组内的差异程度，提高了样本的代表性。而等距抽样可以保证被抽取的单位在总体中分布均匀，缩小各单位之间的差异程度，提高样本代表性。

2. 数据评价

①公路货物运输量与生产总值的发展趋势

据有关数据统计，公路货物运输量与生产总值的发展是呈一致的趋势。

②20世纪90年代到21世纪初，是我省交通史上发展最快、规模最大、影响最广的十几年。截至2011年年底，我省公路总里程达到23万公里，是改革开放初期的近4倍。经过30多年来的发展建设，我省公路运输网络快速交叉扩大，实现了大范围的省省、省市、市县、县乡以及村村多层次的公路覆盖，为国民经济的发展作出了很大的贡献，并满足了人民物质生活的需要。而公路货物运输的发展与公路基础设施的建设是息息相关的，我省公路货物运输与公路里程的发展趋势是基本一致的。

③公路货物运输情况与货运车辆的发展态势是密不可分的。车辆数量的变化必然导致运输量的变化。

五年来我省公路货运车辆辆数增势平稳，五年的年均增长速度为9%；车辆类型近年来呈大吨位、集约化发展，货车吨位数五年的年均增长速度为21%。全省公路货运量和货物周转量与车辆数及吨位数的发展趋势是一致的。

④按照《公路运输定期抽样调查方案（试行）》的规定，为保证95%的置信度，调查目标量的极限相对误差必须小于20%。

近年来我省历次抽样调查的误差率都远小于要求水平，说明我们抽样调查所得数据是可靠可信可用的。

综上所述，我们认为目前我省使用的公路货物运输量计算方法是合理可信的。

四、我省公路货物运输量调查统计中存在的问题

我省公路运输量统计经过长期发展已经建立了一套完整的、自上而下的统计工作体系，包括抽样调查、全面报表等。但随着公路运输量统计工作的深入开展，也逐渐显现出了一些问题。

1. 统计基础工作薄弱

目前为止，我省已建立了网络版的省运政电子信息管理系统，该系统功能较弱，信息不太全，主要是为打证服务。这就存在对打证部分数据要求严，质量相对高，非打证部分数据问题多，质量相对差的现象；同时，基层办证人员在进行办证登记时工作疏忽，对数据库指标不理解，在填报时产生一些错误。因此，该系统在为统计服务时，可能导致一些数据不实，影响了统计车辆数据库的质量，也影响了车辆抽样的结果。

2. 统计队伍变化频繁

统计队伍极不稳定，个别市（州）级统计人员是兼职，县级几乎全为兼职统计员，越到基层，统计人员兼职较多，工作任务重，容易顾此失彼；另外统计人员变动频繁，甚至有每年一变的情况存在，这种变动很难保证统计人员的业务水平，从而影响到基础工作和调查工作的结果。

3. 基层领导重视不够

目前许多基层单位领导对统计工作重视不够，单位没有建立统计工作制度，任意变更统计人员，无法保障统计人员的待遇等，必然导致高学历、业务能力强的人员不愿意干统计工作。这些现象直接影响到统计人员的工作，从而影响调查等各项统计工作质量。

4. 数据真实性有可能受到干预

货物运输业生产总值在道路运输业或服务业生产总值中起着举足轻重的作用，因此，地方政府部门越来越重视、关注货物运输量。加上地方政府部门每年要进行绩效考核，地方政府在定指标、利益驱使和相互攀比下，存在干预货物运输量数据的现象，造成货物运输量数据泡沫越来越多，数据的真实性受到影响。

5. 统计调查先进技术手段欠缺

连续式流量观测站每天24小时设备自动采集数据，数据真实可靠，但我省连续式站点只占所有观测站点的25.67%，绝大多数是间隙式站点。而间隙式站点每月最多观测两次，数据波动大、离散性强，观测设备大多数是半自动和纯人工记录，对数据质量影响大，调查的技术手段还较欠缺。

6. 方法设计中的误差

抽样调查中的货车平均运距决定着货运周转量的数据。而实施抽样调查过程中，会产生一定的误差。抽样调查误差主要取决于抽样误差和非抽样误差。运输经营业户的车辆报废或转出时，一些车主并不会到运管部门办理登记手续，这样就使得抽样框总体中包含了非目标总体单位，一是使车辆总数估计偏高，影响推算数据；二是导致抽中样本无法被调查到。这就产生了抽样误差。非抽样误差分为无回答误差和计量误差。我们在回访过程中，经常发现车主拒绝配合调查，原因可能是被调查者对调查内容理解不当或是担心，这样便产生了无回答抽样误差。在调查过程中，调查者的业务水平以及工作态度会引起计量误差；另外被调查者在被调查过程中无法给出真实回复也是最重要的一种计量误差，如由于货运抽样调查是回忆记录，对于货物重量，被调查者往往回答整数，以及担心“超载罚款”的心理影响，故意报低重量等。

五、现行方法改进建议

我们认为，我省现行的公路运输货运量计算方法是科学可行的，但对执行过程中的操作，提出如下改进建议：

1. 加强基层统计及业务工作

要求基层办证人员在办证时，要准确完整填写车辆的基本信息和车主的联系地址、联系电话等，以减少抽样框误差和样本替换。

2. 加强宣传力度，争取领导重视，稳定统计队伍

要加强统计法宣传，特别是做好各级领导的思想工作，改变领导对统计不重视的状况，并要维护好统计队伍的稳定，提高统计人员的素质。

3. 规范统计工作管理，严格依法统计

要做好统计法制宣传工作，并且规范统计管理流程，确保统计数据从源头到结果都真实可靠。严查统计数据做假，查到即通报，这样才能提高统计数据的公信力；另外还可以从软件着手，通过权限控制来防止作假。

4. 合理控制运输量调查统计中的非抽样误差

①对于抽样框误差，定期清理更新车辆数据库是最有效的方法；②对于无访问误差，必须先从调查员的培训抓起，要对基层调查员定期做好统计业务培训，并加强沟通技巧培训；另外对被调查者适度奖励能起到一定的作用；③对于回忆引起的计量误差，可以事先发放调查表给车主，要求实时填写或出车当天填写，以减少回忆的偏差。

5. 逐年增加连续式流量观测站点

间隙式调查站的数据波动较大,既与观测日期有关,也与观测设备和观测人员有关,应逐步取消纯人工观测站点,每年逐步增加连续式调查站点。同时要确保设备维护费用落实到位,发现设备有问题,要尽快维修,力求观测设备正常运转。

6. 充分利用 GPS 技术为货运调查服务

目前,我省已经在"两客一危"(即从事旅游的包车、三类以上班线客车和危货车)上装载了 GPS 设备,并接入我省重点营运车辆联网联控系统,该系统可以实时监测车辆的行驶路线、速度等。2014 年,湖南开展了营运车辆 GPS 在线监测设备安装、调试和试运行工作,其中就有货物运输量数据统计测试工作。利用车载设备采集公路货运调查数据,将大大提高运输信息数据的准确性和客观性。

幼儿园确立幼儿学习与发展“合理期望”的基本方法

彭世华　路　奇

摘　要:确立幼儿学习与发展的“合理期望”,是提高幼儿园保教质量、克服幼儿园教育“小学化”倾向的基本途径与策略。幼儿园应当利用专门的工具,综合运用观察、访谈、测量、作品分析等方法,从学习的内容和水平两个角度,按照评价现状、预测未来、提出期望、确定期望等四个步骤,确立本园幼儿学习与发展的合理期望。

关键词:幼儿园课程;幼儿学习与发展;合理期望

教育部《3—6 岁儿童学习与发展指南》(以下简称《指南》)提出,要“引导幼儿园教师和家长树立正确的教育观念,了解 3—6 岁幼儿学习与发展的基本规律和特点,建立对幼儿发展的合理期望”。可见,确立幼儿学习与发展的“合理期望”,是一条提高幼儿园保教质量、克服幼儿园教育“小学化”倾向的基本途径与策略。本文拟对幼儿园教师如何确立针对幼儿学习与发展的“合理期望”进行探索,以提出一些基本的方法,供幼儿园教师参考。

一、确立“合理期望”的意义

所谓幼儿学习与发展的“合理期望”,即幼儿园教师在《指南》的价值指引下,基于对幼儿学习与发展的现状分析和未来预测,对其应当实现的学习与发展结果提出的预期,其实质就是幼儿学习与发展的合理目标,其合理性主要体现在以下三个方面:一是坚持遵循幼儿学习与发展的客观规律;二是坚持一般要求与幼儿园实际相结合;三是坚持以多数幼儿在目标时间内可能达到的水平为基准。从结构来讲,“合理期望”由项目内容和水平两部分组成。项目内容指幼儿学习与发展的哪些方面,或者应该知道什么、能做什么的范围;水平指幼儿应该知道什么、能做什么的程度。“合理期望”显然不是固定不变的,幼儿园教师必须能根据幼儿学习与发展的实际及时进行调整和完善。

幼儿园教师学会确立有关幼儿学习与发展的“合理期望”,有如下三方面的重要意义:一是有助于提高幼儿园的保教质量。在一定意义上讲,“合理期望”就是幼儿园各领域的“教学目标”。而“教学目标”是一切教学活动的起点和归宿,是教学的灵魂,支配着教学的全过程,[1]因此“合理期望”是建构幼儿学习活动体系、家园共育活动体系、幼小衔接活动体系的基本依据,也是评价幼儿园保教水平的基本依据。只有对幼儿学习与发展的期望“合理”,幼儿园才能科学施教,提高保教质量;二是有利于幼儿园克服“小学化”的倾向。一些幼儿园的保教工作之所以出现“小学化”倾向,其根本原因就在于家长和教师对幼儿学习与发展的期望不切实际,把小学阶段才可能达到的期望提前强加给幼儿。确立幼儿学习与发展的“合理期望”,由此可以帮助幼儿园教师和家长准确把握幼儿园保教活动的特点与目标,警惕“小学化”的苗头;三是有助于建设促进学前教育科学发展的有效保障机制。促进学前教育科学发展的保障机制包括政府对学前教育的投入、幼儿园管理、教师队伍建设、保教质量评估等方面的政策措施。这些政策措施只有建立在幼儿学习与发展“合理期望”的基础之上,才会有较强的针对性和力度。

二、确立“合理期望”的基本方法

(一)确定“合理期望”的内容

首先,对于那些最基本、最重要的目标,必须力争全面采用;对于那些一般性的目标,如果与本园实际有一定距离,可以调整后采用或不予采用。其次,应在认真总结本园保教工作实际的基础上,分析必须保留和补充的园本特色内容。需要说明的是,园本特色内容主要指反映本地经济社会发展特殊性的内容、反映本园保教工作特色的内容,不是因为本园办园条件和保教水平不够而调整的内容。

(二)确定“合理期望”的水平

确定了内容之后,接下来就要确定水平,即幼儿在每个发展内容(项目)方面应该知道什么、能做什么,大致可以达到什么发展水平,为此可以采取如下基本步骤和方法:

第一步,采用多种方法收集幼儿学习与发展的数据资料。拉尔夫·泰勒指出:对学习者本身的研究,是教育目标的重要来源。[2]因此,需要采用多种方法全方位、多方面收集幼儿学习与发展的数据资料。收集的范围为“合理期望”的所有内容(项目),收集的对象为本班全体幼儿,即全体幼儿在“合理期望”的所有内容(项目)的学习与发展上都有符合要求的数据资料。收集数据资料的途径主要有观察法(自然观察与情境观察)、访谈法(对幼儿的访谈和对家长的访谈)、测评法(包括测量与测评,前者指采用测量仪器、仪表等工具,直接测量、读出物理量值;后者指借助一定的工具,如故事、儿歌、图片、绘本等设计相关问题或问题情境,让幼儿回答或解答,以测查幼儿相关学习与发展状况)、作品分析法(对幼儿的绘画、美工、音乐、文学作品等进行分析研究)、问卷法(通过编制特定的调查问卷,并指导家长填写调查问卷,以较快的速度获得大量幼儿平时在家的相关表现信息)。

第二步,分析数据资料,描述幼儿学习与发展的现状。一般幼儿园可以定性分析为主,定量分析为辅,即对幼儿学习与发展的大部分内容(项目)进行定性分析,而对那些可以直接用数据表述的内容(项目),如身高和体重、力量和耐力等,进行定量分析。

第三步,预测学年末幼儿可能达到的发展水平,提出“合理期望”。预测幼儿学习与发展水平的途径可采用直接预测、比较预测和综合预测。直接预测即通过对上年龄段末期水平的测评,来预测下年龄段末期可能达到的水平,其具体方法有趋势外推法、平均移动法等。比较预测即选取与本班保教水平相近的参考班级(园内外均可),以其上年龄段末期的水平,作为所预测班级下年龄段末期可能达到的水平。幼儿学习与发展会受到区域政治、经济、社会、文化、科技、教育等多种因素的影响,而且直接预测、比较预测不可能全面和准确地反映幼儿园的教学规律,因此还要考虑以往的教育经验和幼儿园当前教育教学改革的需要以及幼儿学习与发展的一般规律和个体差异,进行综合预测,同时对比较预测的数值进行必要的修正。上述预测过程,实际上就是确定幼儿的“最近发展区”的过程。这种任务不是在短期内可以完成的,需要教师长期追踪观察和深入了解每一个幼儿。[3]因此,幼儿园教师应当养成利用多种方法和手段对幼儿的学习与发展状况进行记录与评价的良好习惯。

(三)广泛征求意见,在实施中不断修订完善

组合所确立的“合理期望”内容(项目)及其水平,就可以形成本园本班(××年龄段)幼儿学习与发展的“合理期望”。但这一步还只是初稿,应该继续向有经验的教师和相关专家征求意见,以求更加完善和可靠,而且在实施过程中要

根据出现的各种新情况及时进行必要的修订。

三、注意事项

第一,要多方收集足够的数据资料,准确把握幼儿学习与发展现状。数据资料是否足够,直接影响对幼儿学习与发展现状的把握是否准确。为此,幼儿园应充分重视建立幼儿成长档案,在日常教学中利用多种手段收集幼儿学习与发展的数据资料。同时,应重视利用专业的评价工具,在学年末期集中采集某些数据资料。

第二,要及时完成现状评价和未来预测,适时确立“合理期望”。一般来讲,确定“合理期望”内容,以及收集上学龄段幼儿学习与发展水平数据资料的工作,应当在上学龄段末期完成;对“合理期望”内容的调整,对幼儿学习与发展水平的上学龄段数据资料的统计分析、对本学龄段末期可能达到的水平预测,以及确定“合理期望”水平的工作,应当在本学龄段开始时完成。大部分采集数据资料的工作应尽可能在学年开学前甚至在上个学年末完成(小班教师则要提前做好家访工作)。

第三,要正确处理幼儿园办园条件与“合理期望”之间的关系。一方面,《指南》提出的幼儿学习与发展最基本、最重要的“目标”,是对全国幼儿的“合理期望”,所有幼儿园都应该创造条件达到,不能以“条件有限”而降低要求。另一方面,“合理期望”的合理程度与其是否切合各个幼儿园的办园实际(包括办园特色和地方经济社会特点)有关。各幼儿园应当客观认识区域特点,确立既符合《指南》精神又切合自身实际的“合理期望”。

第四,应正确理解和运用幼儿学习与发展的“合理期望”。对幼儿学习与发展现状进行评价只是为了确立“合理期望”,它是一个过程,而不是目的。绝不能把评价“结果”当作幼儿学习与发展的“结论”,对幼儿“贴标签”。同时,应坚持因材施教,对发展超常和不足的幼儿给予特殊对待,以促进他们健康成长。

第五,应根据实际情况及时调整“合理期望”。美国学者纽曼提出的“真实性成就”“真实性教学”等概念,强调的就是要促进幼儿在自身的兴趣、经验、学习方式等基础上,充分发挥智慧投入学习。[4]“合理期望”终究是一种主观产物,其实现还要受到许多难以掌控因素的影响,因此必须综合考虑各方面情况,在实施中及时根据实际情况予以修正。

参考文献：

[1]崔允漷.教学目标:不该被遗忘的教学起点[J].人民教育,2004,(13—14).

[2]拉尔夫·泰勒.课程与教学的基本原理[M].北京:中国轻工业出版社2008年版.

[3]赵南.“最近发展区”概念解析及其对幼儿园教学的启示[J].学前教育研究,2006(9).

[4]王海澜.真实性教学:幼儿教师永远的工作重点[J].学前教育研究,2008(4).

自适应方法在统计数据质量研究中的应用

湘潭大学 **王文强**

摘　要：本项目以数理统计、统计原理、抽样理论、自适应理论、统计计算等为理论依据，探索如何对现有统计数据质量控制框架进行优化完善，自适应方法如何应用于统计数据质量研究。在具体研究过程中，仅关注定量数据的情形。由于设计有效自适应方法必须兼顾影响数据质量的多种因素的存在，导致研究工作变得十分艰难，因此没能给出所有的统计环节的自适应策略，重点针对数据收集、整理等环节。由于时间仓促，该研究就自适应方法在理论上如何提高统计数据的准确性、有效性等方面有所突破，但没能在实践中作大量的实证分析。

关键词：自适应方法；数据质量；统计方法；统计数据

引言

2012年国家统计局原局长马建堂指出要"进一步规范指标名称、涵义、计算方法、分类标准和统计编码，进一步规范各专业审核修改企业数据的方法和程序，基本建成统一规范、科学简捷的企业一套表制度。通过增加功能、优化性能、强化兼容、认真测试，基本建成功能基本完善、操作比较方便的数据采集处理软件系统"。这为在数据质量研究中应用自适应方法提供了坚实的研究基础。

2014年，课题组针对当前统计数据质量的不尽如人意，试图通过对自适应方法进行适度的改造，将其应用到统计数据质量的研究中，以求提高统计数据的准确性，并获得湖南省统计局统计科研项目立项课题。课题组成员共同努力，针对自适应方法的具体设计策略进行了研究，并作了实证分析，初步形成了从数据收集、数据整理到数据分析不同阶段自适应策略设计的基本理论与方法，项目研究取得了一定的成效。

一、课题的提出及意义

(一)研究背景

统计数据质量是统计工作的生命,是发挥统计职能的基石,是数据使用者进行管理与决策的重要依据,是对经济和社会指标(变量)数量分析、预测、制定政策的必备资料,同时也是已有管理方式与决策执行情况的信息反馈,是对数据使用者的决策实践成果的公正评价。

数据质量问题的分类可以如下图所示:

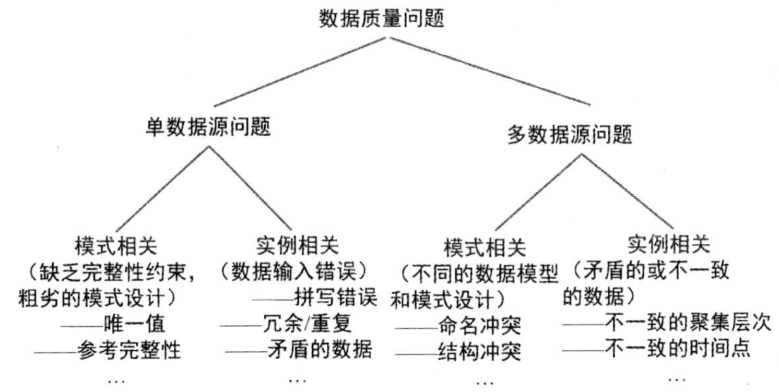

图 1 数据质量问题的分类

大数据时代下,数据使用者对统计数据质量的要求越来越高。但数据质量的现状又是怎样的呢?一方面,关注和研究统计数据质量的统计工作者和学者越来越多。另一方面,低质量的,甚至错误的统计数据依然大量的存在。统计数据失真现象给数据使用者进行长远规划、制定各项方针政策带来了严重的负面影响,使经济蒙受损失、各级政府部门的声誉受到损害。因此采取有效的措施提高统计数据质量是数据提供者统计部门工作的当务之急。

统计数据质量不仅需要制度上约束、控制数据的可靠性,还需要在检测、验证的方法上进一步深入研究。尽管现有的研究工作在检验方法上有所突破,但如何具体与实际数据紧密结合,实施这些方法,还须加大力度进行研究和实践[1-3,8]。

尽管自适应方法在统计数据质量研究中的应用的现有可查的文献几乎没有,但值得借鉴和参考的研究成果却是非常丰富的,其中包含与其密切相关的自适应方法或数据质量的研究工作[1-10]。设计有效自适应方法必须兼顾影响数据质量的多种因素的存在，这无疑是一项十分艰巨的研究工作。因此在本项目中，不奢求在所有的环节系统地设计自适应策略，只针对统计技术或者数据质量的监测方法等部分环节中，当数据结构为定性资料时，设计出较为实用的自适应策略提高统计数据的准确性、适用性、可获得性、可解释性等，从而达到部分提高统计数据质量的目标。

（二）研究意义

一方面，统计数据质量是衡量统计工作的核心指标和生命线，是发挥统计信息、咨询、监督三大职能的基石。另一方面，随着经济社会的发展，各级党委、政府和社会各界不仅对统计数据的需求量越来越大，而且对统计数据质量的要求也越来越高，统计数据质量直接影响和决定着数据的可利用性，统计数据质量低下将直接导致决策的失误。因此提高统计数据质量一直是统计部门工作的重点和孜孜追求的目标，其中在科学的统计方法指导下进行数据收集、数据整理和数据分析，无疑是提高数据质量的一种极其重要的途径。

全面理解统计数据质量本质内涵，正确分析统计数据质量现状及其存在的主要问题，并且有效提高统计数据质量，这些研究有着重大的理论和实践意义。目前我国统计数据质量管理上存在的问题主要有：统计数据失真、设计需求不明确、数据处理手段不协调、质量管理监督不力等问题。影响统计数据质量的因素主要有三个方面：统计技术、统计体制与统计法规。因此寻找科学合理的统计方法是一件十分迫切而且意义重大的事情。本项目将在其他领域广泛使用的自适应方法[7]应用到统计技术或者数据质量的监测方法等环节中，根据不同研究对象的特点针对性地设计实用的自适应策略，试图从数理统计、统计学方法、统计技术的角度出发来探讨统计数据质量，而不涉及讨论统计体制、统计法规等顶层设计问题，从理论知识层面上有效遏制住“官出数字”等乱象，从而达到提高统计数据质量的目标，对实现统计信息的准确性、有效性、全面性有着十分重要的理论意义与广阔的应用前景。

二、课题研究的目标与内容

（一）研究目标

本项目的研究目标是试图将自适应方法的普适性推广到统计数据质量这样的研究热点领域中来，面对不断变化的统计对象、统计产品自动调整统计方法或改变统计技术，从而提高统计数据的准确性，同时兼顾其有用性和方便性。本项目的顺利推进将有助于统计方法和统计技术的相关理论与实践得到进一步完善，同时对于数据质量的研究起到提供新的思路与技巧的作用，因此具有一定程度的理论创新意义与应用价值。

（二）研究内容

本项目的研究内容是针对统计过程的不同阶段分别讨论自适应策略的设计和实施方案，具体主要考虑数据收集、数据整理和数据分析三个阶段的情形：

1. 在数据收集阶段，考虑多个数据收集方案，通过自适应策略获取数据收集方案，再通过逻辑比较、参数估计等方法获得指标的估计值，选取出相应的阈值得到统计数据的接受域，作为是否调整收集数据方法的临界值。

2. 在数据整理阶段，以非统计数据或可信度高的数据为基准，考虑设计一个或者多个指标，通过自动调整并采用逻辑比较、建立回归方程等方法获得指标的估计值，通过假设检验得到统计数据的接受域，或者依赖频率自适应方法对数据进行有效性判别，剔除无效数据或脏数据。

3. 在数据分析阶段，综合考虑现有的统计方法的特点和统计描述方式的多种多样，设计较为科学合理的自适应策略，方便在实践应用中的运用。主要考虑根据统计资料的类型和目的，自动选用或调整统计分析方法、统计软件、统计描述方式等，更好地进行统计分析和比较。

三、课题研究的对象与自适应方法

（一）研究对象

本项目的研究对象是统计数据的数据质量，主要关注统计技术与统计方法对数据质量的影响。近年来，自适应方法在不同的研究领域中获得了广泛应用，但自适应方法在统计数据质量研究中的应用，在现有文献中几乎查不到。因此针对现有统计技术与统计方法的优缺点，设计较为实用的自适应策略，提高数据质量，为数据使用者进行误差控制、数据处理、模型建立、统计推断等工作提供理论基础，这是一种新的尝试。

（二）自适应方法

1. 数据收集阶段的自适应方法

自适应方法就是尝试设计一种能够根据数据源的特点自动进行调整的数据收集策略，允许在不破坏调查有效性与准确性的前提下，通过对调查结果进行对比分析,来发现和更改调查设计之初不合理的假设,降低无效调查的比例,提高成功受访率或数据源的有效性。

分两种情形讨论统计调查过程中的自适应策略:

(1)没有形成成熟调查方案的情形:设计 A、B 两套方案,将样本分为 n 组,根据调查结果成功或失败来及时修正样本数据,决定下一次使用的方案。具体步骤如下:第 1 步 将分别标注 A、B 的两球放入罐中;第 2 步 随机从罐中取球,如果第 i 次($i=1,2,\cdots,n$)取出 A 球,则对第 i 组样本实施 A 方案,否则采用 B 方案;第 3 步 调查获得成功加入与方案标注相同的 1 球到罐中,如采用 A 方案调查获得成功,则往罐中加入 1 个 A 球,否则加入 1 个 B 球,返回到第 2 步,直到完成调查。最后根据采用 A、B 两套方案的结果,获得值得推广的调查方案。

(2)改进当前调查方案,但不能确定改进后的调查方案更好的情形:将当前的调查方案标注为 A 方案,将改进的调查方案标注为 B 方案,同时将样本分为 n 组,根据调查结果成功或失败来及时修正样本数据,决定下一次使用的方案。具体步骤如下:第 1 步 将分别标注 A、B 的两球放入罐中;第 2 步 随机从罐中取球,如果第 i 次($i=1,2,\cdots,n$)取出 A 球,则对第 i 组样本实施 A 方案,否则采用 B 方案;第 3 步 调查获得成功加入与方案标注相同的 1 球到罐中,如采用 A 方案调查获得成功,则往罐中加入 1 个 A 球,否则加入 1 个 B 球,返回到第 2 步,直到完成调查。最后根据采用 A、B 两套方案的结果,获得改良的调查方案。

例如,民调中心采用电话调查方式进行收集数据时,影响数据质量的因素各种各样,如受访者所使用的语言(本地方言、普通话)、回答意愿、问题的数量、设问方式、开放性的结果等。而同样的问题,访问者使用不同的语言、提问次序、设问方式等会直接影响受访者的回答意愿和数据的有效性。为了提高数据质量,根据收集数据不能失去潜在的受访者和尽量让每一个回答具有有效性(防止受访者的草率与恶意回答)的基本要求,自适应策略设计如下:

(1)调查员中应包含部分能讲本地方言的,利用现有的通信技术、电子技术和语音识别技术,当电话接通时能够根据受访者的语音自动地连接与之最为匹配的调查员,此处匹配原则是对于不能较为流利使用普通话的受访者提供能讲本地方言的调查员。

(2)运用自适应策略改进现有调查问卷。设计 A、B 两套调查方案,其中我们将利用传统方案得到的调查问卷称为 A 方案;将为增加受访者的回答意愿可考虑题目的设问方式、提问方式、次序等,为防止受访者的草率与恶意回答使用反向题目和同质题目得到的调查问卷称为 B 方案。

(3)根据调查结果,不断完善成功率高的调查方案,形成较为成熟而且高效的调查问卷和调查方法。

2. 数据整理阶段的自适应方法

自适应方法是基于数据间内在关联性、逻辑匹配性等自动进行数据整理的策略，设计主要从统计流程来控制统计数据质量，关注相关部门的非统计性数据（如税收、供电量）和可靠性高的外部数据（即非统计部门生产数据）作为正确指标来检验与之密切相关的统计指标，加强对统计数据的审核力度。其理论基础是根据数据间内在关联性 r，设定合理的阈值 α，通过假设检验得到其接受域 U_α，从而阻止低质量（甚至不可能发生）的数据进入数据库，尽量摆脱统计数据受人为因素的影响。该流程其实就是对审核发现的错误进行纠正，是一个纠错的过程。通过程序设计自动筛选：当数据间内在关联性落在接受域时，即 $r \in U_\alpha$，数据通过审核则进入数据库，否则将数据退回填报单位核实后再行报送。

下面举例讨论数据质量的评估方法最常用的“标杆法”和“统计诊断法”，考虑这两种方法的缺点和不足，在数据整理筛查阶段异常点检验中运用自适应策略，设计相应的自适应评估方法，剔除“假数据”，以达到提高统计数据信息的准确性。

（1）基于回归分析的标杆法

★ 理论基础

设 $X_1, X_2, \cdots, X_n$ 为一个 m 维的多元样本，统计指标之间往往存在某种关系，比较常见的是线性关系。标杆法是通过对样本的统计分析，选取一个待评估指标作为因变量，并称此指标为“标杆”，找出与此指标有关的其他指标作为自变量，应用统计软件，构建一个关于因变量指标和自变量指标之间的回归模型并进行显著性检验，最后在此回归模型的基础上根据残差图和相对误差大小找出异常点。

★ 实证分析

根据1995—2012年湖南省铁路客运量及相关统计数据（数据见附录），一共选取了八个指标，其中 $x_1 \sim x_7$ 为自变量指标，分别表示湖南人口数（万人）、湖南地区生产总值（亿元）、城乡职工平均工资（元）、居民消费水平（元）、社会消费品零售总额（亿元）、公路运量（万人）、水路运量（万人），y 为因变量指标，表示铁路运量（万人）。

a）相关分析

运用SPSS统计软件，得出各个指标间的相关系数，列表如下：

表1　相关系数表

	x_1	x_2	x_3	x_4	x_5	x_6	x_7	y
x_1	1							
x_2	0.13419	1						
x_3	0.096192	0.986601	1					
x_4	0.064469	0.994535	0.994747	1				
x_5	0.134896	0.999195	0.989461	0.995255	1			
x_6	0.120643	0.984051	0.994778	0.991969	0.986775	1		
x_7	0.372929	−0.07084	−0.21614	−0.15973	−0.08695	−0.20022	1	
y	0.241916	0.967943	0.970505	0.966625	0.969384	0.980478	−0.12548	1

从表1可以看出，x_2、x_3、x_4、x_5、x_6 与 y 的相关系数值都达到0.9以上，存在较强的线性相关关系，且正相关，但同时也发现各个自变量之间的相关性也较大，如 x_2 和 x_4，x_3 和 x_6 等。

b)回归分析

从相关分析的结果看，须采用因子分析法或逐步回归法，剔除一些对因变量影响不显著的指标，消除各变量间的复共线情形，本报告采用逐步回归法建立回归方程，以下为用SPSS处理后的回归系数表：

表2　回归系数表

因变量：y

模型	非标准化系数		标准系数	t	Sig.	相关性			共线性统计量	
	B	标准误差	试用版			零阶	偏	部分	容差	VIF
（常量）1	−5377.601	2012.515		−2.672	0.019					
x1	1.098	0.311	0.111	3.533	0.004	0.217	0.700	0.110	0.988	1.012
x6	0.037	0.001	0.976	31.184	0.000	0.988	0.993	0.970	0.988	1.012

从表2看出，x_6 与 x_1 以及常数项的显著性的P值都 <0.05，表的最右边一列为共线性诊断统计量的结果，两个变量 x_6、x_1 之间的膨胀因子(VIF)为1.012(<10)，可以认为在此时两个自变量之间没有出现共线性。

回归方程为：$y = -5377.601 + 1.098x_1 + 0.037x_6$

c)残差分析

运用 SPSS 进行残差分析，判断有无异常点，以下为残差散点图：

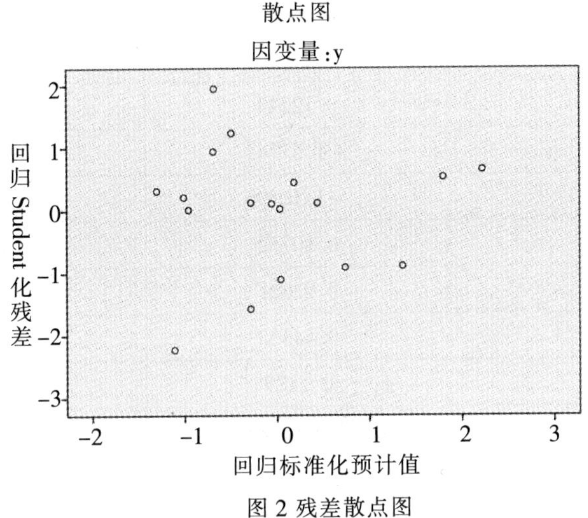

图 2 残差散点图

从图 2 可以看出，平面上的点大致落在宽度为 4 的水平带 $|r_i| \leq 2$ 的区域之中，且可以发现点的分布是没有呈现任何趋势的，可以认为样本数据与 Gauss - Markov 假设 $e \sim N(0, \sigma^2 I)$ 没有明显的不一致。但通过进一步的观察，左下角和右上角有两个点超出了这个范围，还有一个点位于边界上，这些点可能就是异常点。

d)异常点检测

在回归分析中，异常点的检测通常运用 F 检验来实现，

令 $F_j = \dfrac{(n-m-1)r_j^2}{n-m-r_j^2} \sim F_{1,n-m-1}$，若 $F_j > F_{1,n-m-1}(\alpha)$，则判定第 j 组数据 (x_j, y_j) 为异常点。下表为 SPSS 计算的各样本的残差：

表 3　样本残差表

j	学生化残差 r_j^2	F_j
1	0.31446	0.093281281
2	−2.22674	6.735923259
3	0.21267	0.042521946
4	0.01216	0.000138625

续表

j	学生化残差 r_j^2	F_j
5	0.94043	0.877645367
6	1.95153	4.685797191
7	1.24067	1.59666338
8	0.12243	0.014065463
9	-1.57743	2.762364525
10	-1.10306	1.234580339
11	0.10752	0.010845853
12	0.02621	0.000644056
13	0.44332	0.186540666
14	0.1189	0.013265355
15	-0.91202	0.822555817
16	-0.88899	0.779407274
17	0.53069	0.268760606
18	0.64997	0.406798212

查表3得，当 $\alpha = 0.05$ 时，$F_{1,n-m-1}(\alpha) = F_{1,15}(0.05) = 4.54$，从表3中可以看出第2组和第6组数据的 F_j 值 >4.54，这两组数据就是回归诊断中要找的远离数据主体的那两个异常点，即1996年和2000年的统计数据判定为“假数据”。

另外，异常点的检测也可以通过分析回归方程的相对误差来判断，以下为运用SPSS计算的各个样本的相对误差：

表4　相对误差表

i	实际值 y_j	回归方程值 y_j'	误差值	相对误差
1	4135	4081.742	-53.258	0.012879807
2	3892	4310.562	418.562	0.107544193
3	4488	4430.59	-57.41	0.012791889
4	4515	4487.792	-27.208	0.006026135
5	5038	4816.51	-221.49	0.043963875
6	5247	4824.70392	-422.29608	0.080483339

续表

i	实际值 y_j	回归方程值 y_j'	误差值	相对误差
7	5340	5045.734	-294.266	0.055105993
8	5382	5292.202	-89.798	0.016684876
9	5061	5281.434	220.434	0.043555424
10	5563	5675.878	112.878	0.02029085
11	5661	5628.283	-32.717	0.005779368
12	5758	5734.91	-23.09	0.004010073
13	6029	5921.049	-107.951	0.017905291
14	6284	6225.777	-58.223	0.009265277
15	6466	6590.47	124.47	0.019249923
16	7250	7320.954	70.954	0.009786759
17	8064	7858.067	-205.933	0.025537326
18	8601.1	8364.303	-236.797	0.027531013

相对误差 $\delta_j = \left|\dfrac{y_j - y_j'}{y_j}\right|$，若 $\delta_j > 0.05$，则认为该组数据为“假数据”，从表4看出，第2组、第6组和第7组数据为异常点，即1996年、2000年和2001年的统计数据判定为“假数据”。

(2) 基于马氏距离的卡方诊断法

★ 理论基础

设 $X_1, X_2, \cdots, X_n$ 为一个 m 维的多元样本，定义样本点 $X_i, i = 1,2,\cdots,n$ 到其“重心”的距离 D_i，即 $D_i = \{(X_i - a)^T C^{-1}(X_i - a)\}^{\frac{1}{2}}$，$a$ 为样本中值向量，C 为协方差矩阵。在总体多维正态的假定下，D_i^2 近似服从自由度为 m 的卡方分布 $D_i^2 \sim \chi_m^2$，对于给定的显著性水平 α 当样本观察值 $D_i^2 > \chi_m^2$，则判定此样本为异常点。

★ 实证分析

仍以附录中的数据为例，经计算得以下的距离表：

表5 马氏距离表

i	D_i	D_i^2
1	3.482241	12.12600238
2	4.455671	19.85300406
3	3.736576	13.9620002
4	3.544009	12.55999979
5	3.713489	13.79000055
6	4.613165	21.28129132
7	3.313608	10.97999798
8	3.41321	11.6500025
9	3.623534	13.12999865
10	3.602777	12.98000211
11	3.583295	12.84000306
12	3.840573	14.75000097
13	3.726929	13.88999977
14	3.873112	15.00099656
15	3.793415	14.38999736
16	3.729611	13.90999821
17	3.581899	12.83000045
18	3.856164	14.87000079

若取 $\alpha = 0.05$，查表得 $\chi_m^2 = 15.507$，从上表可知，$D_2^2 = 19.853 > 15.507$，$D_6^2 = 21.281 > 15.507$，判定第2组和第6组数据为异常点。

（3）基于聚类分析的自适应判别法

★ 理论基础

设 $X_1, X_2, \cdots, X_n$ 为一个 m 维的多元样本，标准化的数据为 $X_1^*, X_2^*, \cdots, X_n^*$，定义距离 $d_i = \{(X_i^* - a)^T(X_i^* - a)\}^{\frac{1}{2}}\ i = 1,2,\cdots,n$，其中 a 标准化数据样本的均值向量。自适应判别法是从数据的位置和相似度的角度出发，通过样本点与样本重心之间的平均距离变化情况逐步判定异常点的一种方法。首先计算 d_i 和 $\overline{D_i} = \frac{1}{n}\sum_{j=1}^{n} d_j$，设 $d_{n_0} = \max\{d_i\}$，计算 $\overline{D_{n-1}} = \frac{1}{n-1}\sum_{j=1,j\neq n_0}^{n} d_j$，给定临界值

0.05，若 $\delta = \frac{\overline{D_n} - \overline{D_{n-1}}}{\overline{D_n}} > 0.05$，则剔除 X_{n_0}，以此类推，对剩下的样本点用同样的方法，此时定义 $\overline{D_{n-j}^{(I_1,I_2,\cdots,I_j)}} = \frac{1}{n-j}\sum_{i=1,i\neq I_1,I_2,\cdots,I_j}^{n} d_i$，$\delta = \frac{\overline{D_n} - \overline{D_{n-j}^{(I_1,I_2,\cdots,I_j)}}}{\overline{D_n}}$。

★ 实证分析

以附录中的原始数据为例，首先将数据标准化得如下的表格：

表6　数据标准化表

-0.93304	-0.92919	-1.07441	-1.045296	-0.941671	-1.21285	1.22616	-1.24172
-0.63448	-0.85583	-1.04614	-0.9425954	-0.891275	-1.0551	0.977556	-1.43333
-0.32761	-0.79964	-1.02505	-0.8392489	-0.840696	-0.98893	1.168045	-0.96336
-0.02075	-0.77932	-0.91008	-0.8130894	-0.809771	-0.97511	0.854868	-0.94206
0.228055	-0.74541	-0.84374	-0.7733656	-0.762169	-0.72862	0.021883	-0.52965
0.477193	-0.68608	-0.76358	-0.731704	-0.70009	-0.74928	0.318916	-0.36484
0.758843	-0.66333	-0.62407	-0.6923032	-0.633017	-0.59615	0.218829	-0.29151
1.032531	-0.6114	-0.49865	-0.6380463	-0.55614	-0.42094	0.819353	-0.25839
1.314512	-0.52878	-0.38163	-0.5505248	-0.493191	-0.46103	-0.6529	-0.51151
1.604787	-0.36923	-0.22234	-0.403579	-0.377031	-0.16434	-0.7207	-0.11566
-1.48042	-0.2142	-0.06081	-0.0305628	-0.198693	0.136399	-0.9467	-0.03838
-1.34772	-0.03667	0.143651	0.16450361	-0.026832	0.210619	-1.3632	0.038109
-1.23991	0.247823	0.487431	0.40413823	0.2124488	0.353847	-1.51817	0.251807
-1.03257	0.59154	0.798736	0.69641496	0.6092506	0.584925	-1.56983	0.452889
-0.81693	0.836026	0.954015	0.9496138	0.9258766	0.865061	-0.80142	0.596406
0.54321	1.319945	1.246657	1.2703108	1.3500297	1.323763	-0.24609	1.214633
0.758843	1.910018	1.705403	1.79508127	1.8288993	1.74759	1.071186	1.856517
1.115467	2.313735	2.114598	2.18025274	2.3040716	2.13013	1.142216	2.280049

再计算每一样本的标准距离及平均距离表：

总之，根据现有文献所展示的自适应方法在不同应用领域得到的广泛的应用，我们相信通过广大统计工作者、统计学专家的努力探索与钻研，在不久的将来必定可以看到自适应方法在提高统计数据质量中的广泛应用。

附录：1995—2012 年湖南省铁路客运量及相关统计数据

	人口（万人）	地区生产总值（亿元）	城乡职工平均工资（元）	居民消费水平（元）	社会消费品零售总额（亿元）	公路运量（万人）	水路运量（万人）	铁路运量（万人）
1995	6392	2195.7	4797	1752	837.4	65971	1375	4135
1996	6428	2647.16	5100	2070	947.4	71087	1298	3892
1997	6465	2993	5326	2390	1057.8	73233	1357	4488
1998	6502	3118.09	6558	2471	1125.3	73681	1260	4515
1999	6532	3326.75	7269	2594	1229.2	81675	1002	5038
2000	6562	3691.88	8128	2723	1364.7	81005	1094	5247
2001	6596	3831.9	9623	2845	1511.1	85971	1063	5340
2002	6629	4151.54	10967	3013	1678.9	91653	1249	5382
2003	6663	4659.99	12221	3284	1816.3	90353	793	5061
2004	6698	5641.94	13928	3739	2069.8	99975	772	5563
2005	6326	6596.1	15659	4894	2459.1	109728	702	5661
2006	6342	7688.67	17850	5498	2834.2	112135	573	5758
2007	6355	9439.6	21534	6240	3356.5	116780	525	6029
2008	6380	11555	24870	7145	4222.6	124274	509	6284
2009	6406	13059.69	26534	7929	4913.7	133359	747	6466
2010	6570	16037	29670	8922	5839.5	148235	919	7250
2011	6596	19669.56	34586	10546.8	6884.7	161980	1327	8064
2012	6639	22154.23	38971	11739.5	7921.8	174386	1349	8601

参考文献：

[1] 成邦文，师汉民，王齐庄. 多维统计数据质量检验与异常点识别的模型与方法[J]. 数学的实践与认识，2003 年 4 期.

[2] 党玮. 基于 SAM 的宏观统计数据质量评估方法研究[J]. 统计与信息论坛，2013 年 8 期.

[3] 耿直. 大数据时代统计学面临的机遇与挑战[J]. 统计研究，2014 年第 1 期.

[4] 金瑛. 广义货币供应量统计数据质量评估研究[J]. 湖南大学硕士学位论文, 2010 年.

[5] 上海市统计局统计设计管理处课题组. 统计数据质量监控和评估方法研究(上)[J]. 统计科学与实践,2012 年 2 期.

[6] 上海市统计局统计设计管理处课题组. 统计数据质量监控和评估方法研究(下)[J]. 统计科学与实践,2012 年 3 期.

[7] 唐成龙,王石刚. 基于数据间内在关联性的自适应模糊聚类模型[J]. 自动化学报,2010 年 11 期.

[8] 谢丹丹,刘珊. 数据挖掘在 R&D 统计中的应用[J]. 江西科学,2012 年 6 期.

[9] 国家统计局新闻办公室,国家统计局资料中心. 中国统计的四大工程[EB/OL]. http://www. stats. gov. cn/.

[10] 国家统计局新闻办公室,国家统计局资料中心. 如何获取统计数据[EB/OL]. http://www. stats. gov. cn/.

[11] 杨辉. 统计数据质量的内涵与控制[J]. 中国统计,2006 年 3 期.

[12] 苏亮,邹鹏,贾焰. 数据流上自适应的稀疏 Skyline 挖掘[J]. 自动化学报,2008 年 3 期.

[13] 申斯. 我国政府统计数据质量现状分析[J]. 经济研究导刊,2011 年 14 期.

[14] 政府统计数据质量研究课题组. 控制政府统计数据质量的统计方法选择[J]. 浙江统计,1998 年 8 期.

[15] 程开明. 三种国际统计质量管理框架的比较及启示[J]. 统计研究,2011 年 4 期.

[16] 胡良平. 现代统计学与 SAS 应用[M]. 军事医学科学出版社 2000 年版.

课题组成员:喻祖国　张汉君　刘韶跃　彭向阳　熊　雄　杨湘桃

图书在版编目(CIP)数据

湖南省社科类社会组织2014年优秀课题成果荟萃 / 周发源, 郑升主编. —湘潭 ：湘潭大学出版社，2016.7

ISBN 978-7-81128-966-4

Ⅰ. ①湖… Ⅱ. ①周… ②郑… Ⅲ. ①社会科学—研究成果—湖南省—2014 Ⅳ. ①C126.4

中国版本图书馆 CIP 数据核字 (2016)第 160407 号

湖南省社科类社会组织2014年优秀课题成果荟萃

周发源　郑 升 主编

责任编辑：李志红
装帧设计：张春燕
出版发行：湘潭大学出版社
社　　址：湖南省湘潭市 湘潭大学出版大楼
电话(传真)：0731-58298966　邮编：411105
网　　址：http://press.xtu.edu.cn
印　　刷：长沙鸿和印务有限公司
经　　销：湖南省新华书店
开　　本：787×1092　1/16
印　　张：14.5
字　　数：276千字
版　　次：2016年7月第1版
印　　次：2016年7月第1次印刷
书　　号：ISBN 978-7-81128-966-4
定　　价：58.00元